Silvia Vegetti Finzi

Volere un figlio

La nuova maternità fra natura e scienza

con un saggio di Carlo Flamigni
e Marina Mengarelli

OSCAR MONDADORI

I edizione Saggi novembre 1997
I edizione Oscar saggi marzo 1999

ISBN 88-04-45999-9

Questo volume è stato stampato
presso Mondadori Printing S.p.A.
Stabilimento NSM - Cles (TN)
Stampato in Italia - Printed in Italy

Ristampe:

3 4 5 6 7 8 9 10

2005 2006 2007 2008

www.silviavegettifinzi.net

www.librimondadori.it

Oscar saggi

Dello stesso autore
nella collezione Oscar

Il bambino della notte
Freud e la nascita della psicoanalisi
Il romanzo della famiglia
Storia della psicoanalisi

Di Silvia Vegetti Finzi e Anna Maria Battistin
nella collezione Oscar

I bambini sono cambiati
A piccoli passi

Indice

Volere un figlio

In questo libro ho utilizzato fra l'altro parti di miei precedenti testi profondamente rielaborate:

«Introduzione» e «L'altra scena del parto» in AA.VV., *Le culture del parto*, Milano, Feltrinelli, 1985;

«Il bambino che manca all'appello materno» in M. Sbisà, a cura di, *I figli della scienza*, Milano, Emme Edizioni, 1985;

«Nuovi cammini di Edipo» in C. Ventimiglia, a cura di, *La famiglia moltiplicata*, Milano, Franco Angeli, 1988;

«L'aborto, uno scacco del pensiero», in E. Quintavalla, E. Raimondi, a cura di, *Aborto perché?*, Milano, Feltrinelli, 1989;

«Tecnologie del desiderio, logiche dell'immaginario» in A. Di Meo, C. Mancina, a cura di, *Bioetica*, Roma-Bari, Laterza, 1989;

«Scenari dell'immaginario» in *Tra tecnologia e desiderio: un figlio*, Cagliari, La Tarantola, 1991;

«Donne madri» in *Relazioni al concgresso organizzato da Area Politiche Femminili*, Direzione PDS, Roma, 9-10 gennaio 1992, Roma, Editori Riuniti, 1993;

«Oscurità dell'origine e bioetica della verità» in S. Rodotà, a cura di, *Questioni di bioetica*, Roma-Bari, Laterza, 1993;

Biotecnologie e nuovi scenari familiari. Una prospettiva psicoanalitica e femminista in «Bioetica», 1, 1994;

«Utopie dell'autogenerazione» in F. Pizzini, L. Lombardi, a cura di, *Madre provetta*, Milano, Franco Angeli, 1994;

«Procreazione assistita e perdita d'identità nell'epoca della tecnica» in A. Panepucci, T. Piacentini Corsi, a cura di, *Individuo e società nel pensiero psicoanalitico e filosofico contemporaneo*, Milano, Franco Angeli, 1997

Introduzione

Una delle più difficili e urgenti questioni che la nostra epoca si trova ad affrontare è indubbiamente quella delle biotecnologie. Esse non solo modificano l'ambiente in cui viviamo ma mettono in crisi la nostra identità, il modo di porsi in relazione con se stessi e con gli altri.

Gli avvenimenti fondamentali dell'esistenza – nascita, salute, malattia, sessualità e morte – richiedono una nuova definizione dal momento in cui mutano i confini del corpo, i tempi, i modi e i protagonisti del nostro ciclo vitale.

In particolare la procreazione, che per secoli ha proceduto secondo moduli immutabili, è stata sconvolta dapprima dalla diffusione della contraccezione, che la separa dalla sessualità e poi dalle tecniche di fertilizzazione indotta che disgiungono la generazione dalla fecondità. Il corpo sterile può infatti generare pur rimanendo tale.

È ora possibile decidere se, come, quando e con quali apporti diventare genitori.

L'esistenza di un ventaglio di scelte apre la filiazione, tradizionalmente affidata alla necessità e all'obbedienza, all'esercizio della libertà e della responsabilità morale.

Ma le tecnologie vanno ben oltre la terapia della sterilità: estendono la fecondazione al di fuori dei genitori sociali, delegano la gestazione, selezionano e modificano il patrimonio cromosomico, isolano parti del corpo e le ricombinano con altre connettendo tra loro esistenze che non si incontreranno mai, comprese quelle separate dalla barriera, ormai pervia, della morte.

Tempestata di notizie scandalistiche, di scoop giornalistici, l'opinione pubblica ha accolto tutto con indifferenza, accettando acriticamente l'idea che si tratti comunque di conquiste del progresso scientifico in campo medico.

Si può ancora parlare, però, di cura quando la madre partorisce tre gemelli per la figlia o una vedova si fa fecondare col seme del marito morto da tempo? Quando non solo si chiedono bambini sani ma anche bianchi, alti, biondi, intelligenti e con gli occhi azzurri? Quando una donna vuole un figlio senza padre e l'uomo ne desidera uno senza madre?

Voci autorevoli si levano in difesa della natura violata, ma non sono piuttosto i rapporti umani a essere scardinati, la struttura profonda che ordina a un tempo la mente individuale e la trama sociale? La tentazione di rifiutare tutto in blocco è forte, ma le biotecnologie rispondono a desideri reali, leniscono grandi infelicità, cercano di porre rimedio alla più iniqua delle ingiustizie, quella biologica.

Permettere a tutti di fruire della libertà di procreare, superando gli ostacoli che si oppongono alla realizzazione delle loro potenzialità, è un compito di civiltà ancor più che di cura. Ma il venir meno dei tradizionali punti di riferimento provoca l'ebbrezza dell'onnipotenza, apre vertiginosi scenari all'eventuale e all'impossibile. Di fronte al rischio dell'eccesso, alla minaccia della dismisura, si impone come non mai la necessità di promuovere un'etica del limite e una pratica della responsabilità individuale e collettiva.

Poiché il procedere delle biotecniche coinvolge una complessa rete di saperi, poteri, interessi pubblici e privati, non è semplice interferire con il loro svolgimento. Sinora la bioetica è stata gestita entro determinati ambiti istituzionali e da precise figure professionali: lo scienziato, il medico, il giurista, il teologo,il filosofo morale, ciascuno dotato di una propria competenza disciplinare e di un lessico specifico.

Ma su problemi così decisivi per il futuro dell'umanità la parola non spetta soltanto agli «addetti ai lavori». La procreazione ci coinvolge tutti in quanto uomini e donne, nella nostra specifica identità e complementarità.

Se il nodo che allaccia maschi e femmine nella generazione si dissolve e ciascuno insegue i fantasmi del suo narcisismo, gran parte della ricchezza della vita umana andrà perduta. Certo il dialogo tra i due sessi non è mai stato così difficile, ma proprio il venir meno degli stereotipi e dei ruoli tradizionali precostituisce nuovi modi di vivere insieme e rende la sfida particolarmente avvincente.

Mentre le donne in questi anni hanno imparato a riflettere su se stesse, a interrogarsi sulla loro identità e i loro desideri, gli uomini non hanno fatto altrettanto e giungono così all'appuntamento con grandi capacità tecniche e deboli capacità introspettive.

La morale tradizionale, fatta di valori assoluti, di principi generali, di un argomentare astratto e formale sembra una rete troppo rigida e a maglie troppo larghe per cogliere segmenti di vita, frammenti di desideri, intersezioni di corpi e di destini, quel pulviscolo in cui il secolo si va dissolvendo.

Vicine ai ritmi della natura, ai bisogni dell'organismo, aperte anche fisiologicamente all'accoglimento dell'altro, da sempre attente alle relazioni interpersonali, le donne possono formulare, non subito ma attraverso un lavoro di riflessione e di critica, una parola adeguata all'etica della vita. Una dimensione che allaccia l'infinitamente grande all'infinitamente piccolo, la perennità del tempo all'intensità dell'attimo, l'esistenza individuale a quella della specie.

Su quanto riguarda poi la procreazione, possono vantare particolare esperienza e competenza, un saper fare materno che presume un saper pensare maternamente. Dove «maternamente» non significa dedizione incondizionata, annullamento di sé, passività e dipendenza, ma tener conto delle esigenze altrui oltre che delle proprie, cogliere quell'intreccio tra corpo e mente, tra ragione e fantasia, tra sé e gli altri, tra il desiderio e le sue interdizioni che costituisce l'humus delle nostre vite.

Attualmente la maternità rappresenta invece un argomento ai margini della cultura e dell'identità femminile. Come tale tende a manifestarsi sotto forma di sintomo: i turbamenti del ciclo mestruale, l'anoressia, le sterilità idiopatiche, gli aborti ripetuti e le gravidanze a tutti i costi ci avvertono che questa fondamentale componente della femminilità deve essere recuperata dal pensiero, espressa dalle parole, condivisa nelle pratiche.

Ciò non significa che donna e madre debbano necessariamente coincidere. Si può rispondere con un sì, con un no o con un rinvio alle proprie potenzialità generative. Non dimentichiamo che per secoli la verginità ha costituito il culmine della perfezione umana. Ma vorremmo che l'autodeterminazione fosse libera da condizionamenti sociali e culturali, benché sia difficile, in quest'ambito, produrre idee chiare e distinte. Comunque l'importante è che le donne non si dividano in base a tale opzione, che madri e non-madri rimangano unite sul fatto di essere state tutte generate da una donna.

La prima parte del libro è infatti dedicata a ristabilire il senso e il valore della maternità su questa inequivocabile base comune.

Può sembrare un compito superfluo in un Paese affetto come il nostro da tradizionale «mammismo». Ma quella dominante è una versione a un tempo idealizzata e denigrata della maternità che ne cela la reale grandezza e complessità.

Il parto stesso, che coincide con il gesto inaugurale di ogni vita, è stato considerato una contaminazione dalla religione pagana e, per quanto riguarda il dolore, un castigo da quella cristiana. Successivamente ha subìto il sequestro della medicina, con l'esito di ridurre le donne al silenzio. Approfittando dell'afasia femminile sulla generazione, si sono susseguiti tentativi, non ultimi quelli messi a punto dai totalitarismi degli anni Trenta, di strumentalizzare la maternità a fini politici. Eppure sull'altra scena, quella dell'inconscio, esiste un desiderio materno che non si lascia plasmare dall'ideologia né condizionare da programmazioni demografiche perché si sottrae al tempo storico e alle sue determinazioni. Così intesa la maternità rappresenta un ambito di potenziale libertà e autodeterminazione. A sua volta però essa non è priva di conflitti in quanto le forze impersonali che sostengono la conservazione della specie interagiscono con le intenzioni individuali. Il verbo «volere», applicato a un figlio, è costretto così a coniugarsi, per la sua realizzazione, con l'ausiliario «potere».

Una volta messo al mondo, il bambino rappresenta, per i suoi genitori, una proiezione narcisistica: la possibilità di ottenere dalla vita tutto ciò che è stato loro negato. Ma proprio in quanto «parte di sé», prosecuzione della propria storia, è particolarmente difficile staccarsi da lui, permettere che si allontani e che divenga diverso da come i suoi genitori lo avevano pensato e voluto. Soprattutto per la madre che lo ha contenuto per nove mesi e allevato nei primi tempi di vita con una dedizione che non ha eguale, il distacco richiede una forma di autolimitazione del proprio dominio che può essere considerata un paradigma etico. Tuttavia la moralità femminile, benché costituisca una fondamentale risorsa della famiglia e della società, non ha ancora ottenuto l'autorevolezza che merita.

L'analisi si sofferma allora a individuare, lungo la storia della nostra cultura, le modalità con le quali si è perseguita per secoli la subordinazione femminile e gli stereotipi, demonizzanti e idealizzanti, che hanno sostituito, agli occhi stessi delle donne, la consapevolezza di sé, della creatività insita nella maternità, creatività che può essere spesa, se non si vogliono fare bambini, per altri progetti di vita: per produrre opere simboliche, modi diversi di porsi in relazione tra di noi e con la natura, nuovi stili di comportamento, uno sguardo alternativo sul mondo e i suoi destini.

La seconda parte del libro descrive, dal di dentro, due difficili vissuti femminili: l'aborto e la sterilità. Due forme di maternità mancata sulle quali la parola maschile tende a prevaricare con la forza ma anche la violenza dei suoi strumenti concettuali. Ridotta a quesito morale astratto e impersonale, talora avvilita dal mercanteggiamento politico, l'interruzione volontaria di gravidanza ha perduto la drammatica complessità di un evento che solo le donne davvero conoscono. Lo stesso vale per la sterilità, alla quale si prospettano subito interventi medici, farmacologici e tecnici, senza soffermarsi, neppure un attimo, a riflettere su che cosa significhi per quella donna, per quella coppia.

La terza parte infine affronta l'inquietante pianeta delle biotecnologie, dove si ha talora l'impressione che le assurde configurazioni del sogno si stiano trasformando in realtà.

Ridimensionando l'enfasi sul progresso e le «scoperte» scientifiche, ci si chiede piuttosto come mai soltanto ora si siano estese alla sfera umana conoscenze da tempo utilizzate nella zootecnia. E se ne individuano i motivi in processi di lunga durata, come il passaggio dalla sacralità al controllo razionale della natura su cui si innestano dinamiche più recenti, quali l'emancipazione femminile e la disaggregazione della famiglia.

Poiché le biotecnologie – moltiplicando le figure della parentela e introducendo l'anonimato nella consanguineità – minano il divieto dell'incesto, per valutarne il potenziale trasgressivo e i possibili effetti trasformativi è stata rievocata la vicenda dell'*Edipo re* di Sofocle, in cui Freud riconosce il nesso che, nella civiltà umana, congiunge indissolubilmente il desiderio alla legge. Legge che rende possibili tutte le altre in quanto, proibendo i rapporti sessuali tra parenti prossimi, introduce un principio d'ordine nell'indistinto della promiscuità animale. Il confronto con il sapere del passato ha finito poi per dischiudere una prospettiva futura: l'utopia di una società dove tutti i nuovi nati siano prodotti dall'ingegneria genetica in base a elevati standard di salute, bellezza ed efficienza. Ma a quali costi, in termini di identità, differenza, specificità e libertà?

Tornando all'oggi, la riflessione, prendendo spunto da un clamoroso fatto di cronaca, mette a fuoco l'intreccio di desideri indotti e realizzati dalle biotecnologie. Ci si chiede perché una figlia accetti di partorire il bambino che la madre, ormai sterile, vuole offrire al suo convivente.

Ma questa non è che una delle possibili combinazioni che si dischiudono dinnanzi alla filiazione umana e ai suoi nuovi protagonisti, disgiunti e congiunti da legami che si tenta qui di definire e problematizzare.

Infine, intorno alla figura del «figlio della scienza», si concentrano gli interrogativi più radicali, che vanno dritti al cuore dell'uomo, al rapporto che connette la costruzione dell'identità con la conoscenza delle proprie origini.

Gli argomenti affrontati sono molti, ma alcuni temi ricorrono con particolare frequenza costituendo una sorta di filo rosso che unisce i vari capitoli tra di loro. Essi sono: la necessità di individuare, anche dietro i più anonimi scambi di organi e di funzioni, l'esistenza di soggetti umani; l'onnipotenza del desiderio inconscio che può animare non soltanto i «pazienti» ma anche i medici e i ricercatori tecnici e scientifici; la priorità della verità, intesa soprattutto come acquisizione di senso; l'opportunità, per quanto possibile, di interrogare il passato e prevedere il futuro.

Nello scrivere questo libro, fedele al principio femminista del «partire da sé», ho utilizzato le esperienze della mia biografia, congiunte con lo studio della psicoanalisi, la pratica psicoterapeutica, il pensiero delle donne, nonché l'elaborazione collettiva che va sotto il nome di «bioetica».

Chi cerchi un ricettario di comportamenti però non lo troverà perché, come sostiene Thomas Mann, di fronte ai fatti della vita siamo tutti dilettanti. Ma forse potrà imbattersi in problemi che non si era mai prospettato, in dimensioni dell'esistenza che non aveva ancora incontrato, in compiti che nessuno gli aveva sinora posto, primo tra i quali riconoscersi «nato di donna». Una constatazione apparentemente ovvia e banale ma che istituisce uno spazio di ascolto per quel soggetto femminile ormai collettivo, che la nostra società è così restia ad accogliere e valorizzare.

Attualmente il nostro Paese, tra gli ultimi in Europa, sta elaborando una legge che metta ordine nel far west delle biotecniche. Ma l'argomentare di questo libro prescinde dalle urgenze giuridiche per attenersi alle prospettive psicologica ed etica, di per sé meno schematiche e riduttive, più capaci di accettare le contraddizioni del cuore umano e le avventure della ragione. Comunque credo che una sensibilità diffusa e una responsabilità condivisa costituiscano le condizioni a priori perché una Legge di tal fatta possa diventare davvero operante.

Sensibilità e responsabilità che, per quanto riguarda la procreazione, competono, come tutto il libro cerca di dimostrare, non solo ma in primo luogo alle donne. Come sostiene Luce Irigaray: «Dobbiamo provare a sentire, a pensare al femminile, per rivolgersi al maschile, per parlare non *come* gli uomini ma *con* gli uomini, per avere una dialettica reale con loro» perché temo sarà un mondo davvero brutto quando ciascuno resterà solo col suo perfezionatissimo clone.

Un'appendice è infine dedicata ai dilemmi che la coppia sterile incontra durante il processo di procreazione tecnicamente indotta. Non si tratta, come spesso accade, di un arido dizionario di termini o di un rigido campionario di alternative, ma di una conversazione col professor Carlo Flamigni, uno dei maggiori esperti in questo campo. Interrogato da Marina Mengarelli, una sociologa che lavora da molti anni a suo fianco, studiando gli effetti delle tecnologie procreative sui rapporti interpersonali e sulla morale collettiva, Flamigni espone, in base alla sua concreta esperienza, che cosa accade nelle varie circostanze e quali problemi medico e paziente si troveranno insieme ad affrontare. Le sue parole, per quanto specialistiche, non trascurano mai le componenti affettive ed emotive né ignorano la dimensione morale che, in base alle convinzioni personali, deve orientare, in piena libertà, tutte le scelte procreative.

Per concludere vorrei esprimere un ringraziamento particolare all'amica Anna Salvo, che di questo libro ha seguito passo passo, con suggerimenti preziosi, la laboriosa stesura.

Levanto-Milano, ottobre 1997

Parte prima

La maternità alla luce di uno sguardo femminile

I
La congiura del silenzio

Alla donna reca grazia il silenzio.
SOFOCLE

La nascita rappresenta per ciascuno il momento inaugurale della sua storia, ma l'evento non riveste il significato che potrebbe avere, come se una congiura del silenzio ne avesse decretato l'irrilevanza. Ne consegue una pesante omissione nei rapporti umani: la madre non è riconosciuta nella sua fondamentale importanza. Indubbiamente essa svolge una funzione essenziale nella vita dei figli – talora eccessiva – ma è la sua connessione con l'origine che rimane misconosciuta.

Eppure «tutta la vita umana nel nostro pianeta» scrive Adrienne Rich «nasce da donna. L'unica esperienza unificatrice, incontrovertibile, condivisa da tutti, uomini e donne, è il periodo di mesi trascorso a formarci nel grembo materno».[1] Periodo che si conclude con un evento di straordinaria intensità fisica e psichica, il parto. Il parto rende visibile quel legame madre-figlio che durante la gestazione rimane intimo e segreto.

La rivelazione della potenza generativa del corpo femminile ha sempre destato nell'uomo emozioni intense e contraddittorie: ammirazione e frustrazione, senso di protezione ma anche di rivalità. «La sua esclusione dagli aspetti biologici della gravidanza» è stato osservato «sembra funzionare da detonatore dell'invidia verso la suntuosa creatività femminile», rispetto alla quale è ben poca cosa il contributo maschile alla procreazione.[2] Il terrore della Medusa equivale per Freud al terrore della madre, del suo minaccioso potere generativo, accresciuto dal fatto che a lungo gli uomini hanno ignorato la connessione tra coito e nascita, disgiunti da ben nove fasi lunari. Osservando il susseguirsi di gravidanze e di parti hanno attribuito alle donne la pienezza autonoma di una gestazione continua. «La paura della natura ignota, misteriosa e nemica si incarna in lei: lei è natura, animale, contingente, mistero e tenebra.»[3] Il caos del mondo è racchiuso in lei, natura ostile che può divenire amica solo se assoggettata, assimilata alla terra nei riti e nei miti.

Le dee della fecondità rappresentano a un tempo la procreazione di corpi e la produzione di messi. Ma il parto rimane, nella nostra cultura, un'esperienza muta e cieca, dove non vi è nulla da dire o da vedere.

L'accadimento deve essere posto fuori scena affinché si possa misconoscere l'originaria dipendenza dal corpo materno. L'uomo occidentale ama rappresentarsi come figlio di padre, inscritto in una genealogia maschile che passa, strumentalmente, attraverso corpi femminili, lungo una discendenza materna che non trova riconoscimento simbolico: la madre è solo l'ombra del padre e tale deve restare.

Ma leggiamo in proposito i versi di Euripide, il poeta tragico che sembra meglio esprimere, non senza contraddizioni, la misoginia greca:

> Zeus, perché hai dunque messo tra gli uomini un ambiguo malanno, portando le donne alla luce del sole? Se proprio volevi seminare la stirpe dei mortali, non dalle donne dovevi produrla: dovevi fare in modo che gli uomini comprassero il seme dei figli, depositando in cambio nei tuoi templi oro o ferro o peso di bronzo, ciascuno secondo il valore del prezzo, e vivere senza donne in libere case.[4]

La «vera» nascita coincide con l'apposizione del cognome che garantisce al nuovo venuto i diritti di cittadinanza. Di questo atto vi sarà documentata testimonianza e pertanto memoria, restando invece il parto affidato, il più presto possibile, alla dimenticanza. Solo l'imprecazione di Medea, che Euripide contrappone a quella di Ippolito, si alza per la prima volta, nella letteratura greca, a dar voce alla sofferenza femminile:

> Tra gli esseri tutti, forniti di anima e ragione, noi donne siamo la razza più sventurata ... Dicono che viviamo in casa una vita senza pericoli, mentre essi combattono in guerra. Ragionano male: io vorrei imbracciare tre volte lo scudo, piuttosto che partorire una volta sola.[5]

Ma alle donne, avverte Aristotele riprendendo Sofocle, si addice il silenzio.

Se oggi vogliamo infrangere questa plurisecolare omertà, non ritroveremo comunque vuoto e silenzio perché quella pagina bianca nella storia del mondo è stata occupata da un linguaggio, quello medico, che ha imposto con autorità le sue categorie e il suo lessico. Un sapere forte, dotato di luoghi istituzionali (l'ospedale, l'università, gli ordini professionali), nonché di strumenti di comunicazione e di trasmissione (i testi), ha scalzato senza troppe difficoltà il tradizionale «saper fare» delle levatrici, un tempo affidato alla condivisione dell'esperienza concreta, alla prossimità della comunicazione orale.

Chi cerchi di parlare di gravidanza e di parto cominciando da sé, con fedeltà ai propri vissuti, si imbatte inevitabilmente nella barriera del «già detto» che gli nega il passo, che parla per lui, impedendogli di trovare le espressioni che corrispondono all'intimità del suo sentire.

Per questo è necessario decostruire l'ovvio, abbandonare i pregiudizi, le false evidenze, porsi domande ingenue, quasi infantili nella loro spontaneità.

Si incontrerà così, come vedremo, un potente sistema di interdizioni e di divieti, una griglia d'ordine, che sottrae alla donna il pieno esercizio del suo potenziale materno.

Solo dopo averlo riconosciuto e attraversato potremo

trovare parole meno usurate, immagini meno consunte: far parlare il silenzio al di là del brusio.

Ma da dove proviene l'inibizione che ostacola a ogni passo la ricerca? Dalle radici stesse della nostra civiltà, dal suo assetto profondo. Per riprendere le parole con le quali Christa Woolf inizia *Cassandra*: «Ecco dove accadde».

Interdizioni del mito

A Delos, l'isola sacra ad Apollo, vigevano – al tempo degli antichi greci – due interdizioni: di nascere e di morire. Una barca portava sulle sponde dell'isola vicina, Mikonos, le partorienti e gli agonizzanti, le une e gli altri sintomi della caducità del tempo, della mortalità degli umani. Apollo, dio della giovinezza eterna, della bellezza incontaminata, il trionfatore della morte, era inconciliabile con i decessi e con i parti. Entrambi gli eventi dovevano essere allontanati dalla sua casa come la malattia, la lordura, il sacrilegio, segni di una macchia morale e materiale insopportabile per «il grande maestro delle purificazioni». I greci fanno di Apollo il garante della buona legislazione, dell'armonia della *polis* e, naturalmente, delle sue interdizioni. Nel suo nome si operano suddivisioni che avranno effetti incalcolabili sul nostro modo di rappresentare l'umanità e il suo rapporto col mondo. Da una parte Delos, la sacralità eterna, atemporale del divino, dall'altra Mikonos, la cronologia finita dell'umano, stretta tra due eventi inesorabili: la nascita e la morte. Una frattura che non procede solo trasversalmente separando il cielo, come luogo degli dei, dalla terra, dimora degli uomini, ma che divide verticalmente gli uomini dalle donne e gli uomini da se stessi. L'allontanamento del parto dallo spazio del sacro, il suo esilio, indicano non solo l'abbandono della religiosità materna e generativa delle primitive società agricole (il culto delle dee madri) ma anche il suo rovesciamento nel contrario: in una sacralità maschile omoerotica, funzionale all'espressione di una società guerriera. Nelle civiltà arcaiche, sostiene Mircea Eliade, la nascita e il parto sono vissuti come la versione microcosmica, come ripetizione, nell'ambito della vita umana, di un gesto esemplare compiuto dalla Terra: la comparsa della Vita.

Ma a un certo punto, in connessione con un diverso assetto sociale – l'avvento dell'organizzazione politico-militare della *polis* greca – il senso di questo gesto si perde: il corpo partoriente non diviene solo profano ma anche impuro. Un atteggiamento fobico sembra colpire il grembo generante, opposto ai canoni dell'estetica apollinea. Il parto, escluso dallo spazio della città e del tempio, relegato nelle stanze umbratili delle donne, viene abbandonato alla mera «naturalità», alla sua impersonale necessità. Il culto delle Grandi Madri primitive continua, ma in luoghi sempre più angusti e marginali, estranei alla elaborazione culturale della *polis*. Vi si rivolgono donne angosciate dalla sterilità o da una fertilità malata, in cerca di una misericordia ormai muta. Come accadimento sottratto alla razionalità, il parto diviene il luogo del mistero. Secondo gli Orfici, la Notte dalle ali nere fu amata dal Vento e depose un uovo d'argento nel grembo dell'Oscurità: Eros, chiamato anche Fanès, lo Splendente.[6] La luce pertiene al figlio, la tenebra alla madre e alla generazione.

Si racconta che, nel corso dei misteri Eleusini, una donna entrasse improvvisamente nella stanza dove altre erano raccolte, portando alto sul capo un neonato. Possiamo intendere questo frammento di rito come un tentativo di sottrarre la generazione alla condanna e alla interdizione, per recuperarla alla «visibilità».

Il parto, affidato interamente alle donne, è distinto dalla nascita, rappresentata dal riconoscimento del padre che sancisce l'ingresso del bambino nella famiglia. A ogni nuova presenza nel mondo, il sociale esige sempre una ri-nascita, una cerimonia di riconoscimento e di accettazione che relega nell'inesistenza la produzione del corpo infantile.

Come abbiamo accennato, la rimozione presso i greci antichi colpisce il parto perché brutto, prossimo alla malattia, votato alla morte, opposto quindi all'immagine apollinea dell'autorappresentazione maschile, alla sua dichiarata omofilia.

La donna, in quanto esprime col gesto e con la modulazione della voce le proprie passioni, è considerata da Platone l'emblema di tutto quanto i giovani non devono imitare, ciò che l'educazione del cittadino deve rifuggire. Ed è significativo che, in questa requisitoria, il comportamento più sconveniente sia costituito proprio dal travaglio del parto, visto come il momento più infimo della già miserabile esistenza femminile.[7] Nel *Simposio*, Platone attribuisce, attraverso le parole di Diotima, il desiderio di generare corpi alle donne e agli uomini di scarso valore. Una condanna espressa e ribadita, in un altro contesto, anche dalla cultura giudaico-cristiana.

Nell'Antico Testamento il parto viene connesso – come sappiamo – al peccato e alla espiazione. Per aver mangiato il frutto della conoscenza, Dio condanna così Eva, la prima donna: «Moltiplicherò i tuoi travagli e le doglie delle tue gravidanze, nella sofferenza partorirai figliuoli...».[8] Il parto si presenta pertanto come opposto al sapere, come una sofferenza mentalmente opaca, in se stessa ingiustificabile e incomprensibile: una pena reiterata di cui si è perduto, nel tempo, ogni aggancio con la colpa corrispondente.

Nei due ambiti religiosi che condizionano la nostra civiltà, quello greco e quello giudaico-cristiano, il parto viene comunque bandito dallo spazio del sacro. Fino a qualche anno fa le madri, al termine dei quaranta giorni di puerperio, si sottoponevano a una cerimonia di purificazione prima di riaccostarsi ai sacramenti.

Espulso dal sacro, il parto non riceve per altro un miglior trattamento nell'ambito della scienza.

Preclusioni della scienza

Nella medicina antica l'attenzione terapeutica verte particolarmente sulla sterilità, tanto che i medici ippocratici giungono a costituire, intorno a questo problema, una scienza separata del corpo femminile, la ginecologia. Ma anche in tale ambito specialistico ben poca considerazione viene riservata al parto, interamente affidato alla pratica delle donne: la ginecologia antica non comprende l'ostetricia. Le levatrici erano donne sagge e anziane che avevano vissuto numerosi parti e che si tramandavano un complesso di pratiche e di saperi non codificati. La loro competenza verteva per lo più sulla comune esperienza. «Isteriche» infatti vollero chiamarsi per sottolineare il legame con l'organo (*hysterai*) e con la sua funzione.

Come atto contrario al sacro, come luogo precluso al maschio, come sapere estraneo al *logos*, sulla scena del parto e sulle sue protagoniste s'addensa facilmente un sospetto di magia. L'ostetrica è prossima alla strega così come il bambino non ancora battezzato è considerato un animaletto o un demone. A lungo il rituale della generazione sfugge alla regolamentazione ecclesiastica, tanto che il Codice Tridentino (1563) lo tratterà alla stregua di un residuo di animismo e di paganesimo da recuperare alla fede e alla ragione.

Anche nella scienza più alta e normativa, in quella biologia aristotelica che tanta parte ha avuto nella costruzione della nostra antropologia, il parto non ha cittadinanza alcuna. La prossimità della nascita con la morte, già stigmatizzata dalla religione apollinea, si conferma in quella scientifica. L'opera di Aristotele *De generatione et corruptione* forma una endiadi rigorosa tra i due termini, all'interno dei quali si estende il campo d'indagine del vivente. Ma ciò che sta prima o dopo la vita non è oggetto di trattazione. La riproduzione è intesa da Aristotele come una necessaria contaminazione dei due generi, maschile e femminile, da separare il più presto e il più radicalmente possibile. «Dal momento poi che la prima causa motrice» scrive «cui appartengono l'essenza e la forma (il maschio) è migliore e più divina per natura della materia (la femmina), è anche meglio che il migliore esista separato dal peggiore.»[9]

Si trasmette così, attraverso la formula della neutrale e impersonale osservazione scientifica, una ingiunzione che avrà una influenza incalcolabile nella costituzione della società e nelle modalità di rappresentazione dell'uomo a se stesso. Equiparando la femmina alla materia e il maschio alla forma, Aristotele nega la vita come compenetrazione dei due elementi e rende la generazione sessuata, dove i caratteri ereditari sono trasmessi in parti eguali dai due genitori, impensabile nei termini della concettualizzazione classica. Il parto, come figura emblematica del potere generativo della materia, della sua capacità autoformante, diviene pertanto un paradosso epistemologico da occultare.

Quando la medicina moderna amplierà progressivamente i suoi poteri sul corpo sino a comprendere il parto nel perimetro della sua amministrazione, lo farà, come abbiamo visto, equiparandolo a una malattia somatica. In questo modo otterrà straordinari risultati in termini di sopravvivenza e di salute. Ma perderà consapevolezza di un pensiero materno e memoria di un «saperci fare» femminile, considerati credenze e comportamenti irrazionali e superstiziosi, ai quali precludere sistematicamente il perimetro luminoso delle scienze.

Non ci deve a questo punto stupire che Freud, indagando le rappresentazioni dell'inconscio, non si imbatta mai nella immagine del parto. Il termine non è neppure contemplato nell'indice dei contenuti onirici dell'*Interpretazione dei sogni*. In questo caso una mancanza è più eloquente di un reperto clamoroso. Evidentemente si tratta del rimosso più rimosso. Solo in una enigmatica immagine dell'inconscio, quella della trilogia femminile (che si ritrova nella favola e nel mito, sotto forma delle tre sorelle, le tre Grazie, le tre Ore, le tre Parche), Freud riconosce che se la prima donna raffigura la madre e la seconda la moglie, la terza è sempre la silenziosa dea della Morte. La connessione nascita-morte si rivela quindi depositata nell'archivio dell'immaginario come un enigma. Ciò che connette le tre immagini è, secondo Freud, la dimensione del tempo, scandito nella vita dell'uomo dalle diverse posizioni che vi occupa la donna. Ancora una volta il parto è cancellato come evento per diluirsi nella durata del tempo mortale, nella inesorabilità delle leggi naturali che regolano il ciclo biologico. Esso ricorda all'uomo la sua appartenenza al regno della natura e la determinazione mortale che ne deriva.[10]

Come tale viene investito da un desiderio di non sapere, da una rimozione difficilmente superabile.

Nel 1924 Otto Rank, allievo prediletto di Freud, scrive la sua opera più importante, *Il trauma della nascita*, nella quale cerca di dimostrare che il parto costituisce l'esperienza fondamentale, il nucleo profondo della vita psichica, la causa prima delle nevrosi e che, di conseguenza, a questo evento deve essere accordata un'importanza basilare nella teoria psicoanalitica. Dopo un primo entusiasmo, Freud rifiuta però completamente l'ipotesi e in *Inibizione, sintomo e angoscia* (1925) ribadisce che il ruolo determinante nella costruzione della propria identità spetta all'angoscia di castrazione, indotta dalla rivalità edipica del figlio nei confronti del padre. Con questa mossa, la potenza procreatrice della madre viene ancora una volta posta fuori campo a favore della figura paterna, di quella funzione simbolica (il divieto dell'incesto) che Lacan denomina appunto «Nome del Padre».

In *Gli archetipi dell'inconscio collettivo*, Jung si meraviglia della scarsa importanza attribuita dalla nostra cultura al parto verginale della Madonna, a quell'evento misterioso di cui ancora ci sfugge il significato. Ma esso esemplifica il mistero di ogni parto, di una esperienza che non si pensa, non si rappresenta e pertanto non si comprende perché solo ciò che è condivisibile diviene comprensibile. L'interdizione sociale è stata infatti ribadita dalla rimozione psichica, in conseguenza della quale il non sapere prevale sul sapere e lo cancella. Al suo posto subentra il rumore della chiacchiera o il discorso normativo e censorio della scienza.

Anche ai nostri giorni per la medicina, che ha per oggetto le malattie, il parto non è comprensibile finché non viene equiparato a un morbo, solo così è possibile individuarlo e definirlo. Come insegna Grmek,[11] le malattie esistono esclusivamente nel mondo delle idee, la realtà conosce soltanto i sintomi. La tassonomia medica descrive, classifica e organizza una realtà empirica mobile e complessa all'interno di una griglia stabile, ideologicamente orientata. Il parto, in quanto oggetto della medicina, viene definito nell'ambito di un sistema di referenti patologici che lo sequestrano all'esperienza comune. Né può essere diversamente. Non possiamo chiedere alla medicina di mutare il suo sguardo su di un determinato accadimento perché il fenomeno le diverrebbe incomprensibile. Occorre piuttosto moltiplicare i punti di vista per ridare all'evento tutta la sua complessità.

Ma persino all'interno di una medesima prospettiva, il parto opera un sistema di disgiunzioni e integrazioni (femminile e maschile, madre e padre, corpo e anima, materia e forma, dolore e piacere, vita e morte) che richiedono di essere riconosciute e integrate.

L'esperienza «parto», da qualunque prospettiva la si evochi, riattiva il quesito infantile sulla nostra origine in tutta la sua drammatica radicalità: «Da dove vengono i bambini?».[12]

Come rivelano le espressioni «mettere al mondo» e «dare alla luce», il bambino viene da un'altra realtà, da un'oscurità protettiva e vitale ancora tutta da scoprire, da un mondo diverso, di cui il parto costituisce la soglia. Se riconnettiamo l'evento del parto al corpo femminile ove si produce e, di conseguenza, al soggetto «madre», otterremo una definizione della donna molto più complessa, rispetto a quella dominante. Poiché la madre non si lascia ridurre nelle categorie della razionalità, non resta, come consiglia Freud in questi casi, che affidarsi alle capacità espressive della poesia. Dando voce a ciò che non si potrebbe dire altrimenti, scrive Gabriella Golzio in «La buia preghiera»:[13]

mater materia misura forma
formula madre magra di dio
dedita lacera lamina fera
avida pavida ruvida giara
foemina trepida rapida piena
lacrima lumen luce leggera

II

L'altra scena del parto

> Appartiene a ogni potere totalitario irrompere nelle nostre più segrete province, allo scopo di occupare quegli spazi vuoti da cui era escluso e guadagnare anche all'interno dell'individuo una totale presenza e competenza.
>
> GÜNTHER ANDERS

Anni fa, sull'ingresso della sala parto di una delle maggiori maternità milanesi – la clinica Macedonio Melloni – scritta con i grandi, spigolosi caratteri romani della grafica fascista, campeggiava una minacciosa ingiunzione: «Vieni, impara ad esser madre!».

Mi sono sempre chiesta perché mai proprio lì, nel luogo della paura e del dolore, dovesse aver inizio un apprendimento così basilare. E chi e con quale diritto l'avrebbe impartito? Si dava per scontato, evidentemente, che la donna, della sua maternità, non ne sapesse nulla e che l'autorità del medico l'avrebbe opportunamente istruita – attraverso la punizione e la sofferenza – come conviene a ogni «buona educazione».

Socialmente il parto veniva assimilato a un rito di iniziazione in cui, attraverso la sopportazione del dolore, si otteneva il diritto di appartenere a pieno titolo al gruppo eletto delle madri. In questo modello la maternità è posta al vertice della femminilità e la sua funzione, eroicizzata, viene equiparata a quella degli ex combattenti, reduci da una grande guerra patriottica. Le donne in quanto «spose, madri, custodi della razza, levatrici di futuri guerrieri» e gli uomini in quanto soldati, appaiati nel comune servizio allo Stato, non hanno valore in quanto persone ma esclusivamente per il ruolo sociale che svolgono, per l'obbediente sottomissione all'ideale collettivo che rappresentano. Per antica tradizione, l'essere madre legittima l'intera vita della donna, la rende «memorabile», come mostra, nella rigida legislazione spartana di Licurgo, il fatto che solo agli uomini morti in guerra e alle donne morte di parto fosse consentito il nome inciso sulla lapide.[1]

Più vicino a noi, la mentalità autoritaria e i comportamenti coercitivi, tante volte stigmatizzati nel personale ospedaliero, trovavano senso in quel processo di «disciplinamento dei corpi» funzionale all'organizzazione industriale del lavoro e all'assetto nazionalista del capitalismo europeo. Un processo che in Italia si svolge esplicitamente dall'inizio della prima al termine della seconda guerra mondiale. Ma i cui strascichi si prolungano, soprattutto nelle istituzioni pubbliche, sino alla fine degli anni Sessanta, e per certi aspetti, durano tuttora. Benché ufficialmente condannati, possiamo trovarli in atto in reparti di ostetricia, igienicamente inappuntabili, ma, quanto alle relazioni umane, organizzati con modalità da caserma.

Come sempre, tra vittime e carnefici scorreva un sottile filo di complicità. Le donne si compiacevano della loro sofferenza e l'enfatizzavano come prova di spiritualità: mentre un parto efficiente era considerato sinonimo di «animalità» e di incultura, un travaglio difficile dimostrava uno stile signorile e un animo sensibile. In quell'atteggiamento, apparentemente assurdo, trapela però una consapevolezza: che la psiche, nel travaglio, si opponga al corpo, assuma una posizione antagonistica al suo agire. Poiché si presume che la donna «non sappia» che cosa avviene in lei – tanto che deve essere guidata in ogni fase – non resta che attribuire all'inconscio l'ostacolo mentale che contrasta l'atto di generare. L'opposizione non si può certo attribuire ai «codici viventi», messaggi innati finalizzati alla generazione oltre che alla sopravvivenza individuale. Saranno piuttosto i divieti, le cancellazioni e le sostituzioni che li hanno colpiti nel corso della civiltà a interferire con lo spontaneo svolgimento del parto, con gli opportuni movimenti fisiologici. Quanto più la partoriente intende mantenere il controllo razionale e cosciente di sé, non lasciarsi andare alle spinte che le provengono dall'interno, tanto più rischia di cadere preda di violente emozioni di paura e di angoscia. Rapportato alle altre situazioni della vita, il parto diviene incomprensibile. Il suo inesorabile, autonomo procedere verso lo scopo costringe la partoriente a regredire a una condizione di dipendenza rispetto al corpo che contrasta, in un certo senso, con il processo evolutivo dell'individuo e della specie.

In generale l'umanizzazione dell'uomo ha richiesto una separazione della mente dal corpo, un prevalere del pensiero sull'azione, una progressiva manipolazione dei programmi istintuali, che lo hanno separato radicalmente dalla genealogia animale. Questo processo si rende particolarmente evidente nella maternità perché le richieste sociali sono state più esigenti nei confronti della donna, che è rimasta pertanto, per la complessità del suo compito, più vicina e più lontana dalle sorgenti pulsionali della vita. E diventa dirompente nel parto, quando incontra il suo improvviso rovesciamento. Qui la donna è infatti «al servizio» di un evento che accade in lei, a opera del suo corpo, ma che in un certo senso la attraversa, perché proviene da altrove e va oltre.

Il non sapere femminile

Vi è, in ogni gestazione, un nucleo di opacità che può provocare sintomi difficilmente comprensibili a livello del senso comune. La differenza che intercorre tra la riproduzione istintiva delle femmine animali e la complessa e contraddittoria esperienza di quelle umane ci mostra quanto ci siamo allontanate dal corpo, dal suo sapere. Una delle maggiori rimozioni operate dalla nostra cultura mi appare quella che ci sottrae ogni rappresentazione interiore della gravidanza e del parto. Le immagini ci vengono tutte dal di fuori, proiettate su di uno schermo mentale a senso unico, che non è più in grado di ricevere e decifrare le sensazioni endogene, le informazioni che provengono dall'interno del corpo.

La vicenda generativa di ogni donna tende pertanto a svolgersi in un'unica dimensione: quella della realtà fattuale, organizzata da un insieme di discorsi che, ponendosi come ovvi e necessari, la orientano e la governano. La maternità, definita dalla società, si presenta per lo più come il coronamento di una serie di scambi, codificati nel matrimonio o nella convivenza. Prevalgono pertanto le modalità estrinseche, che non tengono conto della dimensione soggettiva, intima e segreta di ogni donna. Sono sempre più frequenti le giovani che si vantano di aver trascorso la gravidanza «come se *niente* fosse»: come prima di rimanere incinte, hanno lavorato, viaggiato, si sono divertite o affaticate senza alcuna limitazione sino all'ultimo giorno. Qualificando come «niente» questo periodo straordinario, non si accorgono di quanto sia andato perduto, di come la loro vita risulti impoverita dalla cancellazione di un'esperienza così essenziale. Tanto più che la mancata elaborazione dell'attesa rende poi difficile la funzione materna. Le stesse, dopo il parto, saranno pronte ad affermare: «Non vedo l'ora di tornare a lavorare perché a casa mi annoio».

Per il predominio della efficienza produttiva, tipico della società industriale, la funzione materna viene a coincidere con la presenza e le esigenze del figlio. Nella prima fase, quella della gravidanza, domina il ginecologo, tutore del corretto sviluppo del feto, nella seconda il pediatra, garante del buon allevamento del bambino. In entrambi i casi la madre resta spossessata del proprio sapere e volere, soggetta a cognizioni professionali che «non le competono». Ma la gestazione non è solo un accadimento del corpo che inizia e si conclude all'interno del ciclo fisiologico di nove mesi. Ha un tempo interno, una storia mentale che risale alla prima infanzia e che scandisce tutto l'arco della biografia femminile. Nell'elaborazione immaginaria della maternità entra in gioco il rapporto che la donna intrattiene con se stessa: il piacere, le sensazioni di pieno e di vuoto che le giungono dal di dentro, le immagini innate e acquisite che le animano la mente. I suoi desideri interagiscono con le relazioni fondamentali che aveva stabilito con la madre e il padre durante i primi anni di vita, si ridefiniscono con il partner, mutano secondo le gratificazioni, le rinunce, i distacchi e le perdite che incontra nel corso dell'esistenza.

Che la gestazione non coincida necessariamente con la fecondità del corpo ce lo dice il fenomeno stesso (che non è solo umano) della gravidanza isterica. Per secoli questo sintomo ha turbato le comunità femminili di monache e collegiali. Mentre in alcune giovani madri, soprattutto nubili, si può assistere alla negazione di uno stato fisiologico (l'incapacità di riconoscersi incinte anche se lo sono), da parte di altre si può produrre invece la somatizzazione di un vissuto psicologico (si considerano incinte anche se non lo sono). In entrambi i casi viene meno lo scambio reciproco tra soma e psiche. Ciascuna delle due dimensioni afferma, sebbene in modo diverso, la sua autonomia rispetto all'altra. La gravidanza cosiddetta «isterica» ci interessa particolarmente perché rivela un desiderio inconscio di maternità che si esprime fuori o contro le ingiunzioni sociali, indipendentemente dalle intenzioni razionali e coscienti. Spesso si tratta di donne sole, che temono di non poter divenire madri, per cui «realizzano», attraverso il sintomo, le loro fantasie più profonde. Può accadere che di fatto il loro ventre si gonfi e le mammelle si inturgidiscano, che acquistino l'espressione e il modo di camminare della gestante, come se il desiderio si rendesse in qualche modo efficace saltando ogni mediazione, imponendo una realtà fittizia su quella che consideriamo obiettiva. Eppure l'isterica non è sola. Vi è in gioco, nella sua inquietante sintomatologia, un fantasma inconscio di nascituro che stentiamo a riconoscere, soppiantato com'è dall'immagine forte del figlio reale, del bambino sociale.

Quello che una donna può legittimamente attendere è l'erede dell'uomo: porterà il nome del padre e abiterà la sua casa. Eppure vi è un bambino fantasmatico, un figlio del sogno, che gonfia il ventre vuoto dell'isterica e che, sebbene inesistente, pretende di venire al mondo. Un bambino mai nato anima la storia del corpo femminile provocando, in diverse circostanze, parti simulati, come mostrano le violente contrazioni delle malate sottoposte nel Settecento al magnetismo da Mesmer o, un secolo dopo, i casi clinici della Salpêtrière, fotografati nei loro spasmi uterini dagli imperturbabili osservatori positivisti.

Gli psichiatri hanno voluto interpretare questi movimenti involontari del corpo femminile come mimesi dell'atto sessuale. In realtà, l'attacco isterico, analizzato nella sua gestualità, sembra riprodurre piuttosto la scena del parto. Il desiderio femminile che lo anima investe un altro oggetto d'amore rispetto al partner sessuale, il figlio interiore. Si tratta di un fantasma corporeo che non trova, nella cultura, forme di rappresentazione accettate e condivise. La psicoanalisi freudiana ha ampliato la nostra possibilità di riconoscere il desiderio inconscio, di dire la sessualità, anche quella più perturbante, la sessualità infantile polimorfa e perversa, ma sempre assumendo un punto di vista maschile. Nel suo schema, lo sviluppo sessuale termina pertanto con il coito, ignorando la psicologia delle mestruazioni, della gravidanza, del parto, dell'allattamento, del puerperio e della menopausa. Se elementi di queste esperienze compaiono è per dar conto dei vissuti filiali, non di quelli materni. Persino nella disciplina che ha individuato l'«altra scena» rispetto alla coscienza, che ci ha insegnato a pensare che ogni contenuto manifesto rimanda a uno latente, la maternità rimane un vissuto «a una dimensione», un accadimento prevalentemente fisiologico.

Ma molte osservazioni si oppongono a una simile riduzione. Innanzitutto, come ho premesso, l'interferenza evidente dei processi emotivi della donna nei confronti del contenuto vitale del suo corpo, il nascituro. Come aveva già osservato Jones, nel suo saggio sulla *Psicologia del parto*, le idee inconsce della gestante disturbano il travaglio sia inibendo sia esagerando i movimenti espulsivi.

L'ideale ginecologico è un corpo inerte, del tutto arreso alla gestione del personale sanitario e alle necessità della organizzazione ospedaliera. Poiché si presume che la partoriente non abbia in sé risorse e competenze, il meglio che possa fare è esistere il meno possibile, scomparire, uscire psicologicamente di scena. Spesso chi l'assiste durante le doglie parla di lei, senza interpellarla, senza considerare le sue emozioni, come se fosse una cosa tra le cose.

Dal canto suo la partoriente, invasa dal dolore e dalla paura di un evento che non conosce e non controlla, cerca in ogni modo di contenersi, di non intralciare i lavori in corso.

Il suo lavoro, il travaglio, rimane fuori dalla sala parto, relegato alla fase dilatatoria, preliminare a quella espulsiva dove si presume sia completamente sostituito dalla sofferenza. Poiché insieme al lavoro fisiologico cessa sovente anche la percezione psichica dell'esperienza, la partoriente viene invasa da un'angoscia dilagante, che interrompe ogni continuità tra il parto e la gravidanza. «Ogni donna» è stato osservato «scopre il senso dell'impresa del partorire sempre e soltanto dopo averla compiuta.»[2] In tal modo perde il piacere immediato del lavoro condotto a termine, la gioia creativa del mettere al mondo. Il neonato che l'ostetrico le porge proviene dall'esterno, effetto dell'abilità e della competenza altrui. Il senso di pienezza interiore, fisica e psichica al tempo stesso, che connota la gravidanza rischia così di tramutarsi in un sentimento di deprivazione e di lutto. Il fenomeno della depressione puerperale, che in modo più o meno palese fa seguito a ogni nascita, risulta inspiegabile per la medicina tradizionale. Se il parto rappresentasse il trionfo della maternità, del suo processo generativo, il vissuto malinconico che lo segue sarebbe incomprensibile e paradossale. Ma è nell'inconscio, nelle sue ferite, che possiamo rinvenire la possibile spiegazione di un evento così contraddittorio.

La presenza di un sentimento di lutto ci rinvia sempre a una perdita, che in questo caso non può essere altro che quella del bambino fantastico, del figlio interiore che la bambina ha scoperto in sé sin dalla prima infanzia. L'immagine innata, «il bambino della notte», viene a collisione, al termine del parto, con il suo doppio, il bambino del giorno, il «figlio vero». Al cospetto della realtà, la figura evanescente si dissolve, come i sogni alla veglia, come il buio alla luce. Tutto l'investimento affettivo che la rivestiva rimane senza referente e, di fronte al vuoto, si trasforma in lutto. Solo lentamente, attraverso un processo di riconoscimento, di agnizione (come nella tragedia classica), il neonato reale viene a coincidere con il suo fantasma precursore e a convogliare su di sé l'amore un tempo riservato a quest'ultimo. Ma si tratta di un amore che nel frattempo ha cambiato segno e che, da narcisistico, rivolto a una parte dell'Io, è divenuto oggettuale, relazionandosi progressivamente con il bambino, come altro da sé.

Il primo incontro

Indagata da un punto di vista psicoanalitico, la maternità cessa di essere un processo lineare, garantito dalla natura e dall'istinto, per assumere la complessità e la conflittualità che è propria di ogni vita. Con la nascita di un figlio, la storia precedente si ripresenta ma, al tempo stesso, si apre la possibilità di operare una trasformazione: di ottenere, attraverso di lui, ciò che non si è avuto per sé. È molto difficile, per le madri, ammettere che il loro neonato risulta, al primo incontro, un po' estraneo, diverso dall'oggetto fantasticato durante l'attesa, che un piccolo scarto di alienazione deve comunque essere superato. Eppure, appena ricevono tra le braccia il bambino, le vediamo compiere una cauta esplorazione di quel piccolo corpo, un'ispezione guidata da una ricezione vigile e accorta. La loro investigazione ricorre a tutti i canali sensoriali (la vista, il tatto, l'udito, l'odorato, il gusto) per riconoscerlo, introiettarlo e sostituirlo al suo immaginario predecessore. Dapprima i gesti di ogni puerpera appaiono insicuri, maldestri e solo progressivamente si stabilisce tra madre e figlio quella reciproca complementarità, quella segreta sintonia, che gli animali, con i propri cuccioli, trovano invece di primo acchito.

Paradossalmente non è tanto la bellezza del neonato che lo fa riconoscere come parte di sé, come realizzazione dell'oggetto vagheggiato e atteso, quanto la sua debolezza, l'assoluta immaturità e dipendenza. Tanto che gli eventuali difetti, carenze, disfunzioni, favoriscono anziché ostacolare l'attaccamento materno. Nelle favole l'eroe è spesso un bambino svantaggiato, come Pollicino che, benché più piccolo dei fratelli, li sovrasta tutti per intelligenza e coraggio.

Il neonato esteticamente carente o sofferente è il più amato dall'inconscio: riconosciuto come il proprio, esclusivo «bambino della notte», viene contenuto e protetto in una gestazione interminabile. Scrive in proposito Clara Sereni – la scrittrice che ha saputo trarre, dal suo rapporto con un figlio difficile, pagine di straordinaria intensità: «Lasciai a Cagliari le ultime illusioni – perniciose forse – di poter fare a meno del cordone ombelicale che mi lega a mio figlio: per quanto Tommaso possa nascere al mondo, partorirlo del tutto mi sarà sempre impossibile».[3] Il bambino handicappato non delude tanto l'inconscio della madre quanto le attese indotte dalla società e rappresentate dal padre. Molti anni fa ho avuto in cura una madre che rifiutava affettivamente il suo piccolo, colpito da una grave malformazione cardiaca. Il suo atteggiamento è cambiato nel momento in cui ha potuto separare i suoi sentimenti da quelli, di profonda delusione, che le provenivano dall'ambiente circostante.

Di solito, già durante il primo incontro, ogni mamma

riconosce il proprio bambino come unico, insostituibile, non confrontabile con nessun altro. Per lei va bene così com'è, non come avrebbe dovuto o potuto essere. Benché i neonati siano evidentemente differenti tra di loro – ci sono quelli più o meno sani, belli, intelligenti, vivaci – tra le madri non circola alcuna invidia, nessuna sarebbe disposta a scambiare il proprio bambino con quello di un'altra. Il figlio, almeno per ora, è uno dei pochi valori non mercificati della nostra società.

I sogni delle puerpere ci avvertono tuttavia della difficoltà di stabilizzare il loro rapporto col figlio, di inserirlo nello scenario interno, di trovargli la posizione giusta nel gioco delle relazioni familiari. Spesso sognano che il neonato è stato partorito dalla madre ed è pertanto un loro fratellino, oppure il padre, il nonno o una figura maschile in autorità prende, accanto al piccolo, il posto del marito. In certi casi sono colte dal timore, indotto dalla debolezza del puerperio, che il neonato nella nursery non sia il proprio, che sia stato scambiato o che il loro non sia ancora nato. La gravidanza tende, nel sogno, a essere prorogata oltre i limiti reali. Nelle donne che hanno subito un parto cesareo in anestesia totale spesso rimane per tutta la vita, vagante in una zona intermedia tra il corpo e la mente, la sensazione che la gestazione non si sia conclusa. Non avendo partecipato col pensiero all'evento finale, avvertono in sospeso un compito espulsivo che, non trovando concreta realizzazione, dà luogo, soprattutto durante gli stati crepuscolari della mente, come il dormiveglia, alla fantasia di un parto senza fine.

Mi rendo conto di aver trasmesso sinora asserzioni contraddittorie: ho detto che il «bambino della notte» è un'idea della mente e un fantasma del corpo, che è bello e brutto, che vuole essere partorito e restare al tempo stesso soggetto a una gravidanza senza fine, che è evanescente come l'ombra e persistente come il desiderio. La necessità di attivare coppie di opposti, la precarietà del suo statuto, la sua incollocabilità ci avvertono che siamo alla presenza di un contenuto dell'inconscio, di un oggetto che pertiene al campo della psicoanalisi. La sua esistenza, per quanto immateriale, costituisce però un ambito di libertà inalienabile, grazie alla quale la maternità non sarà mai completamente manipolata dalla società né strumentalizzata ai suoi fini.

III

I tempi della maternità

> Per ogni cosa c'è il suo momento, il suo tempo per ogni faccenda sotto il cielo.
> C'è un tempo per nascere e un tempo per morire.
> *Ecclesiaste*, 3, 1-2

Nella nostra epoca un avvenimento ha cambiato, più di ogni altro, la vita delle donne. Ma è stato così grande e così improvviso che nessuno si è reso pienamente conto dei suoi effetti. L'accadimento al quale mi riferisco può essere formulato in questi termini: a partire dagli anni Settanta la diffusione di metodi contraccettivi sicuri ha disgiunto la sessualità dalla procreazione.

La maternità che, per secoli, era stata vissuta come un destino al quale sottomettersi, è divenuta, in modo accettato e condiviso, una decisione personale. La possibilità di scegliere (di rispondere con un sì, un no, oppure con un rinvio al desiderio di generare) costituisce la condizione preliminare per un'etica della maternità. Assumere nelle proprie mani la facoltà procreativa non è una opzione marginale perché contiene parte integrante della soggettività femminile, del suo essere nel mondo.

Tuttavia decidere, soprattutto quando sono in gioco, oltre alla propria, anche altre esistenze, non è mai agevole. Inoltre l'opzione non può prescindere dall'orizzonte di valori che più o meno esplicitamente orienta la nostra vita né evitare di confrontarci con zone poco controllate della mente, con desideri, paure, fantasie, aspirazioni che avremmo preferito mettere a tacere.

Visto che sinora, in un modo o nell'altro, per dare origine a una nuova creatura umana occorre essere in due, l'etica della maternità si fonda sulla consapevolezza che la vita è condivisione, che nessuno basta a se stesso. Ma non solo, poiché la generazione sfugge a un completo controllo dell'intenzionalità cosciente, essa comporta anche l'accettazione dell'impossibilità di una piena e assoluta padronanza di sé.

Questa relativizzazione dell'Io fa sì che il limite non sia soltanto esterno al soggetto, una semplice misura dei suoi comportamenti, ma che si inscriva nel cuore stesso della sua identità. Definire, quella femminile, un'etica del limite è però generico, se non si individuano le occasioni che la costituiscono come tale.

Innanzitutto vorrei osservare che la maggior parte delle donne, poste di fronte alla propria potenzialità materna, rispondono: «Più tardi».

Optare per un rinvio significa prendere atto che esistono almeno tre temporalità, una esterna, costituita dalle scadenze sociali (relazioni affettive, studi, lavoro, casa); un'altra interna al corpo, indotta dalle scadenze biologiche (età feconda, possibile insorgere di malattie debilitanti) e infine una terza, trasversale rispetto all'esistenza individuale, rappresentata dalla pulsione istintuale a procreare. La psiche, Arlecchino servitore di tre padroni, si trova a mediare tra queste determinazioni, a cercare un possibile punto di convergenza nelle loro eterogenee richieste. Ma, poiché le esigenze sociali si fanno sempre più esose e intransigenti, la possibilità di armonizzare, nel desiderio di materità, mondo esterno, mondo interno e determinazioni istintuali diviene sempre più remota, rinviata ogni giorno a «data da destinarsi». Anche l'uomo è stretto nella morsa fra autorealizzazione e generazione ma, nella maggior parte dei casi, spetta alla donna coordinare i tempi, cercando di assecondare il desiderio di maternità senza pagare costi troppo alti in termini di affermazione sociale. Questa difficile contabilità, che comporta comunque un rinvio, suscita il timore di aver perduto il momento opportuno, di essersi condannata alla sterilità per aver abusato nel dominio di sé e nell'organizzazione della propria vita.

Un sintomo di tale conflitto è rappresentato dalle richieste di sterilizzazione che provengono, ove l'intervento sia stato legalizzato, da donne sempre più giovani. Nel 1996, in Inghilterra, circa 400 donne inferiori ai 30 anni e senza figli hanno chiesto di essere sterilizzate. In questi casi, la lesione dell'integrità corporea e la rinuncia alla filiazione, a una prospettiva non certo marginale nell'orizzonte femminile, rappresentano il «prezzo» da pagare per dirimere, una volta per tutte, il conflitto della maternità. Evidentemente la contraddizione tra identità e procreazione, tra desideri individuali e richieste sociali, tra fantasia e realtà, tra tempo interno e tempo esterno, non ha potuto essere superata con una mediazione psicologica e si è risolta pertanto in una compulsione ad agire, in un *acting-out* sintomatico.

La disgiunzione tra la sfera pubblica e quella intima, privata, personale e di coppia, proprio perché conflittuale, fa emergere la consapevolezza che i tempi sociali vanno problematizzati e riformulati a partire dal corpo e dalle sue esigenze. I ritmi biologici non possono essere forzati oltre certi limiti. Ignorarli comporta grandi rischi di infelicità. Si tratta pertanto di recuperarli, di renderli visibili e di tenerne conto nell'organizzazione sociale del tempo. Sincronizzare le diverse dimensioni è necessario agli uomini e alle donne, ma queste ultime sono più coinvolte (proprio per il loro compito materno) nei conflitti che esse provocano e, pertanto, si sentono più impegnate nel trovare soluzioni.

Soluzioni non facili perché la generazione non solo si declina in tre tempi, ma coinvolge anche due differenti ambiti: l'individuo e la specie. Gli individui muoiono ma le loro cellule generative transitano nel corpo dei figli e di lì a quello dei nipoti in una catena che va dal passato al futuro.

All'inizio del secolo, August Weismann, con una teoria che si è rivelata sostanzialmente esatta, ha introdotto la differenziazione della sostanza vivente in due componenti, una mortale e l'altra immortale; la parte mortale è il corpo in senso stretto, il «soma», che è il solo a essere soggetto a morte naturale; mentre le cellule germinative sono potenzialmente immortali perché, date certe condizioni favorevoli, sono in grado di svilupparsi così da costituire un nuovo individuo o, in altre parole, di avvolgersi in un nuovo soma.

In questo senso l'individuo si configura come il tramite di un processo generativo che lo trascende, avendo di mira innanzitutto la conservazione della specie. Il singolo corpo deve morire perché il materiale generativo, depositato nei suoi discendenti, rimanga sempre giovane. Questa consapevolezza comporta una delusione rispetto all'originaria onnipotenza infantile, costretta a eclissarsi di fronte alla necessaria limitazione di sé, alla parziale espropriazione dei propri fini, incalzati da una dimensione impersonale che ha come fine la conservazione, non del singolo, ma della specie.

L'uomo ama pensarsi in termini collettivi sociali (patria, chiesa, partito, azienda, squadra, gruppo, famiglia) e non accetta con altrettanta facilità di riconoscere che, come gli altri animali, anch'egli appartiene a una specie.

«Sappiamo» osserva Freud «che le ricerche di Charles Darwin e dei suoi collaboratori e predecessori hanno posto fine ... a questa presunzione dell'uomo. L'uomo nulla di più è, e nulla di meglio, dell'animale; proviene egli stesso dalla serie animale ed è imparentato a qualche specie animale di più e a qualche altra di meno.»[1]

Eppure, nonostante ogni reticenza ad ammetterlo, la specie uomo ci contiene tutti, prima di ogni differenza etnica, nazionale, culturale, di classe, sessuale o generazionale. Accettare come prioritaria la specie rispetto a ogni altra aggregazione è per altro necessario nel momento in cui appare imprescindibile pensare in termini di ecosistema e di «patrimonio genetico dell'umanità».

La scienza è giunta a un livello tale di complessità da richiedere una visione planetaria del mondo e specifica dell'uomo. Eppure non è facile ridefinire la nostra identità, non solo come appartenente alla specie uomo, ma anche come attraversata dall'economia della specie, «strumentalizzata» ai suoi fini. Freud parla, a questo proposito, di «ferita narcisistica», osservando come tale autolimitazione sia in contrasto con l'ideale umanistico che vuole l'uomo al centro dell'universo, superiore agli animali, padrone di sé.

Un'ottica disincantata e veramente razionale comporta invece il riconoscimento della nostra iscrizione in una dimensione collettiva, transindividuale, che dobbiamo accettare per contrastare l'apparente parzialità degli interventi tecnici. Dobbiamo chiederci, ad esempio, se certe indagini genetiche, che hanno come obiettivo immediato il precoce riconoscimento di malattie ereditarie, non finiscano poi per innescare un processo di manipolazioni, una ingegneria della vita, che minaccia di inquinamento il patrimonio genetico dell'umanità.

Scrive Freud:

> L'individuo conduce effettivamente una doppia vita, come fine a se stesso e come anello di una catena di cui è strumento, contro o comunque indipendentemente dal suo volere. Egli considera la sessualità come uno dei suoi propri fini; ma, da un altro punto di vista, egli stesso non è che un'appendice del suo plasma germinale a disposizione del quale pone le proprie forze in cambio di un premio di piacere. Egli è veicolo mortale di una sostanza virtualmente immortale.[2]

Nel suo complesso la catena generativa sfugge alla conoscenza immediata, mentre l'aggancio che connette tra di loro gli anelli si inscrive nel cuore stesso della psicologia individuale.

Osserva in proposito Freud: «L'amore parentale, così commovente e in fondo così infantile, non è altro che il narcisismo dei genitori tornato a nuova vita; tramutato in amore oggettuale, esso rivela senza infingimenti la sua natura». In altri termini, l'amore per il figlio è la prosecuzione dell'amore di sé. Freud prosegue:

Si instaura in tal modo una coazione ad attribuire al bambino ogni sorta di perfezioni di cui non esiste indizio alcuno se lo si osserva attentamente, nonché a dimenticare e coprire ogni sua manchevolezza ...

La sorte del bambino deve essere migliore di quella dei suoi genitori; egli non deve essere costretto a subire le necessità da cui, come i genitori sanno, la vita è dominata. Malattia, morte, rinuncia al godimento, restrizioni imposte alla volontà personale non devono valere per lui, le leggi della natura al pari di quelle della società debbono essere abrogate in suo favore, egli deve davvero ridiventare il centro e il nocciolo del creato, quel «Sua Maestà il Bambino», che i genitori si sentivano un tempo. Il bambino deve appagare i sogni e i desideri irrealizzati dei suoi genitori. [3]

I figli sono il nostro futuro

Freud delinea qui – tra genitori e figli – lo spazio psicologico in cui si inscrive la progettualità politica, intesa come ricerca del bene comune.

In quest'ambito, ad alto potenziale emotivo, la politica passa da mera amministrazione dell'esistente a prefigurazione di un futuro possibile, da gestione a utopia. Si tratta di un'utopia spontanea, veicolata dalla trasmissione generazionale, dalla speranza di vita che ogni nuovo nato porta con sé. Connessa alla pulsione di sopravvivenza dell'individuo, essa è intrinsecamente egoistica: ogni genitore vuole la felicità di *suo* figlio. Ma poiché, non solo la felicità, ma la sopravvivenza stessa di ognuno è connessa da un patto di alleanza a quella degli altri, la relazione di filiazione, in sé prepolitica, contiene tuttavia una potenzialità politica valida per tutti. Ora il crollo delle ideologie, la sfiducia verso ogni progettazione a lunga scadenza, ha provocato un'atrofia dell'investimento generazionale, un restringimento del narcisismo sull'Io individuale. Ma può darsi anche il contrario: che una sorta di debilitazione delle pulsioni vitali abbia indotto, come conseguenza, il collasso del comune orizzonte d'attesa. Il decremento delle nascite nell'Occidente opulento è una causa o una conseguenza della crisi politica che attraversano i suoi sistemi?

Quello che la psicoanalisi può constatare è che l'impoverimento dello scambio generazionale, in termini non solo quantitativi ma anche qualitativi, provoca una perdita difficilmente valutabile. Nell'ambito del rapporto tra genitori e figli si costituisce infatti quella che Winnicott chiama «area transizionale», una dimensione reale e mentale che permette il sogno, l'amore, la fantasia, il gioco, l'espressione artistica.[4] Se vengono meno le proiezioni affettive sul figlio, e perciò sul futuro, si debilita anche la spinta all'educazione. Educazione e politica sono infatti progetti solidali che si fondano, in ultima analisi, sul semplice, elementare desiderio di un mondo migliore per i propri figli.

Non a caso assistiamo, in questi anni, alla afasia del discorso pedagogico. I nuovi progetti di riforma della scuola partono da una riorganizzazione del ciclo di studi perché mancano valori trainanti e progetti condivisi che possano prioritariamente orientarli. I bambini sono allevati in ordine al presente, al qui e ora. Pertanto ci si occupa che conoscano le lingue straniere, il computer, l'aerobica o il *body building*, senza immaginare, per loro, un mondo diverso, dove non valgano più, o incidano meno, le determinazioni che tanto ci opprimono.

Riprendere il discorso sulla genitorialità, in questo caso sul fondamentale rapporto madre-figlio, è forse il modo per tentare di rivitalizzare lo spazio della progettualità sociale, di ridargli senso e valore. La riflessione di Winnicott può esserci in proposito molto utile. Winnicott ha sottolineato, con grande passione, come la nostra cultura non sappia riconoscere il luogo dell'origine, la primaria dipendenza di ogni uomo dall'altro, in particolar modo dalla madre:

Mi sembra che nella società umana qualcosa vada perduto. I bambini crescono e diventano a loro volta padri e madri ma, nel complesso, non crescono nella consapevolezza di ciò che le loro madri hanno fatto per loro all'inizio della vita. La ragione di ciò è che il ruolo che la madre svolge ha cominciato a essere percepito soltanto di recente ... Voglio essere molto chiaro nell'affermare che io ritengo che nessuno debba necessariamente esprimere gratitudine. Ciò di cui mi sto occupando specificamente non riguarda né i tempi del concepimento né i tempi della costruzione di una famiglia. La mia attenzione è rivolta alla relazione della madre con il suo bambino appena prima della nascita e durante le prime settimane e i primi mesi dopo la nascita. Sto cercando di richiamare l'attenzione sull'immenso contributo che una madre sufficientemente buona, sostenuta dal marito, dà all'individuo, all'inizio della vita, e alla società, semplicemente attraverso il suo dedicarsi al figlio. Ma non è proprio perché è immenso che questo contributo della madre devota non viene riconosciuto? Se questo contributo fosse condiviso da tutti, allora ogni persona sana, con sentimento di esistere nel mondo e per la quale il mondo ha un significato, ogni persona felice, sarebbe infinitamente debitrice nei confronti di una donna. Al tempo in cui questa persona (maschio o femmina) era appena nata e non sapeva niente della dipendenza, vi era dipendenza assoluta. Vorrei di nuovo sottolineare che quando questo riconoscimento si verifica, il risultato non è espresso dalla gratitudine né dall'apprezzamento. Il risultato si manifesta come un venir meno, dentro di noi, della paura. Senza un vero riconoscimento del ruolo della madre, rimarrà una vaga paura della dipendenza. Questa paura prenderà qualche volta la forma di paura della donna o paura di una donna, e altre volte prenderà forme non facilmente riconoscibili, che includono sempre la paura di essere sopraffatti.[5]

L'incapacità di provare gratitudine per la madre depaupera i rapporti tra uomini e donne e delle donne tra loro, ma proietta anche un'ombra negativa sull'intera società, sui suoi costitutivi legami.

«Perché» si chiede Jorge Luis Borges, in un testo da poco riedito, «ci attrae la fine delle cose? Perché più nessuno canta l'aurora, e non v'è chi non canti l'occaso? Perché ci attrae più la caduta di Troia che le vicissitudini degli

Achei? ... Perché la morte possiede una dignità che la nascita dell'uomo non possiede?»[6] Adriana Cavarero, riprendendo Hannah Arendt, ha messo in luce come la nostra cultura si fondi, filosoficamente, sul primato della morte anziché della nascita. La morale dominante, laica e religiosa, privilegia la dimensione meta-fisica della realtà rispetto alla concretezza dell'esistente, i valori ultramondani rispetto al mondo della vita. «Vivere per la morte» osserva «costituisce uno dei più costanti principi della filosofia occidentale.»[7] La vera vita si apre al di là della mera vita.

In questo modo il corpo, la madre, la dipendenza dall'altro, la dedizione e la cura vengono messi in ombra e sostituiti da una concezione idealizzata di sé, da un Io eroico, autogenerato, che non ammette riconoscenza e gratitudine alcuna. «Non avrai altro dio fuori di te» è il motto ultimo di una società narcisistica, egocentrica, sempre più spaventata dal mondo, dalla storia, dal futuro e perciò sempre più arroccata nelle anguste pareti dell'individualità. Il presente è l'unica dimensione dell'uomo che vive esclusivamente la propria sopravvivenza. Un presente fatto della sommatoria di attimi implosi. Questa modalità di affrontare il tempo si presenta come una caratteristica della tarda modernità. Scrive il filosofo contemporaneo M. Sgalambro:

> Il giorno è divenuto l'estrema misura di vita, il resto è sovrappiù. All'interno di esso si colloca adeguatamente l'esperienza. Tutto si svolge nel giorno, nella dimensione del giorno rientrano tutte le misure del tempo ... Presente, passato e futuro si stipano nell'ambito del giorno che diventa il paradigma del tempo. Quello che il giorno contiene nella sua smisurata angustia è l'universo intero. Chi ha vissuto un giorno ha vissuto una vita. Vivi il tuo giorno, dunque. Ama per oggi, intanto. Dormi? Sei morto. Ti svegli? Sei rinato, alleluia. Rinascerai per ventimila, forse trentamila volte. La pace sia con te.[8]

Per fortuna la riduzione alla sola dimensione del presente non è condivisa da tutti: spesso costituisce soltanto una tentazione della coscienza per sfuggire all'angoscia del futuro. Permane, nella maggior parte degli esseri umani, un senso vitale del tempo che spezza le angustie del quotidiano, le sue esigue consolazioni. Ciascuno cerca, in modi diversi, di immettere nella propria esistenza elementi di perennità e per far questo ha bisogno di stabilire patti simbolici con gli altri, di affidarsi a loro, affinché perpetuino il suo limitato segmento di vita. In questo senso la prospettiva generazionale può fornire una possibilità aperta a tutti, uomini e donne, purché venga strappata alla solitudine della famiglia e all'egoismo del singolo per assumere tutta la ricchezza di una trasmissione culturale collettiva. Per dare significato al fatto di essere figli, madri e padri, dobbiamo però ripensare in modo nuovo alla traiettoria della nostra vita, partendo appunto dalla nascita e dalla originaria dipendenza da una figura materna.

IV
Per un'etica del limite

> La maternità è un lungo interminabile addio.
>
> UNA DONNA

Dal dominio alla mediazione

Esaminato come una delle possibili relazioni umane, il rapporto madre-figlio si mostra inizialmente così dissimmetrico da configurarsi come la forma più assoluta di dominio. La madre possiede, nei confronti del suo bambino, più potere di quanto nessun tiranno abbia mai sognato di esercitare. Il possesso del padrone sullo schiavo, il dominio del signore sul servo, l'arbitrio dell'aguzzino nazista sul suo prigioniero, sono ben poca cosa in confronto al potere che la madre detiene nei confronti di un neonato inerme. Nel caso di interazioni tra adulti è sempre possibile che si preservi un ambito di libertà interiore, che il pensiero si sottragga all'oppressione, sfugga mentalmente all'annientamento. Per il neonato, quando si sente completamente prevaricato, non vi sono invece possibilità di fuga se non nella morte, fisica o psichica, come dimostra la teoria dell'autismo infantile di Bettelheim. Eppure il possesso materno non diviene mai, salvo nei casi di follia, arbitrio, annichilimento dell'altro, volontà di soggezione totale. Invece di occupare la posizione del despota, la madre si sdoppia: una parte contiene il bambino inerme, accoglie le tendenze regressive, conforta le paure, condivide le frustrazioni; l'altra si allea invece con le dinamiche emancipanti del piccolo, con le energie propulsive che tendono alla individuazione e alla separazione. La sua capacità di adattamento ai bisogni del figlio è prodigiosa, ma progressivamente sopravviene una complementare capacità di disadattamento, di dissonanza, che lascia a quest'ultimo la possibilità di cavarsela da solo, di procedere autonomamente per prove ed errori. Le donne in quanto madri sono quindi predisposte a una esperienza di desiderio, di attesa, di possesso, di controllo e manipolazione dell'altro, che trova in sé il proprio limite. Mai, nelle istituzioni sociali, si assiste a un potere assoluto che si autoregola, che rinuncia ai propri poteri per incrementare l'autonomia dei sudditi. Eppure nella maternità questo accade. Lo stesso corpo che contiene in sé il nascituro, lo avvia poi, a piccoli passi, verso il mondo. La madre allontana progressivamente da sé il figlio senza cessare, per altro, di contenerlo nella mente, di sentirsi responsabile della sua vita.

Mentre scattano degli automatismi fisiologici per quanto riguarda la gestazione, il parto, l'allattamento, lo stesso non avviene per la nascita psichica del bambino. È vero che la donna non è sola perché vive in un ambiente e in una storia collettiva che le trasmettono tutta una serie di messaggi e di rinforzi alla sua funzione materna, ma sta a lei sola tradurli in atteggiamenti e comportamenti idonei in quel singolo rapporto di filiazione. Il bambino porta con sé una spinta all'autonomia che la madre recepisce e sostiene, ma a scapito di una inconscia tendenza alla fusionalità, operante in entrambi. Gli aspetti propulsivi della relazione materna sono sempre contrastati da tendenze regressive. L'amore oggettuale si sostituisce con un certo sforzo all'amore narcisistico che prevale finché il figlio rimane relegato alla sfera della fantasia e del corpo. Per quanto la società e la cultura si attendano questo da lei, la donna è sola a combattere contro le tentazioni che le provengono dall'immaginario, sola quando lascia che il vuoto subentri alla pienezza del suo contenimento. Il possesso del figlio, che non conosce tempo, si prolunga così nel suo accudimento, nella scansione ritmica e ripetitiva delle cure che costituiscono frammenti della prima indivisa corporeità.

La dedizione materna, in quanto tende a soddisfare i bisogni ed evitare i rischi, non incentiva direttamente l'autonomia, ma costituisce quella base sicura dalla quale il bambino può partire perché sa di potervi tornare. Certo il solo codice materno non basta, occorre che ad esso si coordini il codice paterno, portatore di divieti e di ingiunzioni, non arbitrari, bensì giustificati dal riferimento a valori condivisi. Ma il padre rappresenta sempre un secondo tempo rispetto all'immediatezza del legame originario, attestata dal parto. Perché un uomo diventi padre di un figlio non basta che abbia fecondato una donna: occorre che riceva da colei che ha reso madre un gesto di riconoscimento simbolico che da solo non si potrebbe dare.

Tra fecondazione e nascita intercorre infatti una tale distanza temporale e spaziale che è stato necessario introdurre il vincolo del matrimonio per collegarli socialmente. Ma mentalmente? Per quanto riguarda le dinamiche relazionali: il padre è colui che la madre indica come tale.

Il due della diade originaria si trasforma in tre perché la madre apre le porte dell'immaginario, dove regna la specularità immobile, alla mediazione della parola, al nome del padre che rappresenta la dimensione del simbolico, il luogo del linguaggio come infinita sostituzione e combinazione metaforica.

La parola nasce, insegna Hegel, sulla morte della cosa: occorre pertanto che la madre-cosa, la madre-tutto sparisca per essere sostituita dalla mancanza sulla quale si fonda il simbolo.

È vero che ogni nuovo nato viene al mondo in una società umana che, proibendo l'incesto, ha già decretato la sua separazione dalla madre prima, dal padre poi. Ma la Legge è lettera morta se non viene impressa sull'originario corpo indiviso, se non diviene una ferita che la madre lascia aperta tra sé e il figlio affinché questi possa parlare e, parlando, identificarsi col nome del padre e il posto che questi gli assegna nell'ordine delle generazioni.

Il primo passaggio dall'esperienza immediata, sensibile, alla mediazione ha quindi per oggetto la madre che costituisce al tempo stesso il simbolo e la simbolizzazione, ciò che viene sostituito e colei che autorizza la sostituzione dalla quale prende il via l'infinita catena della produzione simbolica.

Il padre, la funzione paterna, è l'effetto, non la causa, del gesto che inaugura, per ogni nuovo nato, l'orizzonte della società e della cultura. Pertanto il padre può anche non esserci fisicamente, purché il suo posto sia conservato, purché la madre lo evochi, magari solo potenzialmente, come terzo vertice della triangolazione edipica, con la quale il figlio e la figlia si dovranno confrontare prima di lasciare la famiglia per cercare altrove il proprio partner. Con questo non voglio negare né minimizzare la funzione che la presenza di un padre sufficientemente buono svolge per l'evoluzione della diade madre-figlio e per la crescita di quest'ultimo, soltanto che non la considero indispensabile.

Ciò che non può mancare è la designazione materna di un terzo rispetto alla relazione diadica che inizialmente l'inconscio le propone. Attualmente la competizione che molte volte contrappone i due genitori fa sì che il padre, magari separato per colpa della moglie, accetti il figlio pur rifiutandone la madre. Questa mossa, apparentemente generosa, è in realtà gravida di pericoli perché inserisce il bambino in una nuova struttura diadica che ripete quella originaria, operando così una regressione anziché una progressione. Dopo la nascita, il padre ha il compito di accogliere la madre con il suo bambino e di attrarli a sé in modo diverso, con strategie di seduzione differenziate e non conflittuali. Infatti per l'una è partner sessuale, per l'altro/a genitore e, come tale, inserito in una corrente amorosa caratterizzata dalla tenerezza, dalla libido desessualizzata.

D'altra parte vi sono ormai così tante madri che crescono il loro bambino da sole che non possiamo più considerare la sua assenza come un vuoto incolmabile: se non vi è il padre rimane comunque il patriarcato. Secondo la psicoanalisi classica solo l'intervento del padre permette all'unità madre-figlio di divaricarsi, introducendo la separazione là dove regnerebbe, altrimenti, una possessività stagnante. Credo invece che la madre in quanto donna e non solo genitrice detenga in sé, nel proprio progetto generativo, un desiderio di distinzione dal figlio che il marito rappresenta, conferma e sostiene ma che, salvo casi di particolare squilibrio, procede comunque, anche se lui è assente, psicologicamente o di fatto. L'onnipotenza materna cede progressivamente alla separazione per una spinta intrinseca, anche se contraddittoria. Utilizzando anche energie aggressive, la madre lascia che il figlio si allontani, che divenga altro da come lei lo aveva pensato e voluto. Tutto questo senza però mai sospendere il senso di responsabilità e la disponibilità all'accoglimento. L'essenziale è che la donna non assuma, in quanto generatrice, la posizione dell'Uno, del Tutto, che non cancelli il luogo paterno nella triangolazione edipica. Sappiamo che il padre può essere anche rappresentato da un posto vuoto, l'essenziale è che la sua posizione non venga occupata né da lei né dal figlio. Se la madre impone un rapporto a due, faccia a faccia, il bambino resterà captato dal suo sguardo, incatenato a lei da una dedizione totale. In questo senso il Bambino regale della Maternità trionfante, non mediata dall'uomo, deve sparire dalla sua mente, eclissarsi come una figura del sogno.

In proposito la psicoanalista Lou Andreas-Salomé osserva: «L'immagine più elevata della donna non è tanto la *madre col bambino*, ma in caso si vogliano considerare le immagini delle madonne cristiane, *la madre presso la croce*,

sacrifica colui che partorì; quella che cede il fi-
ra sua, al mondo, alla morte».[1]

Maschile e femminile: due modi di rapportarsi all'altro

Se ripercorriamo lo sviluppo della identità sessuale nei maschi e nelle femmine, troviamo una differenza decisiva. Entrambi i sessi sperimentano una prima fusionalità con la madre e progressivamente entrambi se ne separano. Ma il maschio, proprio per affermare la sua differenza sessuale, deve prendere le distanze dalla madre, sentirsi in un certo senso estraneo a lei, radicalmente altro rispetto al sesso femminile che gli ha conferito la sua prima calda identità. La bambina, invece, interiorizzando la madre, facendo propria la sua appartenenza al genere femminile, costituisce una identità basata sulla similarità. Il loro rapporto speculare trasmette l'appartenenza a un comune destino. Così come è stata contenuta nel corpo della propria madre, la figlia diverrà a sua volta contenitore di una nuova vita.[2]

Tramite la sua componente femminile, il suo essere costruita come una «Matrioska», la donna si sente in relazione con il passato e con il futuro, inscritta in una catena di interdipendenza, aperta da entrambe le parti.

L'uomo invece, forzato a costruire la sua identità sessuale contro la madre, in opposizione alla sua specularità, fa proprio uno stile di relazione basato sulla divisione, la separazione, la contrapposizione, la competitività, il conflitto e poi, eventualmente, la mediazione. È significativo che l'opera fondante la cultura occidentale, l'*Iliade*, sia un poema di viaggi, di guerra, di rivalità, di vendetta, di inganni, di saccheggi e di stragi. Gli uomini si identificano soprattutto in negativo, affermando ciò che non sono, che non vorrebbero essere. Ed è in funzione del nemico comune, o del rivale condiviso, che si costruisce l'amicizia virile, come dimostra costantemente la mitologia della nostra epoca, il film western.

Mentre i rapporti tra uomini sono espressi in forme simboliche e gestiti in esplicite forme di competizione che li ordinano in senso gerarchico, le donne, prossime e confuse, hanno tra di loro una socialità al tempo stesso più immediata e più ambivalente.

Entrano subito in intimità ma, non trovando riconoscimento e misura, cadono facilmente preda di primitive dinamiche invidiose che le avvincono in sentimenti ostili, in rancori inespressi, difficilmente gestibili e superabili.

Comunque l'identità femminile si dimostra maggiormente aperta e accogliente di quella maschile. Il tessuto dei rapporti familiari, la trama dei legami affettivi è intrecciata e alimentata dalle donne: «competenti in sentimenti», le definiscono i sociologi. Questa funzione è stata loro riconosciuta da sempre. Ma ora una riflessione femminile sta cercando di tradurre i tradizionali valori privati femminili in valori pubblici da esplicitare e concretizzare socialmente.

In questo senso sono accaduti, negli ultimi anni, fenomeni molto significativi.

Le Madri argentine della Plaza de Mayo si sono costituite come un soggetto politico fondato sulla condizione materna. Esse hanno svolto un ruolo poco noto ma sicuramente rilevante per il crollo della dittatura militare e per la resistenza al fascismo strisciante del dopoguerra. Ad esse si aggiungono le «donne in nero», le «mamme napoletane contro la droga» e, infine, i comitati di madri iugoslave che hanno tentato, benché invano, di opporsi alla guerra fratricida che ha devastato il loro paese.

Sono realtà sporadiche, evocate da tragedie estreme, ma tuttavia significative di una aurorale soggettività femminile. Sovente hanno espresso valori universali, talvolta, invece, sono state travolte dalle faide per cui, ad esempio, le madri croate hanno rivendicato la vita dei loro figli a scapito di quella del nemico serbo. Non è detto che un'espressione materna sia necessariamente sublime. La solidarietà femminile rimane tuttora un valore da perseguire, senza illuderci che sia un risultato conseguito una volta per tutte.

Tuttavia immettere nel mondo questa potenzialità femminile, resa sobria e concreta dal rifiuto della retorica ma anche dell'antiretorica, significa un diverso modo di mettersi in rapporto tra noi, uomini e donne appartenenti alla specie umana e con la natura che tutti ci unisce in una relazione circolare. Una natura che non si configura più come un oggetto inerte da dominare e sfruttare, ma come una parte di noi, del nostro essere viventi tra gli altri esseri viventi.

V
Dalla sofferenza all'esperienza

> Infine, l'esperienza è questo: la capacità che posseggo di osservare me stesso, e valutare ciò che faccio e i miei fini alla luce di uno sguardo che è mio.
>
> P. JEDLOWSKI, *Il sapere dell'esperienza*

Per secoli le donne hanno aderito ciecamente a una logica riproduttiva che, tanto a livello biologico quanto a livello sociale, le ha strumentalizzate ai propri scopi, incurante del loro benessere e della loro vita.

Le madri hanno «lavorato» e «lavorano» per la riproduzione del genere umano, ma questa funzione non è mai stata presa in considerazione in quanto la generazione del corpo è stata attribuita alla natura e la genealogia sociale alla discendenza paterna. Sino a qualche decennio fa alle donne si apriva la possibilità di una sola scelta, sposarsi o non sposarsi, ma una volta optato per la prima alternativa, ne derivava come ineluttabile conseguenza la loro totale disponibilità ad accogliere la sequela dei parti, delle nascite, dell'allevamento dei figli. Leggendo la documentazione di certe esistenze femminili, si ha l'impressione che gli uomini esercitassero sulle donne un controllo connotato di sadismo. Ma non si tratta certo di una intenzionalità malvagia, quanto di un'adeguazione acritica all'ordine delle cose. Nascere donna era considerato una sventura ineluttabile, alla quale non c'era rimedio. La religione poteva solo ribadirla con un riferimento alla condanna divina, ma non prevedeva per tale fardello alcun privilegio in terra o premio nell'aldilà.

La maternità, come documenta Edward Shorter nella sua *Storia del corpo femminile*, ha condannato molte donne alla infermità e alla morte precoce. Nelle vite delle nostre antenate le gravidanze e i parti si sono susseguiti con una frequenza che poteva divenire devastante.[1] Le vicende ginecologiche hanno provocato nelle donne una «miseria biologica» che Shorter non esita a considerare ancor più drammatica della «miseria economica» del proletariato.

A qualsiasi classe appartenesse, la donna sposata era indotta dalla cultura e dal sociale a una totale disponibilità al desiderio erotico coniugale, senza alcun riguardo per la sua salute e per il pericolo mortale che ogni parto rappresentava.

Poiché la maternità era considerata «la funzione per eccellenza del corpo femminile», il suo destino biologico era dominato dalla necessità, senza considerare che la donna è l'unico mammifero non regolato dall'estro. Mentre le scimmie più prossime a noi hanno, nella loro vita feconda, non più di sei figli perché la loro ricettività sessuale è strettamente connessa all'ovulazione, la femmina dell'uomo non conosce limite alla propria disponibilità sessuale e generativa.

È forse per questa sua caratteristica che la donna viene considerata da Aristotele una «figura dell'eccesso» e posta, insieme al tiranno e al crematista (il finanziere che moltiplica il denaro col denaro) al di fuori del perimetro della *polis*, al di là dello spazio razionale del *logos*.[2]

In quanto la sregolatezza le è connaturata, la donna deve essere sottoposta a un particolare controllo sociale. Sarà pertanto segregata nello spazio domestico e soggetta completamente al dominio del capofamiglia, il padre prima, il marito poi. Poiché non ha un proprio limite interno, le si chiuderanno intorno barriere esterne. Tutta la sua vita sessuale e affettiva sarà regolata dall'istituzione matrimoniale in conformità ai dettati della società. Nella Grecia classica era previsto che una serie di cerimonie, scandite dal calendario della città, celebrassero le varie fasi della vita femminile, ribadendo così ufficialmente il controllo pubblico sulla generatività materna. Nelle famiglie aristocratiche, i figli maschi restavano con la madre fino a sette anni per essere poi affidati alle cure di un precettore; a lei spettava soltanto la procreazione e l'allevamento della prole, mentre l'educazione vera e propria era gestita dalla comunità degli uomini.

Una società, quella greca, che nell'epoca della sua piena realizzazione comporta per i suoi membri, maschi, adulti, liberi e aristocratici, la possibilità di fondare la legittimità del potere pubblico sulla raggiunta capacità di dominio interiore. Un uomo ha diritto di comandare gli altri quando ha dimostrato di saper comandare a se stesso: di essere in grado di dominare le passioni, controllare i piaceri, evitare gli eccessi. Il comportamento privato diviene così il banco di prova e l'avallo del potere politico. Foucault, nella sua *Storia della sessualità*, in particolare nei due ultimi volumi, ricostruisce le modalità con cui in Grecia l'aristocrazia urbana ha legittimato la supremazia sociale sulla virtù morale.

Mentre nella società arcaica il potere politico si fondava sulla discendenza divina, a partire dal IV secolo a.C., in un'ottica stoica, esso spetta agli uomini migliori. Pertanto l'aristocratico limita spontaneamente le proprie condotte erotiche, soprattutto quelle omosessuali con i membri più giovani della comunità, con quei ragazzi, suoi pari, che saranno un giorno destinati al potere. Il rapporto di pederastia perde così le sue componenti erotiche attive per sublimarsi in affinità spirituale. Da quell'amministrazione di sé, da quell'opera di «stilizzazione del desiderio» l'aristocratico antico ricava la convinzione, personale e condivisa, della sua attitudine al comando sociale. Al tempo stesso la pulsione sessuale, sottratta all'esercizio immediato, alla scarica diretta delle energie erotiche e aggressive, si rende disponibile per la sublimazione, per il raggiungimento di mete astratte, lontane nel tempo, socialmente valorizzate.

L'insofferenza isterica

Nulla di tutto ciò accade alle donne che rimangono totalmente arrese alla sessualità riproduttiva, sottoposta al potere coniugale e al controllo sociale. Il loro disagio, l'insofferenza per questa duplice costrizione, si può esprimere solo nel sintomo. In quel contesto l'isteria rappresenta una forma di protesta collettiva contro l'amministrazione coniugale della sessualità femminile, contro la riduzione del destino a una funzione biologica.

Come sappiamo l'isteria è una malattia polimorfa che può assumere le più svariate espressioni, ma ciò che la caratterizza è un disordinato agitarsi delle membra e un senso di angoscioso soffocamento: i sintomi con cui un animale in gabbia esprime la sofferenza della cattività.

Nel mondo antico essa viene diagnosticata come affezione ginecologica, una malattia «vantaggiosa» perché sottrae, almeno per un certo periodo di tempo, la donna al processo riproduttivo. Il corpo isterico, in preda a movimenti convulsivi, è considerato abitato da un animale demoniaco, l'utero che, vagando di qua e di là, ne ostruisce gli orifizi, provocando spasmi e soffocamenti.

Scrive in proposito Platone nel *Timeo*:

> Per le donne, ciò che si chiama matrice o utero è un animale dentro di loro che desidera fare bambini; e quando resta privo di frutti per molto tempo oltre la stagione propizia irritandosi sopporta male questo stato; esso erra per tutto il corpo, ostruisce i passaggi dell'aria, impedisce la respirazione, getta in angosce estreme e provoca malattie di ogni genere; e ciò dura fintanto che l'appetito e il desiderio nei due sessi non le conducano a una unione ove possano cogliere come da un albero il loro frutto.[3]

La terapia dell'isteria risiede quindi nel matrimonio, nella sottomissione del corpo femminile alla sessualità coniugale e alla conseguente economia procreativa, che introducono, con il loro regolato succedersi, la normalità là dove imperversava una sregolatezza naturale. Una convinzione che Freud troverà condivisa dai medici sino a metà dell'Ottocento.

Ma quella dell'isterica non è l'unica raffigurazione dell'eccesso femminile. Con il monachesimo, il posto dell'isterica viene occupato dalla mistica che ama Dio sino al parossismo, sino all'uscita da sé, all'estasi come smarrimento nel godimento contemplativo dell'Altro.

Se la mistica trascende verso l'alto, verso il sovrannaturale, la strega si apre invece al naturale e all'infero.

Il suo sapere viene pertanto demonizzato e il suo tentativo di controllo del mondo connotato di malignità. Il rapporto che il corpo della strega sembra intrattenere con gli elementi naturali appare una trasgressione inammissibile e verrà spezzato nel più crudele dei modi. Le ultime streghe sono state bruciate, in Francia, nella seconda metà del Seicento.

Con il secolo dei Lumi il malessere femminile si manifesta nella forma della insofferenza. Il sintomo predominante è la gonfiezza e il conseguente senso di soffocamento. La spiegazione proposta dalla medicina dell'epoca è che vapori infetti si levino dalla matrice e invadano la parte superiore del corpo. Le isteriche sono chiamate «vaporose» e la terapia consiste ancora una volta nella regolazione del coito coniugale.

Un libro per le famiglie e i medici curanti trova, in quegli anni, la più vasta diffusione: si intitola *La ninfomania ovvero il furore uterino* (1771) ed è scritto da un oscuro medico, J.D.T. de Bienville. Il suo successo è assicurato dalla versione «scientifica» dei pregiudizi dell'epoca. Attraverso la elaborazione di una sindrome senza speranza, «la ninfomania», documentata da casi clinici disperati, si vuole indurre nelle famiglie il sospetto e il controllo della sessualità delle bambine e delle ragazze di casa.

Una sessualità che si dimostrerà inesorabilmente perversa, polimorfa, eccessiva, rovinosa ogni qual volta sarà lasciata a se stessa. Di fronte a una natura femminile così snaturata non resta che erigere le più ferree barriere della educazione, cioè della repressione. Poiché il veicolo dell'infezione è rappresentato dalla fantasia che, come una miccia, infiamma il corpo femminile già potenzialmente ardente, i provvedimenti saranno di due tipi. Per controllare l'immaginazione, si aboliranno le conversazioni tra amiche, le letture (soprattutto i romanzi d'amore), le occupazioni monotone e ripetitive; per quanto riguarda il corpo, invece, si elimineranno alcolici, cibi riscaldanti, abiti troppo sciolti, movimenti eccitanti.

Un corpo imbalsamato e una mente vuota costituiranno l'ideale preparazione al matrimonio, inteso come impresa riproduttiva e regolativa. Ma prima di essere consegnata al governo coniugale, la fanciulla deve essere controllata in modo ossessivo dalla madre, invitata a spiare in ogni momento i gesti e le intenzioni della figlia. Il medico, forte della sua ormai convalidata competenza, investe la madre di ogni responsabilità sulla salute fisica e morale delle giovani donne di casa, instaurando così una «polizia di famiglia» più occhiuta e intrusiva di ogni possibile governo esterno.

Con il romanticismo una cornice idealizzante viene a nascondere la spietatezza dell'impresa: alla dama colta, ironica e indipendente dell'aristocrazia settecentesca si sostituisce la sospirosa eroina dei sentimenti borghesi. Un'eroina consunta da un male che, come la tisi, si manifesta nel corpo ma pertiene all'anima.

Quando Freud incontra – nell'istituzione psichiatrica ottocentesca – l'inquietante figura dell'isterica, ne coglie tutta la carica provocatoria ed eversiva. E sarà attraverso l'interpretazione dei suoi sintomi (definiti «linguaggio d'organo») che giungerà a formulare l'ipotesi dell'inconscio e la sua connessione con la sessualità e con il corpo.

Ma la psicoanalisi, che trova conferma alla spiegazione dei sintomi isterici nell'interpretazione dei sogni, coglie solo alcuni aspetti della sessualità femminile che resta, per altri, soprattutto quelli materni, non indagata, condannata alla non pensabilità. Freud stesso se ne avvede quando, interpretando il fondamentale sogno di Irma, ammette in nota: «Ogni sogno ha per lo meno un punto in cui esso è insondabile, quasi un ombelico attraverso il quale esso è congiunto all'ignoto».[4] La psicoanalisi elabora una teoria della sessualità che giunge fino alla genitalità, ma non riesce a costruire un modello esplicativo della maternità.

Senza questa componente determinante, la rappresentazione dell'identità femminile è condannata alla parzialità evolutiva e a una definizione speculare rispetto al maschile, perdendo così gran parte della sua specificità.

Omologando, seppure in forma inversa, il femminile al maschile, ai suoi tempi, ai suoi modi, si rende meno visibile il rapporto che l'essere umano intrattiene con la natura, gli animali, la madre-terra. L'affettività del corpo, la sua capacità di fare legame (per cui i comportamenti si trasmettono «per simpatia»), che Freud scorge tanto tra le isteriche ricoverate in ospedale quanto tra le fanciulle istruite in collegio, viene patologicizzata sotto l'etichetta di «infezione psichica».[5] Solo gli scambi simbolici, ordinati dalla gerarchia sociale e mediati dalla parola, hanno diritto di cittadinanza in una cultura antropocentrica, difensivamente barricata nei suoi confini storici. Di fronte ai sintomi provocati da una società sempre più esigente e intollerante, la psicoanalisi traduce il corpo in pensiero, le pulsioni in desideri, le passioni in sentimenti, ma, così facendo, conferma la tendenza del moderno all'astrazione dell'uomo dalla natura. I suoi protagonisti sono per lo più ebrei colti, metropolitani, da sempre lontani dalle attività agricole e dal possesso fondiario. In questo senso essi interpretano meglio degli altri il disagio borghese, iniziato nel Seicento con la rivoluzione scientifica e industriale.

Come dimostra Carol Merchant, in *La morte della natura* (1988), la Terra, una volta interrotto con l'avvento del meccanicismo ogni rapporto «materno», ogni compartecipazione vitale con gli uomini, ogni corrispondenza tra macro e microcosmo, si è «materializzata», tramutandosi in oggetto inerte, in «cosa» totalmente arresa agli interventi tecnici di manipolazione e di sfruttamento. La metafora di «organismo» che sino al Rinascimento aveva espresso la connessione tra l'individuo, la società e il cosmo, con la modernità viene sostituita dall'immagine della macchina. Benché la donna rimanga ai margini di questi processi, non per questo è natura: essa appartiene, tanto quanto l'uomo, alla cultura e alla storia. Nella storia della civilizzazione non ha però occupato il posto del soggetto, ma è rimasta soggetta, nel senso passivo del termine, soggetta come la natura.

Soggezione e soggettività

Tuttavia, molte cose sono ormai cambiate. La «rivoluzione più lunga» ha consentito anche alle donne di dire «Io penso», di far risuonare una parola femminile nel mondo. Per secoli le donne si sono soffermate soltanto sulla dimensione immediata dell'esistenza: hanno vissuto un giorno dopo l'altro una quotidianità ripetitiva. Vicine ai ritmi biologici della natura, ne hanno condiviso la ciclicità. Accudire ai bisogni familiari comporta di fare e rifare le stesse cose, trasformando i gesti e i pensieri in abitudini semiautomatiche che la società ha stabilizzato in un ruolo, quello materno. Mentre il mondo, fuori dalle mura di casa, cambiava rapidamente il suo volto, le strutture del privato si sono modificate in modo lento, talora inavvertito. La quotidianità pressoché immobile ha costituito lo sfondo sul quale si sono proiettati gli accadimenti della modernità.

Tutto ciò che le donne fanno nella sfera privata della famiglia tende a passare sotto silenzio: è così ovvio che non c'è neppure bisogno di dirlo. L'orizzonte entro il quale viviamo è un presupposto tacito e condiviso, un pensiero comune. Finché le donne rimangono all'interno del quadro che tradizionalmente le contiene, si rendono invisibili. Occorre che compiano mentalmente un passo fuori dalla storia, dalla cultura, dalla società, dall'ovvietà e che costituiscano un problema per se stesse prima che per gli altri. Se prende le distanze dall'immagine più scontata di sé, dalla figura che il senso comune le rinvia, se si interroga sulla sua vita, ogni donna può trasformare l'esistenza in esperienza.

Uscendo dall'immediatezza e dall'ovvietà, il richiamo all'esperienza mette in crisi modelli di sapere consolidati, destruttura le forme di sapere esistenti, ne revoca la legittimazione. Rispetto all'abitudine, che ci propone gli scopi e i modi della vita preesistenti come gli unici possibili e sensati, la presa di soggettività è un principio anarchico, sovversivo per sé e per gli altri. La donna che non coincide più con l'oggetto dell'uomo, con lo sguardo altrui, che si sente estranea riguardo ai discorsi che da sempre si fanno sul e per suo conto, così ovvi da sembrare necessari, può trovare nel progetto di vita inscritto nel suo corpo, nelle immagini che lo animano e lo orientano, nella sua storia così come nella sua pratica di vita, un modello di relazione più ricco e complesso di quello maschile perché meno riducibile alla dimensione narcisistica e alle forme di potere dominanti. Ma proprio perciò eterogeneo, come avevamo premesso, allo stile di relazione predominante.

Tuttavia dobbiamo ammettere che mai come ora i valori maschili sono stati in crisi.

Il conflitto tra forme di economia contrapposte si è esaurito con il predominio mondiale del capitalismo. Ma la sua vittoria, sul piano della produzione e degli scambi, non coincide con l'elaborazione di un'ideologia forte. La guerra che ha costituito per secoli il motore della storia sembra aver perduto la sua centralità. Assistiamo al proliferare di conflitti periferici che producono un riequilibrio delle forze locali senza per altro turbare l'assetto complessivo del mondo. L'esercito, che ha funzionato per secoli da struttura emblematica dei rapporti di potere tra gli uomini, si è trasformato in un apparato professionale specializzato tra gli altri.

L'ideale dello sviluppo illimitato della produzione e di conseguenza lo sfruttamento intensivo delle risorse naturali urta ormai contro la consapevolezza che viviamo in un ecosistema fragile e malato, che le ricchezze del mondo sono deperibili e limitate. D'altro canto l'insaziabile desiderio di merci sembra aver trovato un proprio punto di saturazione per cui, almeno nel mondo occidentale, pare destinata a prevalere un'economia di stagnazione.

L'eclissi dei valori maschili, connessi alla società patriarcale (competitività, gerarchia, conquista, sviluppo) lascia il posto, per la prima volta, all'emergere di valori femminili e materni.

Da sempre le donne si sono occupate di mettere al mondo, allevare, accudire, far crescere, tenere insieme, curare, confortare, assistere, aiutare a morire uomini e donne, nonché di preservarne il ricordo. Per quanto riguarda le cose, la loro funzione è stata quella di raccogliere, pulire, conservare, distribuire, riparare, mantenere, recuperare e riciclare.

Proprio le virtù di cui sembra aver bisogno la nostra società e il nostro mondo. Ma è il loro esercizio che deve cambiare, perdere la forma invisibile e subalterna che ha sempre avuto, per assumere dignità, valore e, non ultimo, venir condiviso da tutti.

Per quanto riguarda la procreazione, essa costituisce un ambito etico nel momento storico in cui il materiale generativo umano, ovuli e spermatozoi, sta diventando, soprattutto nella società avanzata, un bene raro e prezioso. Si pongono perciò nei suoi confronti gli stessi problemi che la nostra civiltà ha incontrato, all'inizio della sua storia, nel passaggio dalla raccolta dei frutti spontanei all'agricoltura. Gli studiosi ritengono, anche se è solo un'ipotesi, che quella fondamentale «rivoluzione» sia stata promossa e attuata in gran parte dalle donne. Ora ciò che è stato fatto con i semi dei cereali (cogliere, selezionare, suddividere, in parte consumare e in parte conservare per seminare in un terreno precedentemente predisposto, per poi raccogliere e ripetere il processo in un ciclo continuo) sta per essere fatto per i semi dell'uomo e della donna, soggetti di una nuova biocultura. Soltanto che, anche in quest'ambito, le donne continuano a svolgere il ruolo subalterno e passivo che ha tradizionalmente contraddistinto la loro presenza nella casa e nella famiglia. Impegnate a ricontrattare i rapporti di coppia, a sostenere una defatigante guerriglia quotidiana per la ripartizione della cura dei figli, a conciliare la loro doppia appartenenza, rischiano di perdere un appuntamento storico con il futuro.

VI
Maternità e identità femminile

> Studiare il parto e la maternità significa studiare una visione della vita che cambia.
>
> L. ACCATI

Prima dell'avvento della modernità, che si è imposta sulla tradizione in tempi e modi diversi a seconda delle varie culture, donna e madre erano sinonimi. Il ciclo della vita femminile era scandito dalla fecondità che poteva essere: potenziale per la fanciulla, attuale per la donna, ormai trascorsa per l'anziana. In ogni caso si attribuiva al corpo femminile una energia generativa congiunta con il corso delle stagioni, il movimento degli astri, l'alternanza delle maree.

I più remoti riti di fecondità erano volti a propiziare a un tempo abbondanza di messi, numerosa riproduzione degli animali domestici, buoni parti per le donne di casa.

Poiché il corpo femminile era totalmente finalizzato alla riproduzione, le malattie delle donne risultavano, come sappiamo, esclusivamente ginecologiche e costituite in particolare dalla sterilità. Le terapie antiche, di scuola ippocratica, erano cure mediche che conservavano però la forma del rito propiziatorio (fumigazioni vaginali), poiché l'utero, con il quale si identificava la generatività femminile, era considerato, come abbiamo visto, un animale selvaggio e un demone.

Si può dire che sino all'Ottocento, quando la ginecologia moderna ricostruisce il processo di ovulazione, fecondazione e gestazione, così come noi lo conosciam tomia e la fisiologia femminile rimangono un mist può essere più efficacemente simbolizzato dalla di materna che spiegato in termini funzionali.

Lo sguardo scientifico – è noto – circoscrive il suo og getto sottraendolo alla superstizione, alla magia, alla commistione di sacro e profano, di divinità e natura, propria della visione animistica del mondo. Anche il corpo femminile per divenire un oggetto scientifico è stato sottoposto a questa operazione preliminare di isolamento e di autosufficienza. Originariamente la medicina ha acquisito il suo sapere non dallo studio dell'organismo vivente, ma dalla dissezione del corpo morto, negando le connessioni che ogni organismo intrattiene con la psiche, con gli altri e con l'ambiente circostante.

Il parto, finché è stato gestito dalle levatrici, ha conservato invece legami fortissimi tra corpo e mente, con gli elementi naturali e i rapporti interpersonali, secondo quella concezione fluida e interrelata che contraddistingue la visione animistica e magica del mondo.

Quando, dalla seconda metà del Seicento, il parto – sottratto alla secolare gestione delle levatrici – diviene un fatto di competenza medica, lo si sottopone al processo di riduzione con cui la scienza costruisce tutti i suoi oggetti. La sua medicalizzazione comporta sì una serie di conoscenze e di tecniche assai valide per il buon svolgimento dell'impresa, ma limita la complessità dell'esperienza vissuta dalla partoriente e dalla sua famiglia.

La progressiva specializzazione nella cura della riproduzione umana e la sua equiparazione a malattia comportano una biforcazione della maternità. Per quanto concerne il corpo, lo si assegna alla competenza medica, per quanto riguarda lo spirito, spetta ancora al rito riconoscerne e amministrarne il mistero.

Tutt'oggi accade che le donne sterili si rivolgano, per ottenere l'agognata fecondità, tanto alla medicina ufficiale quanto a quella alternativa e persino ai miracoli, vana-

ositivismo di irrazionalità, primitivi-
In ogni regione i santuari di Santa Ri-
ossibili», continuano ad essere meta
i popolari. Come scrive Freud:

e superstizioni che l'umanità reputa di
e una di cui non sopravvivano residui ancor
egli strati più infimi dei popoli civilizzati, o, addi-
egli strati più elevati della società civile. Le cose, una volta
enute al mondo, tendono tenacemente a rimanervi. Talora verrebbe perfino da dubitare che i draghi preistorici si siano davvero estinti.[1]

Mentre da una parte si appronta una tecnologia sempre più avanzata, dall'altra si perpetua un arcaismo immobile nel tempo, che accoglie il desiderio femminile in quanto irriducibile a una domanda specialistica. La medicina infatti – nello sforzo di perfezionare il modello esplicativo del processo riproduttivo umano dal punto di vista anatomo-funzionale – ha minimizzato le componenti psicologiche del processo stesso. Un primo tentativo per correggere questo riduttivismo è rappresentato dalla medicina psicosomatica che fa propria l'ipotesi psicoanalitica che il sintomo organico esprima un conflitto psichico. Nel caso delle donne è stato più facile riconoscere (per lo meno in via teorica) l'esistenza di un rapporto corpo-psiche perché l'isteria aveva da sempre posto questo problema. Ma tale rapporto è stato pensato più che altro in termini organismo-coscienza, dimenticando che la maggior parte della vita psichica è di natura inconscia.

L'inconscio non è soltanto ciò che non è ancora diventato cosciente ma, come ha dimostrato l'interpretazione dei sogni, è un'esperienza che segue una logica particolare, che va definita nella sua specificità. L'inconscio trascende l'individuo nel tempo perché tramanda esperienze che appartengono alla specie, e nello spazio perché le dinamiche affettive si propagano per empatia, anche al di fuori di qualsiasi contatto corporeo diretto.

Ma nulla è più difficile, per una cultura come quella occidentale, che dai suoi esordi ha rappresentato l'uomo come individuo cosciente, intenzionale e razionale, che ammettere una dimensione transpersonale.

Data un'immagine di uomo a tutto tondo, senza ombre e conflitti che non siano puramente accidentali, temporanei e contingenti, è disturbante ammettere che il corpo invii alla mente degli impulsi che il pensiero deve riconoscere, rappresentare, elaborare e connettere con le emozioni corrispondenti.

Il corpo, per la cultura premoderna, può essere fonte di turbolenza ma, data la sua natura materiale, è dominato dalla mente che sola detiene il superiore principio della forma. Per la psicoanalisi, invece, le due dimensioni si compenetrano perché il corpo è intenzionale nel montaggio stesso delle sue energie, nel modo con cui assembla i vettori pulsionali in veri e propri progetti di vita, mentre la mente, dal canto suo, benché possa rendersi autonoma dall'urgenza delle pulsioni, non ha altra energia che quella somatica.

L'adozione di un punto di vista unitario, che congiunge corpo e anima, mette in crisi la plurisecolare contrapposizione dei due ambiti, quello razionale della scienza e quello irrazionale del sacro. Vi sono, nella visione magica del mondo, indizi di verità che vanno recuperati al sapere. Il primo è che ogni esperienza corporea riverbera sulla psiche (conscia e inconscia), così come ogni vissuto mentale interferisce con i processi corporei. La donna porta, nella procreazione, tutta se stessa: non solo il corpo, ma i pensieri, gli affetti, la sua storia, prossima e remota. Pertanto ogni maternità è diversa dalle altre, sì che la generalizzazione operata dai manuali di ostetricia e ginecologia risulta sempre più vuota, non perché la singola donna costituisca un'eccezione, ma perché la regola non esiste se non come orizzonte di riferimento.

La scienza procede invece riducendo il corpo vivo in corpo morto e il corpo morto in modello meccanico e astratto. Al suo interno la singola donna scompare e al suo posto compare la paziente, un oggetto passivo, del tutto arreso all'investigazione medica.

In modo diverso anche il sacro risulta però passivizzante perché la donna, attribuendo ogni potere alla divinità, misconosce la forza della sua volontà, l'efficacia del suo desiderio. Ma vi è, nella dimensione del sacro, una più rilevante indicazione, quella che riguarda la dipendenza di ognuno dal tutto, dalla vita nella sua più ampia espressione.

La donna è il tempo dell'uomo

Quando Freud, nella seconda parte della sua riflessione, teorizza due funzioni dello psichico, l'Io e l'Es, e successivamente due principi regolativi, Eros e Thanatos, la pulsione di vita e la pulsione di morte, produce le coordinate per ridefinire in modo radicalmente nuovo la maternità, così come ha fatto per la sessualità. Ma questa intuizione non sarà portata avanti. Come sappiamo la psicoanalisi non elabora una compiuta teoria della maternità. Freud rappresenta però in forma poetica la doppia temporalità femminile quando osserva, ne *Il motivo della scelta degli scrigni*, che la figura femminile nelle favole e nei miti è sempre trina (le tre sorelle, le tre Ore, le tre Moire, le tre Parche, e, nelle opere di Shakespeare, i tre scrigni del *Mercante di Venezia*, le tre figlie di *Re Lear*) perché condensa in sé la madre, la sposa e la morte. Oltre che dal tempo sociale, con le sue scadenze cronologiche, il corpo della donna è orchestrato da ritmi astrali e animato da un progetto vitale che comporta sempre una componente mortale, nella misura in cui la vita può essere intesa come un progressivo avvicinamento alla morte. Formulando una interpretazione allegorica della triade femminile, così conclude Freud:

> Si potrebbe affermare che ciò che è qui raffigurato ... sono le tre forme nelle quali variamente si atteggia per l'uomo, nel corso della vita, l'immagine materna: la madre vera, la donna amata che egli sceglie secondo l'immagine della madre e, infine, la madre terra che lo riprende nel suo seno. Ma quando un uomo è ormai vecchio,

il suo anelito all'amore di una donna, a quell'amore che a suo tempo aveva ottenuto dalla madre, è vano. Solo la terza delle creature fatali, la silenziosa Dea della Morte, lo accoglierà tra le sue braccia.[2]

La riproduzione umana si svolge pertanto secondo un doppio registro. Da una parte si inserisce nell'autobiografia di una donna, è la sua irripetibile vicenda materna, la sua storia. Dall'altra appartiene al tempo della natura, al susseguirsi ciclico delle generazioni dove vita e morte si alternano attraverso i corpi, senza mai esaurirsi in nessuno di essi. Ammettere questa espropriazione dell'economia individuale è estremamente difficile, perché comporta una ferita narcisistica nei confronti di un sé basato sull'autosufficienza e sull'onnipotenza.

Come ho detto, Freud non elabora ulteriormente questa sua intuizione, più immaginaria che teorica, e considera la maternità, in un modo molto prossimo al senso comune, come suprema realizzazione della femminilità. Nella sua teoria, la donna, che ha sperimentato durante l'infanzia e l'adolescenza un profondo senso di inferiorità organica rispetto all'uomo, un'insuperabile «invidia del pene», può colmare con un figlio, soprattutto se maschio, la sua originaria mancanza d'essere. Generare un bambino le fornisce infatti quella completezza che era stata minata dalla scoperta infantile della propria «castrazione» e mettere così a tacere la «protesta virile» che aveva turbato la sua giovinezza. La maternità, definita in termini di «indennizzo», smarrisce però quella qualità creativa che la rende, come ogni opera d'arte, irriducibile a una logica utilitaristica.

In questo modo una teoria, che avrebbe potuto essere veramente innovativa, rientra nell'alveo rassicurante del pensiero comune. Non portando sino in fondo l'intuizione che la maternità va oltre l'inconscio individuale per aprirsi «all'ignoto», Freud rimane entro i confini, seppur sovvertiti, dell'antropologia occidentale, del suo modo di concepire il ciclo della vita umana.

La psicologia della sessualità femminile rimane limitata

all'adolescenza, mancando, nel suo schema, un'analisi della maternità generativa (coito, gravidanza, parto, puerperio, allattamento, indistinzione-separazione) e delle sue configurazioni immaginarie. La madre è una figura centrale nell'opera di Freud ma è vista quasi esclusivamente dalla parte del figlio, attraverso le sue reazioni, come se non avesse vita propria né percezione di sé.

Tuttavia, come abbiamo premesso, Freud fornisce gli strumenti concettuali per inscrivere la maternità nel processo stesso dell'identità femminile e le intuizioni fantastiche e poetiche per proiettarla oltre l'identità personale.

Due avvenimenti epocali

Ma perché si infrangesse lo stereotipo sociale di un corpo materno ridotto a fisiologia e di una psiche materna guidata dall'istinto, era necessario che accadessero due avvenimenti sconcertanti: il primo riguarda il controllo tecnologico del processo riproduttivo femminile che inizia negli anni Sessanta, con la commercializzazione della pillola, il secondo concerne invece la fecondazione artificiale umana, pubblicizzata alla fine degli anni Settanta.

Nel primo caso la sessualità si rende indipendente dalla riproduzione, nel secondo la riproduzione si rende indipendente dalla sessualità.

Viene così meno l'equiparazione donna-madre, mentre la presunta ineluttabilità dell'istinto materno resta smentita dal suo controllo farmacologico. Diventa finalmente palese che le donne desiderano essere e non essere madri, avere figli e non averne affatto. Che il desiderio materno è, come tutti gli altri, intrinsecamente contraddittorio perché «il cuore ha delle ragioni che la ragione non conosce». Ciò che è desiderato a livello inconscio può essere temuto dalla sfera cosciente e viceversa. Anche nel progetto più razionale possono venire a conflitto diversi fini. Tutto procede invece come se la contraccezione agisse solo sul corpo, senza che ci si preoccupi minimamente del contraccolpo psichico che una manipolazione così radicale, pianificata su larga scala, può provocare.

L'imprevista maggioranza ottenuta dal referendum sull'aborto esprimeva anche la convinzione razionalistica che la maternità fosse un processo ormai controllabile e che l'aborto provocato sarebbe scomparso col progredire dell'educazione contraccettiva. L'interruzione volontaria di gravidanza era ritenuta un rimedio doloroso ma necessario per far fronte a casi di indigenza sociale nei ceti più svantaggiati, nonché all'impreparazione e all'imprevidenza delle donne più giovani.

I dati successivi smentirono queste aspettative, provocando un indubbio sconcerto nelle persone più pensose. Il ricorso all'aborto permane infatti, benché in costante diminuzione, anche nei casi di donne abbienti, colte e sensibilizzate. Né potrebbe essere diversamente, se lo si spiega con un conflitto conscio-inconscio che mette in crisi un modello di riproduzione basato sulla razionalità, l'autotrasparenza, il controllo di sé. Poiché periodicamente ai dati sull'aborto si affiancano notizie di infanticidi, perpetrati anche da madri socialmente protette e ben acculturate, l'opinione pubblica resta profondamente turbata. Lo stereotipo della mamma tutta bontà, come ogni stereotipo rigido e semplicistico, viene messo in crisi, ma è più facile capovolgerlo che ammettere le sue contraddizioni. Per reazione, si tende a demonizzare l'autonomia della donna moderna contro la santità della donna antica, due luoghi comuni che vengono contrapposti nel tentativo di impedire una vera riflessione critica.

La maternità rimane pertanto il «non pensato della nostra epoca», anche ora che le tecnologie si spingono sino a riprodurre quasi completamente il processo generativo. Basti pensare che, negli Stati Uniti, rivelando una ignoranza senza pari della psicologia femminile, si ritiene di regolare la pratica della gestazione per interposta persona con un contratto notarile, come un noleggio qualsiasi.

L'idea di una gestazione in *leasing* sorge soltanto se si è realizzata una preliminare riduzione della donna a cosa, a oggetto contenitore, se si nega l'affettività del corpo e la complessità della sua vita mentale.

La maternità surrogata diviene invece improponibile se consideriamo la maternità nella molteplicità di piani ch'essa comporta. Intanto non necessariamente gestazione fisica e gestazione psichica coincidono. Vi sono casi di maternità biologica senza attaccamento materno, in assenza di un rapporto affettivo madre-figlio, così come vi sono legami materni senza alcuna connessione fisiologica. Inoltre i desideri e le intenzioni soggettive non sempre coincidono con le esigenze sociali. La società può incentivare un accrescimento demografico (come è avvenuto in URSS) senza ottenere alcun risultato, oppure può trovare una resistenza accanita alla riduzione demografica, come accade in Cina.

Su scala più ridotta, ogni donna deve tener conto di richieste spicciole e contingenti ma altrettanto incisive: il protrarsi della durata degli studi, la disoccupazione giovanile, la carenza di alloggi sono tutti motivi che scoraggiano nuove gravidanze. Se il desiderio di maternità può essere facilmente controllato per quanto riguarda la sfera cosciente, non lo è altrettanto per quanto concerne la sfera inconscia. Il problema non sussiste se i due desideri sono coerenti tra di loro, ma la discrepanza provoca conflitti difficili da governare, soprattutto se non vengono riconosciuti.

Quello che vorrei chiarire è che la maternità non è il regno della ovvietà, dove tutto va da sé, ma un campo di conflitti più o meno intensi e visibili. Attualmente una spia di queste difficoltà è costituita dalle gravidanze tardive (sono in aumento le madri ultraquarantenni primipare e non). Esse dimostrano che i tempi sociali si sono imposti su quelli biologici. Di contro, l'elevato numero di gravidanze indesiderate attesta che l'esigenza biologica ha prevaricato sull'opportunità sociale, provocando talora, ma non necessariamente, la richiesta di una interruzione volontaria di gravidanza.

Nuove contraddizioni della maternità

In ogni caso la donna moderna è sottoposta a esigenze contraddittorie che suscitano conflitti un tempo sconosciuti. I moti psichici irrisolti possono manifestarsi in sterilità senza cause organiche, interruzioni ripetute e coatte di gravidanza, rifiuto depressivo o volontà incondizionata di maternità. Tutto il processo riproduttivo, in ogni fase, è a rischio di possibili perturbazioni. Mentre i disturbi organici vengono efficacemente controllati e spesso risolti dai farmaci, quelli psichici non trovano ancora un trattamento adeguato.

I sintomi di nausea e vomito, che possono emergere anche nel corso delle gestazioni più desiderate, ci rivelano che le perturbazioni psicologiche possono colpire persino quel rapporto col feto che siamo soliti considerare naturalmente protetto. Pensiamo poi all'angoscia con la quale in molti casi viene affrontato il parto, alla depressione puerperale, alle difficoltà che talora insorgono nell'allattamento o, più genericamente, nella complessa gestione della dinamica di attaccamento-allontanamento che contraddistingue il legame materno.

Tutto questo per dimostrare che un'armonia prestabilita nella maternità non esiste.

In passato vi era un controllo esterno: un sistema compatto di aspettative, di incentivazione e di sostegno condizionava positivamente l'intero processo riproduttivo. Il desiderio materno della donna era confortato da quello di tutta la famiglia e si può dire di tutta la società. Ora la donna è sola di fronte alla maternità come non lo è mai stata. Sola perché gli altri generalmente non condividono il suo progetto, non si sentono compartecipi della sua esperienza. Pensiamo a tante adolescenti che acquistano in farmacia i test di gravidanza e che chiedono un responso così importante alle provette, senza la vicinanza di qualche persona cara. In questi casi il buon esito dell'impresa è già compromesso dalla solitudine, dall'ansia, dalla paura dell'ignoto. La società comunitaria è finita con il mondo moderno ma anche la famiglia intima, che ne ha preso il posto, è attualmente soggetta a dinamiche disgregative.

A questo punto dobbiamo prevedere che i processi di comprensione, elaborazione e sostegno della maternità siano introiettati, che si svolgano all'interno della psiche individuale della donna, che deve diventare pertanto consapevole e responsabile di sé come non lo è mai stata. A tale compito deve essere però preparata. Autoresponsabilità non significa isolamento e solitudine ma capacità di stabilire nuovi rapporti, magari meno coinvolgenti di quelli familiari ma non per questo anaffettivi. L'operatore sanitario, addetto a qualsiasi titolo alla gestione della maternità, non può più limitarsi a un approccio settoriale ma deve considerare la vicenda materna in tutta la sua estensione e complessità. Solo così la procreazione si inscrive in una relazione tra persone, rispettosa della alterità dell'altro, del suo essere portatore di un progetto di vita che non coincide necessariamente con il nostro.

La psicologia femminile ci dà in proposito degli elementi di sapere (non ancora una teoria compiuta) che possono orientare una prassi operativa. Ne abbiamo più volte accennato, ma forse è il caso di ricapitolarli.

Innanzitutto sappiamo che la maternità non si riduce all'esperienza reale della riproduzione, alla sua dimensione ginecologica, ma investe tutta la vita della donna. In particolare essa è preparata, sin dalla prima infanzia, da figure e costrutti fantastici volti a presentificare il prodotto della gestazione e ad anticipare nella mente il processo generativo nelle sue fasi essenziali di contenimento e di espulsione. Una serie di fantasie, sogni, giochi, sensazioni, è volta, sin dall'infanzia, alla preparazione di un «grembo psichico».

Sono vissuti anticipatori destinati a essere rimossi e

cancellati dalla memoria quando, con l'inizio del periodo di latenza, accade quel processo di amnesia che separa per sempre l'infanzia dalla vita adulta. Tutta la vicenda edipica (amore per il genitore di sesso opposto e rivalità con il genitore dello stesso sesso) che aveva impegnato il bambino dai due ai cinque anni, tramonta e, con essa, tramontano le fantasie, non esclusive ma più persistenti e coinvolgenti nelle femmine, di avere un figlio da sole o dal genitore più amato in quel momento. Soltanto con l'adolescenza la maternità riacquista vivacità intellettuale ed emotiva, quando lo sviluppo puberale e in particolare il menarca propone in modo visibile e traumatico la questione di un corpo fecondo.

Come abbiamo già osservato, in questa esperienza molte volte l'adolescente è sola. Oltre a una sommaria spiegazione fisiologica non riceve nessun sostegno nei confronti delle componenti emotive di questo accadimento così traumatico.

Sappiamo invece che è per tutte una situazione di crisi nella quale si attivano fantasie masochistiche di effrazione, paure di inadeguatezza («sarò sterile») o di inefficienza («partorirò un figlio mostruoso»). I sensi di colpa per i gesti di ribellione adolescenziale si trasformano in fantasie di punizione nei confronti della propria potenza generativa.

Le società antiche intervenivano con cerimonie di rassicurazione e di legittimazione dell'avvenuta maturità sessuale. Ora si chiede alla giovane donna di comprendersi, accettarsi e legittimarsi da sé. Non è poco, soprattutto in una società che accompagna per mano i bambini e gli adolescenti in ogni frangente, non lasciando spazio alcuno alla loro iniziativa.

Vediamo allora come seguirli anche nella gestione delle potenzialità generative che essi conseguono con la pubertà, in un'età in cui sono immaturi per la vita sociale e maturi invece per quella biologica.

Per quanto riguarda le ragazzine, all'età di 11-12 anni

potrebbe avvenire il loro primo ingresso, predisposto dalla scuola, nei consultori familiari.

Poiché la maggior parte sta affrontando il problema delle mestruazioni, il loro corpo fecondo è diventato una presenza emotivamente impegnativa. Ciò le rende particolarmente aperte all'incontro con persone preparate, disposte ad ascoltarle, informarle e formarle.

Nel nostro mondo così asettico e astratto, così lontano dal ciclo della natura, le mestruazioni costituiscono un evento difficile da comprendere ed elaborare. Per un corpo ancora bambino, che ha conosciuto solo la tenerezza materna, l'improvvisa irruzione di un incontenibile flusso cruento non va da sé. Tanto più che esso accade al termine della latenza, quando i bambini hanno assaporato la soddisfazione di sapersi contenere fisiologicamente e la loro immagine reale tende a coincidere come non mai con quella ideale. Il sangue è un elemento a forte connotazione simbolica: significa violenza, ferita, dolore, morte. Il legame che lo connette alla vita in generale e alla fecondità femminile in particolare è invece meno evidente e andrebbe pertanto esplicitato. Credo che molti disturbi psicosomatici del ciclo mestruale si potrebbero prevenire se gli adulti adottassero un atteggiamento più sensibile e attento verso le bambine che affrontano per la prima volta una dimensione fisiologica del loro corpo non immediatamente compatibile con la loro identità precedente. Sono molte le donne che si chiedono perché dovrebbero sottostare, dai 13 ai 55 anni per dodici volte all'anno, a una «sindrome» debilitante e imbarazzante in vista di un evento (la gravidanza) che occuperà così poco tempo della loro vita.

Ricongiungere psicologicamente la sessualità alla procreazione, non come necessità ma come potenzialità, può aiutare le ragazzine a costruire una sessualità più in sintonia col loro sesso, meno omologata a quella maschile, più capace di recepire le proprie fantasie profonde. Accade che una donna avverta che quello è l'uomo giusto per lei quando si scopre a pensare che potrebbe avere con lui un figlio, quando compare tra loro l'immagine del bambino che potrebbe nascere. Prima domina la connessione sessualità-piacere che è specificamente, anche se non esclusivamente, maschile. Se questa resta l'unica finalità del coito, la donna può rimanere nevrotizzata da una richiesta per lei difficile da appagare. Sappiamo infatti che il piacere femminile non è provocato esclusivamente dalla meccanica dell'atto ma che vi entrano in gioco, in modo decisivo, componenti comunicative come l'atmosfera, i sentimenti, il senso di sicurezza e di accettazione, le prospettive per il futuro, un insieme di condizioni che è più complesso raggiungere e mantenere nel tempo.

Può accadere che l'ingiunzione al godimento, propagata da una cultura che crede di essere liberatoria ed è invece subdolamente normativa, sia fatta propria dal Super-io infantile e gestita quindi in modo ricattatorio: se non provi piacere non sei femminile! Dimenticando che il piacere può essere diffuso su tutta la superficie del corpo, concentrarsi in zone diverse da quelle sessuali, impegnare sensibilità non esclusivamente tattili, coinvolgere la fantasia, prolungarsi nel desiderio inappagato. Se il piacere è presentato in modo ricattatorio, il suo fallimento induce un sentimento di inadeguatezza e di colpa che innesca una spirale di autopunizione. Di fronte al compito di costruire una identità sessuale femminile diversa da quella tradizionale, le ragazzine non possono essere lasciate sole. I modelli sono troppi e troppo contraddittori tra di loro per rappresentare validi punti di riferimento. Poiché non sempre le famiglie sono attente e preparate al compito, è più facile che le ragazze cerchino fuori di casa un aiuto e una guida. È il momento di iniziare qui, in questa fase della vita così aperta al futuro, un rapporto di fiducia che si rinsalderà successivamente, nelle esperienze della sessualità di coppia e della maternità.

Durante gli anni della fecondità la donna dovrebbe trovare nel consultorio le figure capaci di consigliarle non solo le tecniche contraccettive più adeguate ma anche il modo più opportuno e conveniente per accostarsi all'altro sesso. Purtroppo molte adolescenti si sottopongono a premature esperienze sessuali per paura di sentirsi inadeguate nei confronti delle coetanee, di venire abbandonate dal ragazzo che le corteggia, di essere omosessuali o, in modi fantasiosi, anormali. Accogliere questi timori, fare chiarezza nel desiderio sessuale femminile (così fragile e ricattabile) dovrebbe essere uno dei compiti del consultorio.

La fase della maternità vera e propria (gestazione-parto-puerperio) è più nota e convalidata. Ma vorrei sottolineare che essa sarà tanto più felice quanto più sarà stata preparata da positive esperienze precedenti.

Un rapporto di fiducia nei confronti del proprio corpo e dei sanitari che ne hanno cura non si improvvisa ma affonda le proprie radici nella storia di ogni gestante e, in particolare, nel suo rapporto con la madre che ogni nuova gravidanza rievoca e attualizza. Inoltre, in quanto figlio, il nascituro si inscrive in una coppia genitoriale, dove gli atteggiamenti materni interagiscono strettamente con quelli paterni. La donna può accettare di diventare madre contro il parere del suo partner, ma sarà comunque un atteggiamento reattivo di fronte a una frustrazione profonda. Il diniego della paternità, più o meno esplicito, costituisce per la donna una «ferita dell'anima» difficilmente cicatrizzabile. Anche quando sembra voler rinunciare in prima persona, per motivi personali, alla gravidanza, una parte di lei attende sempre che il padre del futuro bambino lo salvi, mettendolo al riparo dalle sue stesse tendenze distruttive.

Dobbiamo accettare, al di là dello stereotipo materno, che il rapporto madre-figlio è sempre connotato da una certa ambivalenza. La gestante desidera tenere ed espellere il proprio prodotto. Esso è al tempo stesso una parte dell'Io particolarmente valorizzata e un persecutore che invade il suo spazio corporeo e la sua esistenza. Nell'ultima parte della gravidanza, sensazioni di pesantezza, gonfiore, soffocamento esasperano quest'ultima caratteristica e incentivano desideri espulsivi, che possono essere vissuti con sentimento di colpa per l'aggressività che comportano. Infine, se nella fase dilatatoria del travaglio di parto emerge il timore di nuocere al nascituro, in quella espulsiva prevalgono invece impulsi di odio nei confronti del bambino sul quale l'inconscio proietta il timore di morte che invade la partoriente. Dinamiche primitive di «morte tua/via mia» sembrano travolgere l'armonia fusionale della coppia. È perciò necessario, sostiene Franco Fornari, che il padre (o chi per esso), introducendosi nella diade madre/figlio, trasformi il due biologico in tre simbolico. Il padre si fa carico della violenza materna (paranoia primaria), la accoglie su di sé e la bonifica, salvaguardando così la qualità vitale del fondamentale legame madre-figlio. Credo che la figura del padre, che contiene ed elabora la violenza del parto, rappresenti molto efficacemente il coinvolgimento che ogni nascita richiede da parte della famiglia e della società.

La psicologia delle relazioni, che ha studiato momento per momento l'evento «parto», ci avverte della complessità di tale esperienza per tutti coloro che vi partecipano e della necessità di permettere alla madre di strutturare il rapporto con il figlio secondo la modalità e i tempi che le sono più opportuni.

Al termine del parto, dopo il primo incontro della madre con il suo bambino, deve essere possibile tanto l'avvicinamento quanto l'allontanamento dei membri della coppia.

Sappiamo che il bambino reale è sempre altro rispetto al bambino immaginario, al fantasma meraviglioso elaborato nel sogno e nel gioco sin dalla prima infanzia. Occorre pertanto favorire un processo di riconoscimento che congiunga fantasia e realtà. Quando questo non avviene, assistiamo a quella esperienza di lutto che suole essere denominata «depressione post partum», che va da una lieve malinconia a una patologia psichiatrica vera e propria.

È necessario sottolineare – seppure a grandi linee – che

la maternità può realizzarsi anche in assenza di un figlio naturale, sia spostando gli investimenti affettivi su un bambino in affido o in adozione, sia sublimando le sue energie in creatività culturale e sociale. Quando la potenzialità materna ha trovato espressione adeguata anche il climaterio può essere vissuto con serenità. La donna può allora rivivere la maternità nella forma ancora poco nota psicologicamente della nonna. La «nonnità» può costituire una maternità più serena della precedente in quanto si sono ormai sedati i conflitti della giovinezza e la responsabilità delle scelte educative spetta ai genitori del piccolo. La nonna rappresenta allora lo spazio della libertà, della fantasia, del piacere, del gioco, delle piccole trasgressioni quotidiane. Tra nonna e nipoti si può instaurare un rapporto di complicità affettiva che congiunge la senilità alla fanciullezza in un cerchio di ideale compiutezza.

Perché questo accada è però necessario fondare una cultura della maternità che senza cadere nelle sdolcinature dei primi anni del Novecento, ridia parola a una dimensione della vita che non è retorico definire fondamentale. A questo scopo occorre un'azione congiunta delle donne e di coloro che professionalmente sono chiamati a gestire la maternità.

Troppo spesso le vicende della procreazione si consumano nell'isolamento delle case, dei consultori, delle corsie ospedaliere, senza che i vissuti che vi accadono divengano esperienza e sedimentino in cultura condivisa.

Parte seconda

Ombre sul desiderio materno: il figlio che non c'è

VII
L'aborto: uno scacco del pensiero

> Era sbocciata la rosa,
> ma ormai calava la sera
> e un suono di neve triste
> per i suoi rami passava.
> Col ritornare dell'ombre,
> al canto degli usignuoli,
> come una morta di pena
> divenne languida e bianca;
> e quando la notte suonò
> il grande corno metallico
> e sopra il monte abbracciati
> ormai dormivano i venti,
> sospirando si sfogliò
> davanti ai vetri dell'alba.
>
> FEDERICO GARCÍA LORCA,
> *Donna Rosita nubile*[1]

Sessualità e generatività

Da sempre l'aborto, praticato in forme più o meno clandestine, fa parte delle tecnologie con le quali l'uomo cerca di controllare la nascita e la morte. In questo senso la legge 194 del 1978 non istituisce l'aborto, come spesso si sostiene, ma soltanto lo rende socialmente visibile, oltre che medicalmente corretto e sicuro.

Ci si attendeva, dopo l'approvazione di quel provvedimento, una sequenza di questo genere: più contraccezione, meno maternità indesiderate, meno aborti. Benché gli aborti siano in costante diminuzione, non possiamo negare che il loro numero è ancora eccessivo e che la relazione tra informazione e condotta corrispondente non è così scontata come ci si sarebbe potuti aspettare. Sono sempre meno le donne che abortiscono perché ignare delle possibilità di contraccezione ed emerge invece una figura di donna indubbiamente problematica: una donna istruita e informata che fallisce l'applicazione della contraccezione e che si trova quindi costretta a ricorrere, una o più volte, a intervento abortivo.

Il «Movimento per la vita» propone, di fronte a questi innegabili problemi, la cancellazione del diritto acquisito a una maternità responsabile e cosciente. Ma negare l'aborto, criminalizzare l'interruzione della maternità, non identifica il reale livello dei problemi che sarebbero ancora una volta rimossi anziché risolti. Le donne non hanno bisogno di essere poste sotto tutela, come eterne minorenni, ma di comprendersi, di autogovernarsi, di crescere anche a costo di affrontare penose contraddizioni. Non possono acquisire responsabilità morale in un clima di intimidazione che impedisce la riflessione e inibisce la critica.

L'interruzione volontaria di gravidanza è un effetto prima che una causa: è una condotta che giunge a valle rispetto a tutta una serie di comportamenti e di atteggiamenti che la determinano. La donna che chiede un intervento abortivo sente che le è accaduto qualche cosa che comporta una decisione operativa, ma tutto il processo precedente le risulta opaco. Spesso si considera come un'ammalata di appendicite acuta, inaspettatamente aggredita da un pericolo interno dal quale non resta che liberarsi. Ma rimanere incinta ha pur richiesto (salvo nei casi di stupro) una preliminare partecipazione attiva, o per lo meno una disponibilità ricettiva all'inseminazione.

Solo che tale atteggiamento non è stato inserito nella sfera dell'intenzionalità e della coscienza e la donna non se ne sente pertanto responsabile. Le cosiddette «maternità non volute» sono state prioritariamente «sessualità non pensate».

Per questo ritengo che la prevenzione debba produrre

innanzitutto sensibilità, attenzione, consapevolezza che ogni rapporto sessuale ha sempre in sé valenze generative più o meno riconosciute.

Non dimentichiamo che le pulsioni sessuali raggiungono la maturità quando le loro componenti autoerotiche (il godimento orale, anale, fallico, voyeuristico ed esibizionistico), dominanti nell'infanzia, si subordinano al primato della genitalità procreativa. Tuttavia può darsi che questo obiettivo sia realizzato dal corpo e non dalla mente, che il pensiero funzioni ancora secondo modalità ludiche che perseguono il piacere fine a se stesso, il piacere per il piacere, senza responsabilizzarsi sulle eventuali conseguenze. Riconnettere mentalmente il coito alla generazione non significa certo, come un tempo, subordinarlo. Ma soltanto riconoscere che un nesso esiste e che negarlo può produrre conseguenze indesiderate. D'altra parte questa disgiunzione è relativamente recente.

Negli anni Settanta la diffusione della pillola anticoncezionale ha separato l'esercizio della sessualità da quello della procreazione. Il rapporto sessuale è venuto in tal modo a equipararsi ai cosiddetti «preliminari», considerati innocui giochi infantili, legati all'immediatezza del contatto e alla fugacità del piacere. Vi era precedentemente un crinale tra il coito e gli altri comportamenti erotici che si accompagnava a un mutamento di stato sociale. La sessualità «completa» era riservata alla sfera del matrimonio, mentre l'erotismo (che si chiamerà *petting* negli anni Cinquanta) era relegato al periodo del corteggiamento o meglio del fidanzamento. In tal modo si rendeva evidente che la sessualità, prima di esprimere nel coito la sua efficacia procreativa, richiedeva un impegno di coppia verso le eventuali conseguenze: i coniugi si consideravano, in quanto sposati, potenziali genitori. Ora la liberalizzazione dei costumi ha comportato l'eclissi di questa economia congiunta della società e della sessualità. Venuto meno lo spauracchio di una gravidanza indesiderata, la famiglia non è più autorizzata a esercitare controlli e interdizioni, tanto meno la società. La procreazione è stata relegata, nel giro di una generazione, nella sfera del privato e nell'ambito del personale. Ma qui, come ho già avuto modo di osservare, non ha trovato nessun'altra gestione. Ogni donna è sola con il suo desiderio di maternità, con le paure, le speranze, i fantasmi positivi e negativi che una eventualità così grande non può non suscitare.

Nella maggior parte dei casi non vi sono stati, durante l'infanzia, fratellini attraverso i quali apprendere quel «saper fare» materno che si traduceva in un pensare maternamente. Neppure le bambole (rappresentanti, come la Barbie, di un ideale prettamente narcisistico) aiutano più la bambina a svolgere una funzione di pre-visione, di anticipazione del suo compito procreativo.

Poiché non è stato riconosciuto e inscritto nella propria identità femminile, il desiderio di maternità rimane in gran parte inconscio ed è da questa recondita regione della mente che comunque cerca, sfuggendo al controllo della censura, di realizzare i suoi fini. Quando accade che si verifichi una gravidanza inaspettata è facile che l'angoscia, altrettanto inelaborata, venga evacuata nell'agire, piuttosto che far posto ai pensieri e accettare il dolore mentale che essi possono indurre. In tal senso la richiesta di interruzione volontaria di gravidanza può svolgere una funzione opposta al pensare, può costituire il tentativo onnipotente di rendere tutto, il più presto possibile, come «non avvenuto». In questi casi è il principio di piacere che impone la sua economia a scapito del principio di realtà che richiede di rappresentarsi tutte le possibilità, di vagliarle, di valutarle, di scegliere in modo responsabile e di comportarsi di conseguenza. D'altra parte, anche coloro che partecipano, più o meno direttamente, a questa crisi esistenziale sono indotti a evitare l'incertezza, l'ambiguità, il conflitto delle emozioni, adottando atteggiamenti drastici pro o contro l'aborto.

A tal fine una scorciatoia è rappresentata dalla condanna di principio di tutte le condotte abortive in quanto «contro natura».

Si dimentica che l'aborto è, in molti casi, un evento naturale, una possibilità che il processo riproduttivo reca in se stesso, prevista dal suo medesimo programma. L'interruzione scatta automaticamente quando il prodotto del concepimento e la situazione d'annidamento non sono, per uno dei due termini o per entrambi, all'altezza di determinati standard minimi di efficienza. Ma la maternità comporta, oltre alla preparazione di un utero accogliente, anche l'elaborazione di un grembo psichico dove il bambino che nascerà possa essere atteso, pensato e amato ancor prima di venire alla luce. Ove questo non accada, diventano operanti le stesse condizioni che rendono talora impossibile proseguire fisiologicamente la gravidanza. Una donna non può vivere la sua gestazione come una incubatrice acefala, perché tale eventualità minaccia la sua integrità psichica e quella del figlio. È vero che un bambino non voluto può essere successivamente accolto con amore, ma può anche risultare inconciliabile con la propria vita sino a essere avvertito, in casi estremi, come un insopportabile parassita del corpo e della mente.

Quando viene formulata, la domanda di interrompere la gravidanza esprime una impossibilità per altri versi già inscritta nella gestazione stessa, nella sua economia psichica, non meno importante di quella somatica poiché non è in gioco una vita ma qualche cosa di molto più complesso, il rapporto tra due persone. Ciò che fa di un aggregato di cellule un figlio è il desiderio materno, la capacità della donna di presentificare e anticipare l'esistenza dell'altro dentro di sé, di attenderlo amorevolmente. Ove questa donazione di senso, fatta di pensiero e di affetto, venga meno, non si costituiscono le coordinate primarie dell'evento generativo umano. C'è generazione solo là dove vi è, anche se debole o contraddittoria, una volontà procreativa, un atteggiamento di accoglimento e di presa a carico del generato. Ma non possiamo esimerci, a questo punto, dall'ammettere che l'aborto, oltre a eseguire una impossibilità, comporta anche una cancellazione di possibilità, un venir meno di potenzialità che pongono ineludibili problemi.

Sarebbe semplicistico pensare che la donna che abortisce è costretta a farlo, non sceglie, non giudica. Sarebbe far torto a quella «intelligenza della maternità» che ci sforziamo piuttosto di mobilitare. Dobbiamo pensare a un confronto tra forze promuoventi e forze neganti la maternità, favorevole a queste ultime. Probabilmente accade in occasione di ogni aborto un bilancio intrapsichico che produce, come esito, una scelta che va rispettata. Sarebbe assurdo intervenire a far recedere la donna dalla sua decisione in un momento di alta perturbazione emotiva, quando si rivela più ricattabile e suggestionabile. Ogni sostegno deve essere messo in atto prima, quando le possibilità sono aperte, quando il «sì» o il «no» si presentano in alternativa anziché in conflitto. Dopo è come se l'operatore si sostituisse alla sua interlocutrice manipolando un desiderio di cui non conosce la storia e la dinamica interna. L'ascolto vero non ammette procedure inquisitorie e la disponibilità a comprendere l'altro e ad aiutarlo non si realizza se chi ascolta possiede già una risposta preconfezionata.

Ora si oscilla invece tra la volontà di condizionare la donna e l'indifferenza, travestita da efficienza tecnica. Ciò che manca è una presenza amichevole e disinteressata, una prossimità nel patire (perché di pathos si tratta) che mobiliti le energie libidiche in un progetto di vita più coerente.

Ora, perché la crisi si ripieghi in se stessa o si apra al futuro dipende in gran parte dalle relazioni che la donna intrattiene con i suoi oggetti d'amore passati e presenti. Il suo atteggiamento è in un certo senso la sintesi dei suoi legami. Ma vi è anche una dimensione impersonale, che gioca il ruolo del *deus ex machina*. Nel momento in cui ci troviamo a fronteggiare una domanda di aborto è già accaduto infatti un evento innegabile. L'economia riproduttiva della specie si è calata in un corpo di donna e ha provocato un evento che le si presenta come il precipitato della sua vita, ma che in realtà la trascende: viene da lontano e va oltre lei. In questo senso siamo di fronte a un vissuto straordinariamente complesso che non assomiglia a nessun altro perché riguarda il corpo e la mente, l'individuo e le sue relazioni, il conscio e l'inconscio, l'ambiente storico e l'anonima continuità della specie.

Le alternative che le si presentano sono due: proseguire la gravidanza o abortire. Ma nel modo di viverle, nello stile emozionale, le soluzioni sono infinite, una per ogni donna nella misura in cui ogni persona è diversa da un'altra e cambia col tempo. Non dimentichiamo comunque che per ogni richiesta di interruzione di gravidanza vi sono molti altri casi nei quali la gestazione non voluta si è trasformata in maternità realizzata, senza che il precedente conflitto psicologico acquisisse visibilità sociale.

La dimensione privata della coppia, la riservatezza che protegge la sua vita sessuale, resta invece squarciata dall'aborto che introduce l'ufficialità dell'istituzione ospedaliera nell'ambito dell'intimità più segreta. Questa violenza simbolica, indubbiamente perturbante, richiede una particolare attenzione ai rapporti che intercorrono tra il personale ospedaliero e colei o coloro che chiedono l'intervento abortivo.

Etica delle relazioni e assunzione di responsabilità

Il soggetto della domanda è indubbiamente la donna perché è il suo corpo, inviolabile senza il suo consenso, che contiene il progetto di vita di cui sarà lei, in ogni caso, la principale protagonista. L'autodeterminazione, per essere veramente tale, è inscindibile dal senso di responsabilità di chi la esercita. Salvo evidenti prove contrarie (debilità mentale, immaturità psichica, pressioni ambientali, grave stato di necessità) dobbiamo presumere che la richiesta sia formulata con responsabilità e ponderazione ma, se così non fosse, se si configura come l'esito di un'opzione arbitraria e superficiale, a maggior ragione non sussiste una vera idoneità psicologica alla procreazione essendo, la maternità, molto più impegnativa, per sé e per gli altri, di una scelta abortiva.

Fin qui l'analisi si è rivolta alle dinamiche inconsce che promuovonono l'emergere di una prospettiva abortiva e vi ha riconosciuto come fattore determinante la disgiunzione tra fecondità e maternità. Una disgiunzione che talvolta viene superata d'un balzo, senza alcuna giustificazione, con una donazione di senso per così dire «estrosa», per cui improvvisamente «quel bambino diviene il mio bambino».

Ma vi è anche una lunga, faticosa elaborazione conscia della decisione finale. La mia esperienza mi fa ritenere che le motivazioni determinanti siano quelle affettive ed emozionali, non sempre esplicite, tuttavia è molto importante anche il modo con il quale la donna razionalizza la propria scelta. Molte si pongono una questione morale, si chiedono se sia giusto o meno ciò che si accingono a fare. Ma raramente accade che si pongano il quesito dello status metafisico del feto, se sia o meno «persona». Il loro problema consiste piuttosto in un conflitto originato dallo scontro tra mero interesse individuale e responsabilità verso gli altri. Alcune sostengono che la scelta egoistica sarebbe quella di avere il bambino.

Si evidenzia così quella dimensione etica, tipicamente femminile che, secondo la sociologa Carol Gilligan (*Con voce di donna*, 1987) induce le donne a privilegiare – anziché i principi astratti, che regolano l'etica maschile – il mantenimento delle relazioni. Tra i 29 casi di donne in attesa di aborto da lei esaminati, vi è una diciannovenne che afferma: «Ciò che voglio fare è avere il bambino, ma ciò che sento di dover fare, ciò che ho bisogno di fare è abortire subito, perché talvolta ciò che si vuole non è giusto». Esprimendo il desiderio di avere un bambino non stava pensando alle responsabilità che vi si accompagnano, e questo le appariva egoistico. Quando le intervistate accennano a responsabilità verso il bambino non intendono l'embrione esistente ma il figlio che, nascendo, realizzerebbe la figura virtuale della loro fantasia.

Assumendosi la responsabilità di una gravidanza non voluta, la donna può decidere di continuarla così come di interromperla. Nessuna delle due opzioni detiene il monopolio della responsabilità. Il senso dell'esperienza risiede nella capacità di accordare le motivazioni inconsce con quelle consce, nel dare una ragione plausibile, magari a posteriori, al proprio agire. Si può decidere di abortire perché è la soluzione migliore per il bambino, per altre persone, ma anche per se stesse. In questa rete di relazioni è comunque centrale la posizione del padre. Una di loro, sulla trentina, afferma che una decisione giusta dipende dalla consapevolezza di quali effetti essa avrà sul rapporto con il partner, come ciò lo colpirà «emotivamente». Le intervistate che sostengono di sentirsi responsabili verso se stesse non si riferiscono al proprio piacere o ai desideri immediati, ma alla responsabilità di realizzare la propria vita. Un'adolescente osserva: «L'aborto, se lo si compie per la ragione giusta, aiuta a ricominciare da capo e a fare cose diverse». Una musicista riconosce come egoistica la sua scelta di abortire, perché considera solo la sua «sopravvivenza» nel lavoro, ma poi specifica: «Il lavoro è ciò da cui deriva il senso di quello che sono».

Altre parlano più genericamente di responsabilità verso gli altri. Una dichiara: «Non ho bisogno di pagare al mondo i miei debiti immaginari con questo bambino, e non penso sia lecito dare alla luce un bambino e utilizzarlo a questo scopo». Nessuna giustificazione appare di per sé sufficiente. D'altra parte se così fosse verrebbe meno ogni dilemma morale. Diviene tale solo se si considera il vissuto soggettivo, la sintesi personale che ciascuno opera dei dati della propria vita. Soggettivo non significa però solipsistico. L'aspetto più importante delle motivazioni addotte risiede infatti nell'assunzione di responsabilità all'interno di un sistema di relazioni nel quale il bambino eventuale (non il feto) costituisce una delle variabili in gioco.

In proposito mi sembra rilevante l'osservazione del filosofo morale Dworkin quando afferma: «Decidere di abortire non è un problema unico, slegato da tutte le altre decisioni, ma un esempio drammatico e assai illuminante delle scelte che le persone devono fare nel corso della loro esistenza, scelte che esprimono le convinzioni più profonde sul valore della vita e il significato della morte».[2]

La dimensione interpersonale in cui si inserisce l'aborto volontario sarà poi decisiva per le condotte successive. Che la crisi si ripieghi in se stessa o si apra al futuro dipende in gran parte dalle relazioni che la donna intrattiene con i suoi oggetti d'amore passati e presenti: il suo atteggiamento rappresenta la sintesi dei suoi legami.

A questo punto non voglio neppure prendere in considerazione la proposta di portare comunque a termine la gestazione in vista del subitaneo abbandono del figlio, che sarà adottato da altri. Una prospettiva che nega ogni diritto umano del neonato, in nome di un astratto concetto di Vita da tutelare a tutti i costi, anche a scapito dell'integrità materna. L'adozione programmata comporta infatti un uso strumentale del corpo femminile (lo stesso che si attua nell'utero in affitto) che offende profondamente la dignità della donna, la sua inviolabile soggettività. Come ho già detto, madre e figlio costituiscono inizialmente un'unità inalienabile, che nessuno ha il diritto di separare arbitrariamente.

La priorità dell'autodeterminazione femminile non può tuttavia cancellare il problema del partner, soprattutto in un momento in cui si invitano gli uomini a un maggior coinvolgimento nelle responsabilità genitoriali.

In ogni caso, quando il rapporto di coppia è sufficientemente buono, fondato sul dialogo, è già avvenuta un'analisi delle possibilità e delle impossibilità, per cui la decisione dovrebbe comunque essere stata presa insieme, nello spazio dell'intimità condivisa. Se invece sussiste un conflitto – lei vuole abortire mentre lui si oppone – sarebbe difficile dipanare nodi relazionali, equivoci, opacità, incomprensioni, che affondano le loro radici in una lunga storia, nel breve periodo dei colloqui preoperatori ospedalieri. Ma questo non ci autorizza a misconoscere che ogni gravidanza nasce da un'esperienza di accoppiamento che coinvolge due persone, le loro aspirazioni, i loro desideri non sempre riconosciuti e accettati.

La parola d'ordine femminista per cui in caso di aborto volontario «spetta alla donna la prima e l'ultima parola» non esclude che si instauri con il partner un dialogo intermedio che può confermare o modificare la scelta iniziale.

Senza alcuna imposizione, ogni volta che sia possibile, mi sembra giusto far posto anche al proprio compagno, tenendo conto che pure per lui può essere difficile affrontare un evento così traumatico. Se viene lasciato solo, espulso dall'esperienza della donna, escluso dagli effetti catartici che può avere un'esperienza portata sino in fondo – in quanto aiuta a espiare il senso di colpa e a divenire responsabili dei propri atti – come potrà elaborare la sua posizione? Dopo un'interruzione volontaria di gravidanza spesso la coppia entra in crisi perché la donna, più o meno consapevolmente, rimprovera al suo uomo di non essere stato in grado di rendere accettabile la nascita di un figlio, di non essere stato all'altezza del ruolo genitoriale che lei gli ha assegnato diventando la sua donna.

Di fronte a rimproveri, non sempre obiettivamente giustificati e psicologicamente comprensibili, l'uomo tende a fuggire. In tal modo la perdita di un possibile bambino rischia di duplicarsi con quella di un possibile padre del medesimo, facendo precipitare la donna in una spirale di frustrazione difficile da spezzare con le sue sole forze.

L'aborto tra autodeterminazione e coazione

Può così accadere che una esperienza dolorosa, vissuta passivamente, sopportata per inerzia, si trasformi, per una terribile legge dell'inconscio, in «coazione a ripetere», come se reiterando il trauma si riuscisse a superarlo. L'aborto coatto rappresenta congiuntamente la colpa e la pena, senza che subentri mai la funzione pacificatrice della riparazione.

La psicoanalisi ci insegna che i vissuti psichici che non sono stati sufficientemente elaborati tornano a riproporsi con insistenza, con l'unica differenza che il soggetto, provocandoli, si sente attivo mentre prima era passivo. È necessario che il conflitto psichico sia portato alla coscienza per interrompere la spirale colpa-punizione che sta alla base di molti aborti ripetuti. L'aborto costituisce una crisi esistenziale che può attivare una spirale perversa ma che può anche, se vissuta sino in fondo, promuovere una dinamica evolutiva. Può divenire l'occasione in cui la donna riconosce il proprio potere procreativo e se ne fa responsabile, ampliando così i confini dell'Io. Ma per disinnescarne il potenziale regressivo e farne un evento emancipatorio, occorre inserirlo nella storia della persona anziché in una anamnesi medica, riconnetterlo al desiderio inconscio che lo ha determinato e non semplicemente alla domanda esplicita che si illude ogni volta di risolverlo.

L'aborto non riveste sempre lo stesso significato nelle diverse età della vita. Inoltre il suo vissuto è condizionato dal tipo di rapporto sessuale che ha provocato la gestazione, che può essere di violenza occasionale o di stabile coniugalità, con tutta una gamma intermedia di situazioni.

Ma comprendere è anche generalizzare e prenderò le mosse proprio da un dato quantitativo che mi aveva colpito in una inchiesta effettuata nel 1976 tra le donne che richiedevano un aborto provocato, allora clandestino. Nel corso del colloquio preliminare, la maggior parte asseriva di essersi dimenticata, in occasione del rapporto sessuale, di assumere la pillola anticoncezionale, altre riconoscevano di aver introdotto maldestramente il diaframma, altre ancora ricordavano di aver sbagliato il calcolo dei giorni infecondi o di essersi affidate alle ingannevoli garanzie del loro partner.

Passività, dimenticanze, errori, omissioni non sono, come ci insegna la psicoanalisi, eventi casuali. «Ogni atto mancato» dice Lacan «è un discorso riuscito.» Nelle lacune della intenzionalità si fa strada un desiderio inconscio di maternità che non ha trovato altro modo per imporsi.

Sappiamo che la generatività si inscrive in un doppio registro: da una parte realizza un progetto individuale e occupa un posto centrale nella costruzione dell'identità personale, dall'altra può fare irruzione nella vita degli individui come una intenzionalità estranea e impersonale. Come vitalità della specie, finalizzata alla sua continuità, risulta incomprensibile all'interno di categorie individuali. Priva di immagini adeguate, di parole appropriate, diventa così facile preda della rimozione che tutto precipita nell'inconscio. Ma ciò che è rimosso tende inesorabilmente a ritornare sulla scena del mondo, a dispetto di ogni censura. Il modo con il quale la pulsione riproduttiva impone il suo scopo è, come abbiamo visto, la dimenticanza o la sottovalutazione della contraccezione. Il tutto avviene all'insaputa del corpo femminile e al di fuori del controllo razionale e cosciente degli eventi. Nonostante la fecondazione induca una «tempesta endocrina», nulla ci avverte che è accaduta in noi una modificazione dell'equilibrio complessivo: il corpo al riguardo è muto e la mente cieca. Solo più tardi, l'assenza di mestruazione sollecita il riconoscimento della maternità che avviene per lo più attraverso i segnali espressi da reagenti chimici. Ma vi è uno scarto temporale tale tra la fecondazione vissuta dal corpo e la gestazione pensata dalla mente che rende difficile coordinare le due dimensioni. È come se il pensiero scontasse, con il suo intervenire solo in un secondo tempo, un distacco corpo-mente avvenuto nella notte dei tempi. Per le altre femmine di mammiferi il riconoscimento della avvenuta fecondazione è infatti istantaneo, tanto da sospendere immediatamente la loro disponibilità all'accoppiamento.

Solo la femmina umana rimane, come abbiamo già osservato, sempre pervia all'accoppiamento, con una disponibilità che ha un costo pesante: l'ignoranza di ciò che avviene nel suo corpo. Paradossalmente immagini di fecondità e di maternità si ritrovano più facilmente nella fantasia infantile che in quella adulta. In particolare le bambine – che avvertono al centro del loro schema corporeo una cavità ricettiva – immaginano di contenere dentro di sé un figlio che assume la forma dell'animaletto, del nano, del robot o anche del neonato, naturalmente plasmabile e cangiante come le figure del sogno.

Questo figlio notturno è comunque un essere creato dal loro corpo pensante, dalla loro fantasia materna. Al termine dell'infanzia al posto del bambino generato da sé subentra, come sappiamo, l'attesa del figlio reale che sarà messo tra le braccia materne, come un pacco dono, alla fine di un processo riproduttivo sempre più sequestrato dal sociale. Ma ciò che rimane nell'inconscio conserva la caratteristica della onnipotenza infantile, secondo la quale non esiste nulla di irreversibile e tutto coesiste accanto al suo contrario. Un simile residuo infantile spiega come molte donne riconoscano, al momento dell'aborto, di essersi illuse di controllare la contraccezione con la forza del desiderio, cui attribuiscono inconsciamente un'efficacia magica.

Durante l'adolescenza il fantasma di bambino ricompare però ad animare il romanzo interiore, la prefigurazione del futuro. Ma si tratta spesso di un'immagine inquietante, come rivela il timore di molte adolescenti di essere sterili, di partorire figli mostruosi o malati o folli. In questi casi la gravidanza reale, per quanto indesiderata, può rispondere all'esigenza di essere rassicurate sulla propria sessualità e fecondità. Accade così che la giovane ragazza si trovi incinta a sua insaputa, senza sospettare che questa eventualità è stata attivata dal desiderio inconscio di provare la sua efficienza materna.

Altri problemi nascono quando si tratta di giovani donne tossicodipendenti per le quali la gravidanza, per quanto provocata da un rapporto sessuale occasionale, potrebbe tuttavia costituire la possibilità di rimotivare la loro esistenza, di ricominciare una nuova narrazione di sé. Sappiamo che la gestazione può svolgere la funzione di una «seconda volta», costituire un'occasione per rivivere meglio legami insoddisfacenti con la propria madre, per riparare l'odio distruttivo che si avverte nei suoi confronti e «rimettersi così al mondo» da sole. Ma quanto entra in gioco, nell'attivazione di questa prospettiva, una proiezione degli operatori, dei loro valori, il tentativo di dar senso al lavoro che svolgono? Solo una équipe psicologica appositamente preparata può accompagnare, senza prevaricare, questi difficili percorsi di vita.

Nel caso di donne socialmente ben inserite ma che non vivono uno stabile rapporto di coppia, la gravidanza può assumere il significato di una richiesta di matrimonio, di un bisogno di compagnia, di una ricerca di aiuto, di un desiderio di donazione di sé.

Vi è infatti un momento della nostra vita in cui sentiamo il bisogno che qualcuno abbia bisogno di noi. Entrando in conflitto con altri interessi, queste spinte possono recedere e lasciare il posto a una richiesta di interruzione volontaria di quella gravidanza che pure in un primo momento era stata intenzionalmente ricercata. Spesso la donna che vive questi conflitti non ha raggiunto in se stessa un equilibrio sufficiente ad affrontare lo «squilibrio» che ogni nuova vita reca con sé.

Ma vi sono anche donne che, pur vivendo un matrimonio stabile, non si sentono in grado, per mille ragioni, di accogliere un bambino in quel momento, oppure di allevarne un altro dopo il precedente. Vi è in questi anni una difficoltà a passare dal primo al secondo figlio che riflette problemi epocali.

Mentre la maggior parte dei giovani prima del matrimonio dichiara di volere due figli, di fatto quasi tutte le famiglie si fermano a uno. L'analisi di questa contraddizione ci porterebbe lontano, investendo fattori sociali e culturali, oltre che psicologici e di coppia.

Non sempre è facile riconoscere i conflitti che motivano l'aborto e lo rendono giustificabile. Pensiamo, ad esempio, a una donna di quarant'anni felicemente realizzata. Può trovarsi gravida a sua insaputa e non esserle per niente chiaro che la sua fecondità è stata evocata per rassicurarla contro gli incombenti processi di invecchiamento, contro lo spauracchio della menopausa. Quello che le risulta evidente è che tutta la sua vita ne sarebbe travolta, che non ha più le forze richieste da un bambino, che il suo partner non condivide questo progetto e così via. Alle stesse condizioni, però, una sua coetanea può accettare con gioia l'annuncio di una gravidanza tardiva.

Può darsi che in questo caso si sia imposto il desiderio inconscio, che l'impersonale intenzionalità generativa abbia preso forma in quella specifica storia.

Questo non ci esime dal riconoscere l'importanza delle condizioni ambientali: casa, lavoro, sicurezza sociale, fiducia nel futuro, cultura della maternità e della paternità responsabili.

Prevenzione su più piani

Una buona qualità della vita costituisce una condizione necessaria ma non sufficiente a garantire la scomparsa degli aborti volontari, in quanto almeno una minima parte va imputata alle misteriose contraddizioni del cuore umano. Poiché la domanda di interruzione volontaria di gravidanza va ben oltre la semplice richiesta di un atto medico, le sue complesse componenti esistenziali non possono essere certo gestite nell'istituzione ospedaliera, che ha altre e più urgenti finalità.

Ancora una volta è nel consultorio familiare che la donna o la coppia dovrebbe trovare quell'accoglimento vigile e discreto, di cui si è già parlato a proposito del menarca. È solo qui che con tempi e modi adeguati i conflitti si possono dipanare e il desiderio può intraprendere iniziative costruttive, che utilizzano, anziché ostacolarle, le energie vitali a sua disposizione.

Che prevalgano le potenze della procreazione o meno dipende da una serie di fattori difficilmente generalizzabili, connessi alla situazione economica, al rapporto di coppia, alla progettualità individuale, all'affettività conscia e inconscia. Ma anche dai valori condivisi. Per secoli le donne hanno accettato tutte le maternità, quelle desiderate e quelle indesiderate. Si trattava però di culture antropologicamente diverse dalla nostra, con un differente atteggiamento di fronte alla vita e alla morte.

Il deperimento della ideologia tradizionale, contraddistinta dall'obbedienza, comporta che la maternità indesiderata sia ora vissuta come prevaricazione assurda e inaccettabile del biologico sull'individuale. L'aborto è l'altra faccia della medaglia rispetto alla fecondazione artificiale. In entrambi i casi l'individuo non accetta più di sottomettersi a un destino ma cerca in ogni modo di governare la sua storia.

Precisamente nell'assumersi le proprie responsabilità di fronte all'ineluttabile risiede il potenziale etico della manipolazione del processo generativo, tanto nel promuovere quanto nell'interrompere i suoi fini.

Quando l'ambiente familiare o le ingiunzioni sociali forzano la donna ad accettare la maternità contro il suo stesso desiderio, si prepara una predisposizione all'aborto come reazione alla prevaricazione subita. Vi è infatti nella economia psichica una tendenza a rivivere con sadismo attivo ciò che è stato sperimentato in termini di masochismo passivo. Allo stesso modo, se una donna si sente strumentalizzata dalla sessualità maschile, usata come un oggetto e poi abbandonata, sarà portata (sempre per la legge che governa la trasformazione della passività in attività) a compiere gli stessi atti nei confronti dell'essere che si trova dipendente da lei come lei lo è dall'uomo. Per questo ogni crudeltà, disaffezione, strumentalizzazione violenta della donna, incrementando la sua aggressività, precostituisce una situazione abortiva, magari differita, in casi estremi, nell'infanticidio.

Vorrei però ricordare che, psicologicamente, anche dopo un aborto procurato, le forze vitali della maternità prevalgono su quelle distruttive, tanto che il bambino mai nato continua a sopravvivere nella mente della madre. Ninetta, una donna molto semplice, risponde, a chi glielo chiede, di aver avuto quattordici figli: cinque viventi, due morti neonati e gli altri abortiti. La loro condizione esistenziale, così difforme, è unificata, nella sua esperienza, dal fatto di essere tutti «suoi figli».

Teresa è invece una professoressa colta e razionale, eppure anche lei segue mentalmente la crescita del figlio mai nato, tanto che saprebbe dire in ogni momento quale classe scolastica starebbe frequentando se fosse venuto al mondo.

Nell'immaginario, tra esistenza e inesistenza, si estende lo spazio della realtà psichica, non meno pregnante di quella fattuale.

Ciò non deve però indurci a sottovalutare la realtà sociale. La maternità è nella psiche ma anche nel mondo e, come tale, ha bisogno del supporto di un'attesa valorizzata e condivisa. Poiché l'aborto è spesso l'esito della solitudine sociale o affettiva, è sulle modalità di relazione che dobbiamo soffermarci.

Costruzione di una soggettività complessa

L'individuo costruito dalla cultura borghese dal Settecento in poi ha dimenticato la definizione aristotelica dell'uomo come «animale sociale» per considerare soltanto il suo aspetto di cittadino portatore di diritti e doveri pubblici. In quanto «animale», l'uomo deve imparare invece a controllare anche la componente biologica della sua vita, a non pensarsi autoconcluso e autosufficiente, perché tale non è.

Il tempo storico del progetto di vita deve fare i conti col tempo biologico che può in ogni momento sconvolgerlo sotto forma di generazione, di malattia o di morte. Pensarsi come *individuo* sottovaluta il profondo e radicato bisogno degli altri che ci contraddistingue, e gli altri sono per noi gli oggetti d'amore e di odio, quelli sui quali proiettiamo le nostre aspettative e i nostri timori.

L'aborto procurato rappresenta, in questa prospettiva, uno scacco del pensiero moderno, della egocentrica e autarchica autorappresentazione dell'uomo contemporaneo. Per prevenirlo occorre riconoscere la nostra relativa impotenza nei confronti del *germen*, della materia vitale che ci attraversa e ci sopravviverà, aumentare il nostro livello di consapevolezza e di autodeterminazione. Ma renderci signori di noi stessi comporta innanzitutto il riconoscimento del limite tra desiderio e delirio e l'accettazione del sacrificio pulsionale che ogni padronanza di sé comporta.

Intendere la sessualità come una facoltà onnipotente e incondizionata è un residuo infantile al quale bisogna opporsi affrontando il problema della contraccezione come presa a carico di sé, gestione razionale e consapevole della pulsione riproduttiva. Un progetto che comporta, come abbiamo visto, una ridefinizione della maternità che è anche ridefinizione di identità. A chi spetta questo compito?

Non è facile rispondere. Alle donne comunque. Ma vi sono, in questo progetto, tempi e modi diversi. La maternità comporta problemi individuali e sociali pienamente coscienti, formulabili in termini di bisogni. Bisogno di informazione, di assistenza medica, economica, legale, organizzativa, bisogno di formazione, di accoglienza, di supporto materiale e morale e altri ancora, che possono essere gestiti in strutture pubbliche, da operatori preparati in questo campo, sensibilizzati al rapporto umano e al rispetto dell'altro che ogni atto comunicativo richiede.

Ma esiste anche la necessità di ripensare la maternità, di prendere atto che una forma plurisecolare di esperienza femminile è ormai obsoleta, che dietro parole antiche si celano esperienze nuove. Le due forme di intervento si integrano a vicenda. L'una lavora sui problemi che si pongono qui e ora. La riflessione delle donne invece ha tempi sincopati, strutture effimere, memoria labile, un andamento carsico; agisce lentamente perché produce modificazioni profonde, mutamenti «genetici». Solo nel suo ambito però il pensare insieme si carica di quei contenuti affettivi senza i quali non vi è esperienza nel senso forte del termine.

Il movimento delle donne ha cercato di coniugare il pensiero con il corpo, la sessualità con la maternità, partendo da sé, dalla propria identità di genere. Credo che le donne stiano compiendo un processo di maturazione collettivo che ha bisogno di tempi e di luoghi appositi. Senza essere continuamente incalzate dalle minacce di perdere i diritti acquisiti, occorre che esse facciano silenzio dentro di sé, che si pongano al riparo dagli stereotipi prodotti dalla cultura di massa, dalle ideologie precostituite, per recuperare il loro immaginario, per riconoscere il loro desiderio, un desiderio elaborato da secoli di cultura e quindi plasmato da interdizioni, divieti e ingiunzioni che ne ostacolano la piena disponibilità. Si tratta di costruire una identità femminile che comprenda in sé una dimensione impersonale, non da esorcizzare ma da comprendere ed elaborare sino a farne il perno della propria soggettività. Una soggettività diversa da quella maschile perché meno narcisisticamente imperniata sull'Io e sul mio. Non possiamo tuttavia ignorare che per raggiungere l'obiettivo della liberazione devono verificarsi profondi cambiamenti della realtà materiale. Ma questo non ci esime dal lavorare su noi stesse.

Se riuscissimo a pensare il materno come una potenzialità plasmabile, saremmo in grado di sottrarlo alla necessità dell'esito biologico e di utilizzare le sue energie anche per produrre nuovi legami sociali ed esprimere creatività culturale.

Chi ha detto che la generatività vada intesa soltanto come riproduzione di corpi in una prospettiva di sopravvivenza individuale? Abbiamo sempre pensato alla natura come a una madre onnipotente, ma ogni giorno di più si rivela una creatura morente, distrutta dalle nostre intrusioni voyeuristiche, manipolatorie, strumentalizzanti e speculative. Riflettere sulla maternità – attraverso il sintomo «aborto» – significa riconoscersi parte della natura, connessi a lei da una circolarità vitale che non può essere impunemente scissa.

Un riconoscimento che comporta un diverso atteggiamento verso noi stessi e il mondo, nei confronti del quale siamo ora chiamati ad assumere un comportamento genitoriale, di preservazione e di tutela. In termini psicoanalitici ci si chiede di superare la fase schizo-paranoide di scissione e di contrapposizione tra Io e non-Io, di riconoscere le componenti distruttive di questa antinomia. Il tramonto della logica infantile può dar corso a processi riparativi veri e a legami interpersonali nuovi. Si tratta di un programma a lungo termine da pensare e amministrare insieme. Il disagio della donna, del corpo femminile, ha sempre comportato (come dimostra la plurisecolare storia dell'isteria) la possibilità di elaborare nuovi paradigmi scientifici, di proporre differenti modalità di relazione. Sta ora a noi dotare il sintomo aborto di questa potenzialità terapeutica, trasformare il veleno in farmaco, lo scacco del pensiero in un ampliamento della razionalità.

VIII

Il bambino che manca all'appello materno. Psicoanalisi della sterilità femminile

> Da dove vieni, amore, bimbo mio?
> Dalle creste del duro gelo.
> Di che hai bisogno, amore, bimbo mio?
> Del caldo asilo della tua veste.
> ...
> Ti dirò di sì, figlio mio;
> di te son tutta spezzata.
> Come mi duole la cintura
> dove avrai la prima culla!
> Quand'è che verrai, mio bambino?
>
> FEDERICO GARCÍA LORCA, *Yerma*[1]

Che cos'è un figlio?

Non si può rispondere a questa domanda senza distinguere tra ciò che è contingente, connesso a una determinata epoca storica, a uno specifico ambito sociale e culturale e ciò che, nell'esperienza della generazione, rimane invariato. Nella società tradizionale e contadina, ad esempio, un figlio costituisce innanzitutto un investimento economico, la promessa di futura forza lavoro. Nasce qualcuno che, dopo pochi anni, si affiancherà agli adulti nella gestione dell'impresa familiare. Il prevalere dell'aspetto utilitaristico della riproduzione elide la differenza adulti-bambini e fa di questi ultimi degli uomini in miniatura.

Come documentano gli studi di Ariès,[2] nell'Europa medioevale l'*infans* era considerato un adulto impotente, infermo, ma sostanzialmente analogo all'adulto in atto che sarebbe poi diventato. La differenza tra un'infanzia priva di specificità e di valore e la maturità era una questione di quantità, non di qualità. La ritrattistica di corte ci ha tramandato la raffigurazione di bambini costretti come gli adulti in sfarzosi abiti di rappresentanza, adorni di tutte le insegne del potere e del censo.

Oltre al fanciullo sociale, che riproduce in miniatura la figura dei genitori, appare però, nell'iconografia religiosa, anche un'altra immagine: il bambino meraviglioso, il figlio divino. Ritratto in innumerevoli scene, Gesù bambino svela l'esistenza di una dimensione d'infanzia diversa, più inafferrabile e inquietante rispetto a quella consueta. Il fanciullo divino, irraggiungibile e imperscrutabile, occupa il centro ottico del Presepe e della Sacra famiglia, su di lui spiove la luce e si incentrano le linee prospettiche della composizione.

Ecco allora una prima contrapposizione: mentre il bambino naturale, il figlio dell'uomo, si colloca ai margini della rappresentazione del mondo, quello soprannaturale ne costituisce il punto focale.

In termini psicologici, questa dicotomia può essere riformulata collocando il bambino storico nella dimensione del simbolico, quello divino nella sfera dell'immaginario. La prima tende a coincidere con il sistema degli scambi intenzionali e coscienti, con le norme che regolano i rapporti sociali; la seconda invece esprime i desideri più che i bisogni, i fantasmi dell'inconscio piuttosto che la realtà. In questo senso la fantasia ha una funzione compensatoria, rappresenta ciò che non trova piena realizzazione e che rimane pertanto alternativo rispetto agli eventi storici. Le due dimensioni interagiscono tra di loro ma, ai fini del nostro discorso, è più interessante rilevarne le differenze. Nella vita reale, ad esempio, i genitori si augurano che il figlio sia sano, forte, indipendente, che cresca in fretta per raggiungere al più presto efficienza e autonomia. Tutto questo però contrasta con la figura del bambino immaginario: eternamente piccolo, tenero, indifeso, irrealizzato. Per l'uno l'infanzia è un male necessario da esorcizzare al più presto, per l'altro una condizione d'eternità. Il bambino divino si presenta al momento della nascita al centro della coppia parentale, ma vive la perennità della sua infanzia in grembo alla madre, contenuto nel suo abbraccio, come completamento del corpo di lei.

Dopo la scena del Presepe, l'iconografia sacra abbandona la figura paterna e contempla solo la coppia madre-figlio. L'infinita serie delle Madonne con bambino attesta l'esperienza di un rapporto a due che non tollera intrusioni. Il piccolo Gesù, prospetticamente inscritto nel perimetro stesso della figura della Vergine, manifesta il tesoro del corpo materno, espone all'ammirazione del mondo il portento della sua creatività. Tra loro il silenzio: basta uno sguardo e un gesto per ribadire un'intimità totale che si appaga di se stessa. Intorno a quest'attimo di intensità lo spazio e il tempo si immobilizzano. Se esiste un'esperienza alternativa rispetto alla nostra cultura – organizzata dalle categorie dello sviluppo e della storia – è proprio l'atemporalità della sacra maternità.

Possiamo immaginare che, in epoche in cui la procreazione era fonte di continue disillusioni in quanto il numero dei morti nella prima infanzia superava quello dei sopravvissuti, il riconoscimento di un «bambino per sempre» fosse di grande conforto. La sua persistenza, al di là del susseguirsi dei nati reali, garantiva un aggancio del sentimento materno a una forma positiva e gratificante. Il lacerante vissuto di deprivazione, provocato dalla morte di un figlio, viene lenito dal sentimento di un oggetto interiore che si sottrae, proprio per il suo statuto fantastico, a ogni possibile esproprio.

In un certo senso ogni nuovo nato si presenta come una copia del bambino immaginario, come il suo doppio. Mentre l'uno verrà condiviso con il padre e ceduto dopo alcuni anni al sociale, l'altro resterà patrimonio esclusivo della madre: un fantasma che aleggia nel corpo femminile garantendogli un'esperienza di pienezza generativa che chiede, e al tempo stesso rifugge, la sua realizzazione. In luogo del figliodel giorno, destinato ad allontanarsi progressivamente dalla madre, a spezzare il cordone ombelicale che li ha uniti per tante lune e andarsene per il mondo, permane il figlio della notte, colui che resterà eternamente bambino.

Tale dicotomia, illustrata con tanta efficacia nell'iconografia cortigiana e religiosa della società feudale, non troverà più alcuna rappresentazione nell'arte laica e borghese.

Con l'avvento della modernità, l'infanzia acquista infatti una sua specificità. Il bambino cessa di essere soltanto un «non adulto» per divenire un soggetto a tutti gli effetti, meritevole di essere conosciuto e valorizzato.

All'interno della famiglia nucleare, il figlio diviene il simbolo dell'unità della coppia coniugale, dell'intimità dei suoi affetti, nonché della possibilità di realizzare la promessa di promozione sociale offerta da una società mobile e competitiva.

Sul «nuovo» bambino convergono ideali che rendono meno palese quel divario tra realtà e fantasia che appariva invece con straordinaria evidenza nell'iconografia precedente. In particolare, le componenti immaginarie della diade madre-figlio, rappresentate per secoli dalle immagini della maternità della Madonna, non troveranno più raffigurazione nell'arte profana. Il «bambino civile» conoscerà una sola dimensione, quella degli scambi sociali, dove diverrà oggetto di molteplici competenze.

L'infanzia, motivo di osservazione e di ricerca scientifica, sarà divisa in differenti ambiti specialistici: la pedagogia, la puericoltura, la pediatria, la psicologia evolutiva, ciascuno dotato di propri luoghi istituzionali, di specifiche figure professionali, di lessici particolari. Posto sotto la lente di uno sguardo indagatore, il bambino rivela una autonomia di funzionamento e di crescita che non può essere valutata solo in termini di una più o meno raggiunta maturità. In questo mutamento epocale svanisce il bambino immaginario, per secoli efficacemente rappresentato da Gesù Bambino.

Spetterà poi alla psicoanalisi recuperare quell'ombra e inscriverla nel cuore stesso dei suoi genitori, la loro identità narcisistica.

Da dove viene un bambino?

Quando nasce Anna, l'ultimogenita di Freud, quest'ultimo scrive all'amico Fliess: «Se fosse un figlio, te lo avrei annunciato con telegramma, poiché avrebbe portato il tuo nome. Ma essendo una bambina di nome Anna, te la presento con ritardo».[3]

Non ci si stupisce, a questo punto, che egli consideri i figli una componente narcisistica di sé, un aspetto dell'amor proprio. Quello che intendeva offrire all'amico (come dedica del nome) altro non era che la sua stessa immagine. Così come tra innamorati ci si scambia il ritratto, Freud voleva donare un simbolo di sé nella figura privilegiata del figlio maschio. Ma nasce una bambina e lo specchio si incrina.

Come sappiamo, nella cultura antica solo il maschio è il vero figlio del padre, colui che ne riproduce la forma nell'identità del genere, mentre la figlia in quanto femmina costituisce un'anomalia necessaria per quanto «mostruosa». Freud non lo sa ma, per la persistenza delle figure dell'inconscio, si comporta qui come un greco antico che avesse letto le opere biologiche di Aristotele e ne condividesse la teoria della riproduzione sessuata, secondo la quale il maschile si situa dalla parte dell'attività e della forma e il femminile dalla parte della passività e della materia inespressiva e inerte. Tuttavia Freud è un moderno e recupera poi, nel concreto rapporto con i figli, questo arcaismo.

Quando, nel 1920, muore improvvisamente Sofia, la figlia prediletta, Freud sente di perdere una parte di sé: una porzione importante del suo narcisismo viene a mancare, un'ombra cala sul suo Io. Che Sofia fosse una femmina non fa a quel punto nessuna differenza.

Nell'occasione scrive a Sandor Ferenczi: «Nell'intimità più riposta del mio essere ho la sensazione di aver subìto una irreparabile e profonda offesa narcisistica. Mia moglie e la piccola Anna sono gravemente scosse, in un senso più umano».[4]

La madre e la sorella hanno superato meglio la perdita. Perché? Freud non si interroga su questa capacità femminile di indennizzare, almeno parzialmente, una sottrazione così crudele, dimentica che l'inconscio ha degli oggetti (lui stesso ce lo ha rivelato) che la ragione non conosce. Franco Fornari li chiama «coinemi» e li considera gli elementi primi di una originaria grammatica dell'affettività.

In questo senso il figlio fantasmatico permane nell'atemporalità dell'inconscio materno anche dopo la morte del figlio reale, così come preesisteva alla sua nascita.

Ma l'imago inconscia di «figlio» non è la stessa per i due sessi. Per l'uomo è la sua immagine, il piccolo che è stato un tempo e che permane in lui sotto forma di residui d'infanzia. La memoria gli ha lasciato un calco di sé che troverà nel figlio la sua duplicazione narcisistica. Per la donna, invece, il figlio è sostanzialmente un oggetto d'amore, quella parte che completa la sua identità correlandola all'altro che è in lei ma non è lei. La nascita di un figlio costituisce per il padre una riedizione, per la madre un completamento di sé. La prematura morte di Sofia, chiamata per la sua bellezza «la figlia della domenica», provoca un'eclissi sull'Io del padre, ma una dimensione di lei, quella immaginaria, vivrà nella mente della madre una perenne infanzia.

Anche nella generazione vale quella condizione di dissimmetria che Lacan ha provocatoriamente denunciato a proposito della sessualità, con la frase: «Non c'è rapporto sessuale».[5] La stessa impossibilità di incontro tra i due sessi segna infatti coito e parto, vissuti insieme nella realtà della condizione coniugale e genitoriale. Ma nel pensiero l'uomo privilegia il simbolico, la donna l'immaginario.

Il figlio si inscrive nell'autobiografia paterna, dove il futuro non solo prolunga il passato ma lo riformula; per la madre, invece, si immobilizza in un'effigie atemporale, sacra come tutto ciò che si sottrae alla contingenza degli eventi. Naturalmente queste sono due posizioni limite perché, di fatto, il piano dell'immaginario e quello del simbolico si intersecano dando luogo a quella dimensione complessa che è la realtà.

Comunque il desiderio di un figlio nasce per l'uomo e per la donna dal riconoscimento di una mancanza. Per l'uno si tratta soprattutto di ammettersi finito nel tempo, per l'altra di sentirsi incompleta nello spazio. In ogni caso, l'evento della nascita, soprattutto del primo figlio, costituisce un trauma da elaborare ed esorcizzare. Vi si incontra infatti quella prossimità della vita con la morte che abbiamo già analizzato nel rito e nel mito.

L'uomo è l'unico animale che sa di dover morire. Con il crollo dell'onnipotenza infantile sopravviene l'angoscioso sentimento della caducità che, benché impensabile nella logica dell'inconscio, produce tutta una serie di formazioni psichiche compensatorie. Noi non siamo in grado di sperimentare direttamente la nostra morte, di includerla nell'Io, perché, anche quando cerchiamo di immaginarla, siamo pur sempre vivi come testimoni. Ci è dato però di patirla, nel senso tragico del pathos, quando ci vengono a mancare persone care. La perdita degli oggetti d'amore ci presentifica infatti la morte nell'unico modo che sia dato all'uomo di comprenderla: come sottrazione di una presenza interna.

Scatta allora quella spinta vitale alla riparazione del danno che ci fa desiderare che una nuova vita prenda il posto di quella scomparsa, che il nascere, nella pacificante ciclicità della natura, succeda al morire.

Inserito in una storia individuale, familiare, epocale, il desiderio di un figlio non è mai pura espressione di un bisogno vitale. Mentre gli animali bramano di riprodursi appena sono fisiologicamente maturi per farlo, gli uomini e le donne hanno un calendario più complesso in cui l'istinto, o quel che ne resta, è solo una delle variabili in gioco.

Benché una segnaletica interna ed esterna spinga gli individui adulti della nostra specie a procreare, tali ingiunzioni non saranno mai necessitanti. Sarà sempre possibile rispondere con un sì o con un no, con un rinvio o una sostituzione anche alle più pressanti richieste.

Quanto vi sia di somatico e quanto di psichico nella vicenda della generazione umana è indecidibile e varia comunque da un individuo all'altro e nelle diverse epoche della vita di ognuno. Non dimentichiamo, però, che la capacità umana di sublimare, cioè di mutare le finalità, gli oggetti, i tempi della soddisfazione libidica, ci garantisce una relativa libertà di fronte alle determinazioni naturali.

Il voto di castità rappresenta in questo senso un sacrificio emblematico perché chi lo formula si sottrae alla realizzazione predisposta dall'istinto delle pulsioni sessuali e procreative e utilizza le energie così recuperate per un progetto esistenziale che ritiene non solo più elevato ma, in una prospettiva temporale meno immediata, anche più gratificante. Tuttavia una contrapposizione troppo netta tra procreazione di corpi e produzione di simboli ci induce a sottovalutare la complessità della generazione umana che non è mai meramente istintuale né esclusivamente spirituale. Il suo percorso intreccia, in un unico nodo, la dimensione personale, relazionale, della specie e della storia.

Così intesa, la nascita di un figlio costituisce a un tempo un successo all'interno dell'economia della natura e un relativo insuccesso nell'ambito dell'esperienza individuale. È vero che il nuovo nato rappresenta colui che sopravviverà ai propri genitori prolungandone l'esistenza oltre i limiti biologici. Ma l'inaugurazione di una generazione successiva implica, nel concetto stesso di alternanza, la morte della precedente. Spesso emerge, connesso alla gioia della paternità, l'angoscioso sentimento, proprio dell'uomo, di aver dato vita all'individuo che lo accompagnerà alla tomba. Non si comprende la natura di questo inesprimibile conflitto se non si rievoca il percorso della nostra civiltà e la permanenza nell'immaginario collettivo di vicende storiche lontanissime, come l'uccisione del re, divenuto troppo vecchio per governare, per mano del figlio destinato a sostituirlo. Secondo la ricostruzione di Vladimir Propp, in *Edipo alla luce del folclore*, la vicenda della successione regale si gioca sull'esistenza di un unico posto intorno al quale scatta una competizione mortale.

Al momento della nascita del figlio il padre si sente, al tempo stesso, prolungato nella catena generazionale e ridimensionato nella sopravvivenza individuale. Nelle favole, la miseria umana tradotta in termini di miseria economica spinge i genitori ad accompagnare il figlio ancora bambino nel bosco e ad abbandonarlo alla mercé di quella natura misteriosa dalla quale era venuto. Anche la versione del mito di Edipo – che Freud ha posto al centro della psicoanalisi – inizia con l'abbandono dell'erede in quanto l'oracolo aveva profetizzato che avrebbe ucciso il padre Laio e sposato Giocasta, la madre. Desiderio di continuità e paura della morte si intrecciano indissolubilmente in una vicenda, come quella della nascita, che la convenzione sociale vuole totalmente positiva. Ma il «lieto evento» non è sempre e soltanto lieto.

Il figlio viene da lontano, da un progetto biologico metaindividuale, da un impulso pre-umano; spetta all'elaborazione psichica riconoscerlo come tale e immetterlo nel tempo della biografia e nell'intimità della fantasia.

Chi vuole un figlio?

Come sappiamo la connessione tra coito e parto non è immediatamente evidente. Manca tra i due eventi quella percezione di continuità nel tempo e contiguità nello spazio che ci fanno abitualmente riconoscere un nesso causale. Pertanto non ci deve stupire che le conseguenze procreative della sessualità siano state a lungo misconosciute e che ancora oggi in alcune società, cosiddette fredde, vengano tuttora ignorate.

Nella mitologia greca molti racconti attribuiscono agli dèi la generazione di umani e la stessa religione cristiana fa risalire a Dio la paternità di Gesù. Una paternità scissa in due componenti: il padre divino, lo Spirito Santo, che trasmette la forma (*pneuma*), e il padre umano, Giuseppe, che garantisce alla madre e al figlio statuto sociale e sopravvivenza economica. Di fronte a un'unica maternità stanno quindi due figure della paternità: l'una simbolica, l'altra naturale. La prima è atemporale, quasi impersonale. Spesso raffigurata sotto forma di colomba, di triangolo, di raggi luminosi o di un cartiglio sul quale sono tracciate le parole creatrici del Verbo, rappresenta il momento misterioso dell'origine della vita, l'*incipit* di quello che sarà il figlio meraviglioso, il compimento del sogno. La seconda, la paternità umana, ritratta secondo lo stereotipo del vecchio padre di famiglia, si svolge invece nel tempo storico e interagisce con le vicende della sua epoca: Giuseppe veglia sullo sviluppo del figlio sia garantendogli la sopravvivenza (la fuga in Egitto) sia promuovendo il suo sviluppo sociale.

Ma quando Gesù muore, solo Maria si trova con le pie donne ai piedi della croce. Solo la Madre riprende su di sé, nel proprio grembo, il carico del figlio morto, tornato bambino. L'immagine della Maternità trionfante e quella speculare della Pietà dolorosa rivelano un desiderio femminile di possesso del figlio, di reincorporazione del generato, che non ha mai smesso di tendersi tra i due poli dell'inizio e della fine.

Se la paternità naturale di Giuseppe viene esplicitamente negata, quella simbolica, dello Spirito Santo, è fortemente metaforizzata. Maria non è la sposa del Padre, né la moglie di Dio, ma una fanciulla che, ancora vergine, riceve in sé, con sgomento, la vita. Non le è stato chiesto alcun assenso e lei risponde con un atto di passiva sottomissione, di adeguazione a un disegno imperscrutabile i cui fini le sfuggono. Ma ne percepisce l'intenzionalità profonda perché è consonante con il suo desiderio inconscio: dare alla luce, senza alcuna reciprocità coniugale, il frutto divino della sua intrinseca generatività. Un desiderio di tutte le donne, cui il mito biblico conferisce uno straordinario riconoscimento. Nella scissione tra simbolico e reale, la paternità del Messia si allontana e si indebolisce perdendo, almeno inizialmente, la pregnanza della sua funzione, mentre la maternità si rinsalda nella concretezza del corpo gravido e si diffonde nella grandezza di una prospettiva escatologica. Nel vangelo di Luca (1, 46-56) si attribuiscono alla giovanissima Maria, in quanto madre del futuro Messia, straordinarie capacità profetiche. Il suo inno di ringraziamento, il *Magnificat*, celebra un Dio di giustizia, come se l'avvento del figlio portasse con sé la forza morale e la potenza intellettuale per prospettare un mondo ideale.

Anche nel sogno la diade madre-figlio presenta un carattere assoluto e il padre o non compare o svolge una funzione marginale. L'immaginario femminile non si lascia però facilmente cogliere, solo il lavoro analitico riesce a captare il desiderio inconscio che lo anima. A livello cosciente, infatti, tutta una serie di stereotipi sociali e di atteggiamenti mentali, sollecitati e confermati dalla cultura, funziona da copertura, nascondendo la scena segreta, immobile nel tempo, della generazione virginale, dietro le quinte, variamente illustrate, delle ideologie dominanti.

Nella nostra società lo stereotipo sociale più forte riguarda l'autodeterminazione, la convinzione che un figlio possa nascere se e quando si vuole, ignorando la spinta delle pulsioni che provengono dal corpo, l'incidenza dei desideri elaborati dalla psiche e la «forza del destino» che esprime il senso della storia familiare.

Da una serie di colloqui, condotti con una cinquantina di giovani madri al primo figlio, è risultato che quelle di loro che vivono in comunità rurali avvertono con insofferenza i condizionamenti operati dalla famiglia estesa sul loro desiderio di maternità. Spesso rimproverano alla suocera di aver affrettato, con le sue impazienti richieste, la decisione di mettere al mondo il primogenito.

Di contro, quelle che risiedono in centri urbani considerano la loro maternità frutto di una decisione razionale e ponderata, condivisa esclusivamente con il partner, senza interferenza alcuna. Benché il successivo colloquio metta in luce molte contraddizioni, la convinzione di aver operato una scelta autodeterminata rimane invariata.

Nel primo gruppo, il divario tra la mentalità contadina delle famiglie d'origine e l'ideologia dominante rende percepibili quei condizionamenti esterni che nel secondo gruppo, inserito in un sociale coeso, rimangono invece inavvertiti. La cultura ufficiale, infatti, fornisce non poche motivazioni a favore della tesi volontaristica. In tal modo cade la connessione tra il desiderio dei giovani sposi e quello dei loro genitori che, sebbene negato razionalmente, continua ad agire inconsciamente. Accade così che, divenuti padre e madre, razionalizzino a posteriori la decisione di fare un bambino, che si è imposta da un altro luogo della mente, sulla spinta di esigenze assai lontane rispetto a quelle riconosciute e apertamente teorizzate. D'altra parte la totale assunzione di responsabilità è funzionale a un'attesa affettivamente positiva oltre che alla valorizzazione del nuovo nato, soprattutto in una società frammentata e dispersiva dove, venuto meno ogni senso comunitario, ciascuno si racconta da solo, costruendosi una storia di famiglia intorno alla rassicurante centralità dell'Io e del mio. Come sostiene Egle Becchi nella fondamentale *Storia dell'infanzia*, ogni civiltà ha elaborato ideologie volte alla salvaguardia della riproduzione e al consolidamento dei legami parentali. Fattori economici ed elementi culturali interagiscono però sulla natalità secondo modalità più problematiche del previsto. Non sempre una società del benessere si accompagna a un incremento delle nascite né una propaganda demografica ottiene sicuramente il suo scopo.

Se la rivoluzione industriale ha comportato un incremento della popolazione senza precedenti, le attuali società avanzate registrano un modello a bassa natalità. In ogni caso il calo demografico è analogo a Parigi, nel Veneto e nei paesini dell'Umbria.

L'interazione tra l'istinto da una parte (che si presume immodificabile), l'economia e la cultura dall'altra, non dà ragione degli eventi demografici se non si tiene conto dell'interpolazione dell'immaginario, dell'esistenza di contenuti psichici inconsapevoli ma non per questo meno determinanti.

La loro incidenza rimane nascosta perché si studia la generazione umana solo attraverso le sue realizzazioni, ignorando tanto i vissuti che la preparano quanto la sua forma negativa, ovvero la sterilità. Se l'attesa di un figlio enfatizza le componenti decisionali, la sterilità evidenzia invece l'aspetto irrazionale, impersonale del desiderio di paternità e soprattutto di maternità.

È vero che la società attuale non colpevolizza né sottovaluta, almeno nei suoi ambienti più evoluti, la donna senza figli, tuttavia quest'ultima può avvertire ugualmente una menomazione narcisistica lancinante. Sebbene non sia più necessario includere nella propria identità la componente materna e una donna possa sentirsi tale anche senza essere madre, non possiamo negare che la sterilità involontaria costituisce una delle prove più difficili da superare.

È però ben diverso da un lato rifiutare la maternità perché non rientra nella propria prospettiva di vita e dall'altro non riuscire a realizzarla nonostante lo si desideri. Solo quest'ultima alternativa corrisponde all'esperienza psichica di sterilità, quella che ci proponiamo di analizzare in quanto costituisce l'immancabile antecedente della fecondazione artificiale. Molte volte si confondono le due condizioni esistenziali, provocando una torre di Babele che non giova certo alla costruzione di un pensiero femminile sulla femminilità. Sappiamo che il desiderio investe solo ciò che non si ha e che la mancanza che lo alimenta può rinfocolarlo sino a renderlo pervasivo e totalmente coinvolgente. Pur riconoscendo che la sua condizione favorisce il successo professionale, la mobilità sociale, la disponibilità a se stessa, la donna diagnosticata sterile si sentirà privata nell'essere con una intensità che non trova negli altri adeguato riconoscimento.

In un editoriale di qualche anno fa, Rossana Rossanda, una delle intellettuali più attente alla riflessione delle donne, commentando il fatto di non aver avuto figli, si definì «sterile come una canna», una metafora biblica che attribuisce a una inadempienza naturale il senso di una condanna morale. Il corpo femminile che si vede negata la fertilità si percepisce come secco, arido, freddo, soggetto a una punizione assurda per una colpa imperscrutabile. Quando cade ogni speranza di divenire madre, sembra alla donna che il mondo non abbia più bisogno di un organismo pervicacemente occluso alla trasmissione delle generazioni. La vita, e di conseguenza gli avvenimenti storici che essa porta con sé, fluisce fuori dai suoi confini somatici, ignorando la sua disponibilità ad accoglierla, come accade a un isolotto sabbioso che la corrente del fiume contorna passando oltre. La donna sterile che descrive la sua frustrazione ricorre poco al gergo culturale al quale siamo abituati. Sembra che le categorie psicologiche siano deboli e insufficienti a esprimere un'esperienza di spossessamento che si radica nella più esclusiva intimità e al tempo stesso eccede l'individualità. La difficoltà di prendere la parola riduce le donne sterili a comparse del proprio dramma.

Chi vuole la maternità, la programma, la calcola, l'amministra, è il soggetto parlante, che enuncia e persegue la sua volontà, ma a mettere in moto il processo generativo, a costo della sofferenza e talora della vita, è il desiderio inconscio che esprime l'incidenza dell'economia della specie nella biografia individuale. Come nell'episodio emblematico di Maria, Vergine e Madre, la fecondazione richiede un gesto di obbedienza, un assenso all'ignoto. Un tempo il mistero della natalità era valorizzato dal riconoscimento del sacro, inteso come inserzione di un evento verticale nel fluire orizzontale del tempo storico. Ma ora questa dimensione, del tutto misconosciuta, è stata sostituita da un «io voglio» che incontra i suoi limiti proprio nelle esperienze della sterilità e dell'aborto, nelle quali si manifesta, con particolare intensità, la natura contraddittoria e conflittuale del desiderio umano. Il corpo non accetta la gravidanza finché l'inconscio è in contraddizione con altri desideri della persona e li ostacola. Come scrive Ute Auhagen-Stephanos, a proposito della sterilità: «La paura inconscia del bambino desiderato è un anticoncezionale sicuro».[6]

È comunque interessante osservare, tornando alla storia di Maria che, appena la fanciulla ha ricevuto dall'arcangelo Gabriele l'annuncio della propria maternità, corre a casa della cugina Elisabetta la quale, ormai anziana, attende, dopo molti anni, il primo figlio. Secondo alcuni calcoli biblici Maria ha dodici anni, Elisabetta novanta. Ma, per dirla nel gergo ospedaliero moderno, le due primipare, la precoce e la tardiva, sono unite dalla stessa felicità perché in ogni caso la maternità rappresenta un trionfo sulla sterilità. Se l'angoscia maschile si concentra, come sostiene Freud, sulla minaccia della castrazione e quindi dell'impotenza, quella femminile si manifesta soprattutto nel timore della sterilità, una minaccia che sin dalla pubertà getta un'ombra inquietante sulla evoluzione della sua sessualità.

Appena Maria incontra Elisabetta, questa si avvede del suo stato perché il feto che reca in grembo, il futuro Giovanni Battista, sobbalza di gioia dentro di lei. Gesù e Giovanni non sono ancora nati ma già esistono e comunicano attraverso le reazioni che intrattengono con le loro madri. Essi partecipano degli eventi del mondo esterno perché il pensiero femminile, che li contiene e li anima, li proietta fuori dagli angusti confini del grembo. Un pensiero, quello materno, che non è mai generico ma sempre relato a una presenza che può essere immaginaria, reale oppure intermedia tra i due stati, come accade appunto nel corso della gestazione quando il figlio c'è già e non c'è ancora.

Nel linguaggio comune di una donna sterile si dice che «non ha avuto figli», in realtà ciò che le manca non è un bambino qualsiasi ma il suo, quello che lei ha da sempre ideato e amato. Quando porta la sua sofferenza in un ambulatorio medico, questa stessa donna esprime una privazione nell'ordine del giorno che reclama una generica compensazione («vorrei *un* figlio»), ma anche una pienezza nell'ordine della notte che richiede una precisa realizzazione («voglio il *mio* bambino!»). Per questo il suo atteggiamento può talora oscillare, a seconda dei momenti, dalla depressione alla maniacalità.

L'ospite più atteso

«Avverto talvolta uno strano silenzio nella stanza, come se qualcuno se ne fosse andato da poco o stesse per arrivare. Questo silenzio mi chiama: sento che il mio bambino non c'è, non è mai nato, ma è come se, in qualche modo, fosse lì accanto a me o dovesse sopraggiungere da un momento all'altro.»

Sono parole balbettate da una donna sterile nel corso di una psicoterapia che cerca di elaborare la sua angoscia. Nel suo vissuto il silenzio si configura nello stesso tempo come assenza e come presenza; il mutismo e la domanda, connettendosi, delimitano, tra i due estremi, il luogo di una mancanza.

Per comprendere il senso dell'esperienza femminile di sterilità non basta rappresentarla in termini di grembo «vuoto», contrapposto al «pieno» di quello gravido. Dobbiamo per prima cosa distinguere l'inesistenza dall'assenza. L'inesistente è ciò che non è mai giunto all'essere; l'assente, di contro, si staglia su uno sfondo di presenza e, mentre lo nega, lo afferma al tempo stesso. Pensiamo all'appello scolastico: nella sequenza dei cognomi qualcuno non risponde, è l'assente, ma la sua condizione si basa su di una supposta presenza, altrimenti non sarebbe valutabile come tale. È assente non chi non ha mai fatto parte di quella classe, ma chi è contraddistinto da una casella bianca nell'insieme di coloro che ci sono.

Ora lo statuto della donna sterile può essere definito come assenza di figlio, mai come inesistenza. Il bambino infatti, è questo il senso della mia tesi, preesiste alla maternità reale e non si esaurisce con essa. Il grembo materno può essere vuoto, mai la mente. Prima di esistere nel corpo il figlio vive nell'immaginario inconscio da dove nulla potrà espellerlo. Talora la ragione lo esilia dal pensiero diurno, ma la sua imago continua a vagare nei boschi del pensiero notturno. Questa radicale distinzione ci permette di comprendere la qualità specifica dell'esperienza femminile di sterilità che è simile al lutto, benché non ci sia alcun estinto.

Convivono, nella sterilità, due opposte esperienze: quella di mancanza di figlio nel reale e quella di presenza di figlio nella fantasia. La fallita realizzazione del sogno getta sull'oggetto fantasmatico l'ombra della malinconia, di contro il tentativo di reazione può assumere l'intensità della mania. Un'alternanza ciclica, questa, che si ripropone ogni mese, quando l'ovulazione rinnova quella speranza di fertilità che ogni mestruazione trasforma poi in delusione. La traccia del sangue simbolizza una ferita che il tempo non riesce a cicatrizzare.

Quando predomina l'aspetto malinconico, la donna sterile desidera morire per portare a compimento la cancellazione parziale di sé, per ricomporsi nell'unità di una mancanza totale. Quando prevale la mania, è spinta invece a individuare in qualsiasi bambino il suo oggetto, a positivizzare la sua privazione in un delirio di riconoscimento (si pensi al rapimento o all'acquisto di neonati).

Comunque, il bambino non nato c'è e non c'è al tempo stesso; la sua esistenza indeterminata e incollocabile costituisce una sfida alla nostra capacità di pensare, alle categorie chiare e distinte con le quali cerchiamo di definirci. I fantasmi inconsci, che risiedono in una zona intermedia tra lo psichico e il corporeo, sono infatti forme innate che organizzano i processi vitali. Di per sé sono sagome vuote e inerti ma si animano delle più elementari percezioni che il corpo ha di se stesso e si definiscono a contatto con le esperienze cognitive e affettive di ciascuno. Non accade infatti, secondo la psicoanalisi, alcuna percezione sensoriale, esterna o interna, senza una relativa ideazione mentale.

Se cerchiamo però rappresentazioni del corpo femminile elaborate dalle donne, partendo da sé, dal proprio sentire, ne troveremo ben poche. La mancanza di un «sesso da vedere», che contraddistingue la bambina nei confronti del maschietto, sembra infatti inibire la pulsione scopica, il voyeurismo femminile. Il suo corpo le rimanda la percezione di un sesso mancante, di un «sesso che non è un sesso». Solo analizzando i contenuti del sogno o gli enigmi del sintomo possiamo scoprire che la femminilità cerca inconsciamente i suoi còdici e le sue figure. Ma, nella nostra cultura, la rappresentazione che la donna ha di se stessa è mediata dall'ottica maschile: è più un corpo visto dall'altro che sentito nella sua interiorità. Il desiderio maschile, anche per sostenere la sua priorità e superiorità generativa, configura il corpo femminile come vuoto, come mancanza che chiede di essere riempita, come un contenitore plastico che deve essere modellato.

Ciò che viene totalmente misconosciuto è l'esistenza di una forma femminile in sé e per sé, di un modello interiore del processo materno, di una conoscenza endogena del corpo sessuato.

Si vuole la donna vuota nel corpo e nell'animo, assente a se stessa, passivamente arresa, proprio nello specifico materno, al sapere e al potere dell'altro.

Ma la femmina dell'uomo, se non vogliamo negare la nostra appartenenza al regno animale, deve avere, oltre alla percezione di un corpo anatomicamente predisposto alla maternità, una consapevolezza, per quanto indefinita, del processo e del prodotto generativi. Ma questo corredo istintuale sembra pressoché cancellato dal processo di civilizzazione. Ne *Il bambino della notte* ho avanzato l'ipotesi che il sapere generativo della donna sia stato travolto da una «catastrofe fredda» avvenuta nella notte dei tempi: la perdita dell'estro. La femmina dell'uomo è infatti l'unico mammifero che, non registrando i mutamenti endocrini del suo organismo, si sia resa sempre disponibile all'accoppiamento. Nella maggior parte dei casi le donne non sono neppure in grado di registrare l'avvenuta fecondazione e il conseguente inizio di una gestazione. Saranno poi segnali esterni, prodotti dai reattivi chimici, a informarle di una condizione che, a loro insaputa, ha radicalmente rivoluzionato il precedente equilibrio ormonale. Tutto procede come se non fossimo a conoscenza di quanto avviene dentro di noi, tanto che il parto stesso giunge quasi sempre inaspettato e senza che la gestante sappia, da sola, come farvi fronte.

Dove vi era uno spontaneo «saper fare» subentra un necessario apprendimento. Si pensi ai corsi di preparazione al parto, durante i quali si recupera, per prove ed errori, una competenza femminile misconosciuta dalla cultura maschile. Tempo fa sono rimasta stupita osservando, in una grande maternità milanese, un centinaio di gestanti che ascoltavano compunte tre ginecologi i quali, da una cattedra, spiegavano loro come avrebbero dovuto partorire. Tuttavia tracce di un originario sapere, nonostante le interdizioni che colpiscono le spontanee rappresentazioni femminili, permangono in fantasie segrete e indistinte.

Quando prevalgono i vissuti negativi della maternità, emerge nella fantasia e nel sogno l'immagine inquietante di un figlio «mostruoso». In un certo senso la frequente trasfigurazione del bambino in animale può costituire, in una cultura ad alto indice di sensibilità ecologica, il tentativo di proteggerlo come un esemplare «in via di estinzione». Ma la figura distorta, imbruttita, sminuita assolve anche ad altre funzioni perché mette la donna al riparo dalla paura dell'onnipotenza, del successo, nonché dalla gelosia e dall'invidia delle altre donne. Sappiamo che la superstizione ci ingiunge di celare il valore di ciò che possediamo dietro una cortina di finta svalutazione al fine di proteggerlo dagli attacchi distruttivi.

In questi ingenui meccanismi di difesa è soprattutto il conflitto con la madre che si rivela. Un tempo la bambina ha invidiato la creatività del corpo materno e ha desiderato distruggerne i prodotti, soprattutto gli eventuali bambini. Per la legge del taglione che vige nell'inconscio si attende ora un'analoga ritorsione nei confronti del proprio bambino. Un'aspettativa che la fantasia si incarica di realizzare attraverso configurazioni perturbate, che al tempo stesso scongiurano e attuano la vendetta materna, secondo la coesistenza dei contrari che domina il sogno. Questo «teatro nero» dell'inconscio femminile è stato colto e rappresentato da produzioni di lunga durata del mito, e della favola.

Abbiamo già incontrato, nella storia della cultura, il bambino divino, l'infante angelicato. Ad esso va però affiancata un'altra figura complementare, quella del bambino mostruoso: alto un pollice; con la testa d'asino; animaletto antropomorfizzato; diavoletto notturno; burattino animato; robot in miniatura, come E.T. l'extraterrestre familiarizzato. In ogni caso è l'alieno, l'altro del bambino luminoso che pur abita la mente materna. Le elaborazioni, idealizzanti o deformanti, del fantasma originario dimostrano il lavorio che la società, nella forma della valorizzazione o dell'interdizione, opera sull'istinto di riproduzione per esternarlo e controllarlo.

Ciò che ogni comunità teme è che la donna instauri con il suo prodotto un rapporto esclusivo, che neghi il possesso paterno del bambino. L'esistenza di legami solo naturali è sentita come distruttiva del suo assetto simbolico, come un ritorno alla promiscuità animale dalla quale l'umanità si è affrancata tramite il divieto dell'incesto, una Legge che introduce il massimo di lontananza – tra genitori, figli e fratelli – proprio là dove regna il massimo di prossimità e somiglianza: in primo luogo tra la madre e il suo neonato.

Le due caratterizzazioni, del bambino meraviglioso e spaventoso, non si escludono a vicenda. Come rivela la fiaba è sempre possibile una metamorfosi dall'uno all'altro.

Dal canto suo la donna che sogna il bambino segreto è combattuta tra due opposte tendenze: tenerlo dentro di sé, proteggerlo, sottrarlo alla presa del sociale, da una parte; farlo, realizzarlo, condividerlo, immetterlo nell'economia dei doni e degli scambi, dall'altra.

Si deve tener conto, per valutare la diversa incidenza dei due desideri, che l'esistenza puramente allucinatoria di un oggetto è sentita come insoddisfacente dall'apparato psichico che tende, per la logica stessa del suo funzionamento, alla realizzazione delle mete pulsionali.

Dal bambino immaginario al figlio reale

Freud sa che tutti i bambini, equiparandola alla castrazione, rifiutano la femminilità e che pertanto maschi si nasce e femmine si diventa, ma gli sfugge l'esistenza di un femminile arcaico, non socialmente elaborato. Coglie la protesta sessuale del sintomo isterico, ma la riferisce alla difficoltà di liberarsi dei residui maschili connessi a un'originaria bisessualità di tutti gli esseri umani, anziché al desiderio di recuperare l'integrità perduta, gli originari contenuti del proprio immaginario. Per diventare donna ogni bambina deve rinunciare all'autosufficienza del narcisismo, abbandonare quegli aspetti fallici che sente così socialmente valorizzati per identificarsi con l'immagine che l'altro le attribuisce. Solo divenendo riconoscibile come possibile partner, può partecipare agli scambi sessuali che richiedono il riconoscimento di una mancanza reciproca.

Ma la bambina è talmente compiacente alla spoliazione delle sue configurazioni interiori che tutto il processo perde di drammaticità. Niente di analogo alle infinite manifestazioni d'angoscia provocate nei maschietti dal timore di castrazione. Lei si lascia depauperare dolcemente perché le piace il gioco seduttorio di ricevere un dono dall'altro, di sentirsi risarcita del nulla che possiede. Sa che nel dare e avere un bambino si gioca, nonostante la raggiunta emancipazione, gran parte della sua iscrizione sociale. Spesso le donne si presentano, non con il loro nome e cognome, ma dicendo: «Sono la mamma di...», come se la loro identità dipendesse da quella del figlio.

Poiché la maternità, accettata o respinta, struttura l'identità femminile, le bambole non sono un gioco qualsiasi ma rappresentano una esperienza costitutiva. Nelle ultime generazioni questo gioco ha assunto però una configurazione diversa rispetto al passato. L'universale Barbie rappresenta un'identità narcisistica che prescinde dalle componenti materne. Tuttavia la preparazione a divenire madri persiste, sebbene in forme meno visibili, più prossime al simbolismo del sogno. La piccola Ursula ha avuto come quasi tutti i bambini il giocattolo preferito, quell'oggetto intermedio tra il proprio corpo e il mondo che Winnicott ha denominato «transizionale», ma ora, a sette anni, il gioco del possesso si trasforma in quello della mancanza. Ogni sera, prima di addormentarsi, la bambina ama attardarsi in un piccolo rito domestico. Ritta sulla sponda posteriore del letto, fissando il materasso esclama: «Che bell'acqua limpida! Quasi quasi mi tuffo». Si getta a picco e, fingendo di esplorare il fondo marino, osserva stupita: «Ma che strano, non c'è nessun animale. Controlliamo...». Poi rimane sotto le coperte ad aspettare sinché le viene lanciato un animaletto di peluche tratto dalla sua numerosa collezione. Scoprire quale è sempre una fonte di sorpresa. Non importa chi sia il familiare che l'assiste nel gioco, purché mantenga la sequenza dei gesti. È agevole scorgere in questo rituale una fase della preparazione alla maternità, quella dello svuotamento del corpo, della cancellazione dei suoi contenuti fantastici.

Già in precedenza, verso i due anni, la bambina cerca di relazionare il suo fantasma di bambino, ma il tentativo cade sotto il divieto dell'incesto. Durante la fase anale, quando le feci sono investite di una straordinaria valorizzazione simbolica, la bambina le offre in dono alla madre. Ma il dono non viene riconosciuto e accettato e la piccola resta pertanto incerta sulla sua stessa «generatività». Sente che la maternità spetta solo alla madre, non a lei che è figlia. Un'esclusione dalla genealogia femminile che incide pesantemente sull'elaborazione dell'identità materna e che troviamo spesso come una delle possibili cause della sterilità psicogena. La successiva ripresa di questo tema nel gioco rappresenta simbolicamente quell'ammissione di mancanza che apre alla possibilità del dono, al riconoscimento dell'altro come detentore dell'oggetto del desiderio, alla gratitudine.

Sappiamo che il desiderio umano si realizza nell'incrocio con il desiderio dell'altro; senza questa condivisione vi è solo la chiusura psicotica o la presunta autosufficienza del narcisismo. Nulla di meglio quindi che il desiderio di maternità si connetta al desiderio di paternità dell'altro. Le donne però non conoscono altro modo per relazionare le pulsioni con quelle dell'altro sesso che il sacrificio del loro immaginario. Gli uomini, invece, hanno costruito un simbolico su misura, ricalcato sul proprio corpo, sulla rappresentazione delle loro configurazioni istintuali. Ma questa dissimmetria è troppo nota perché valga la pena di attardarsi ancora una volta a denunciarla.

Va detto però che la sterilità è, per la donna, molto più dolorosa che per l'uomo in quanto si tratta per lei di fallire un compito generativo più complesso, di non portare a compimento un programma vitale che impegna le sue energie a lungo termine. All'uomo sterile manca il figlio naturale, ma sappiamo che per il padre l'aspetto simbolico è determinante per cui l'adozione, con l'apposizione del nome di famiglia e la conseguente trasmissione generazionale, può appagare in gran parte il suo desiderio generativo. Per la donna viene a mancare, invece, la complessa vicenda della gestazione, del parto, dell'allattamento, quel cordone ombelicale che collega non solo madre e figlio nel corpo ma anche nel pensiero. Ammesso che la maternità possa essere realizzata con l'attribuzione legale di un figlio, magari appena nato, manca tuttavia il compimento di un versante non secondario del progetto materno.

Desiderio di gravidanza e desiderio di bambino non sono la stessa cosa. Possono procedere insieme ma rispondono a esigenze diverse. La gestazione permette infatti alla donna di recuperare l'originario rapporto con la madre, di sentirsi unita al feto con quella fusionalità che ha già sperimentato durante la sua vita prenatale e che permane in lei come motivo di una oscura nostalgia. E la rassicura anche di aver superato l'interdetto materno alla generazione, quel divieto inconscio che intende mantenerla per sempre nella posizione filiale. Dimostrare di saper «fare un bambino», oltre a confermare l'identità sessuale, le permette di vivere un senso di onnipotenza difficilmente sostituibile, di sentire avallata la sua capacità corporea e realizzati i fantasmi di pienezza generativa. Il grembo pregno non solo la rassicura di essere come la propria madre, capace, come lei, di contenere e di dare alla luce un bambino, ma la fa sentire anche completa come il maschio, di cui ha invidiato l'evidenza fallica. La gestazione, sconfiggendo la sterilità in modo manifesto, visibile, condividibile socialmente, colma quel senso di radicale mancanza che caratterizza l'identità femminile. Per quanto riguarda il passato, rappresenta un'esperienza di trionfo nei confronti di insicurezze, frustrazioni, conflitti che costellano ogni vita. Ciò non significa che non permangano ombre e paure, perché le dinamiche psichiche non sono mai a senso unico: le spinte evolutive si trovano sempre confrontate con tendenze involutive, fissazioni, regressioni, irrigidimenti difensivi.

Rispetto al presente, sentire che il rapporto sessuale ha raggiunto il suo intrinseco scopo, la fecondazione, conferma la coppia, la rende più unita e solidale, più aperta al futuro. L'io e tu dell'innamoramento si apre al noi della generazione che porta con sé il senso della storia e il sentimento della natura. Ciò nonostante la gravidanza, soprattutto la prima, costituisce un motivo di crisi: l'abbandono degli equilibri precedentemente raggiunti per costruirne di nuovi. Il corpo agile e sottile della fanciulla si appesantisce e si deforma sino a perdere le sue attrattive. Le energie fisiopsichiche della gestante si concentrano progressivamente sulla vita interna, con un ritiro narcisistico che sintonizza la madre con il feto ma la allontana dal marito. Si tratta tuttavia di una regressione funzionale a un salto in avanti perché, se la crisi viene superata, come accade nella maggior parte dei casi, l'identità femminile ne esce confermata, armonizzata e arricchita. Per tutte queste ragioni e passioni l'adozione non è totalmente equiparabile alla maternità, non la può sostituire perché, nel bene e nel male, è un'altra cosa.

L'infecondità tra scelta e destino

La sterilità si è sempre presentata, nella vita delle donne, come un destino ma, nelle ultime generazioni, ha assunto una configurazione diversa. Una condizione di temporanea infecondità medicalmente indotta viene infatti richiesta per l'esercizio della sessualità preconiugale da molte giovani. Le stesse che, a un certo punto della vita, chiederanno che il corpo sterile divenga improvvisamente fecondo. Con la stessa caparbietà con cui sono riuscite a non avere un figlio quando non lo ritenevano opportuno, pretendono di ottenerlo appena mutano le loro intenzioni.

La possibilità di diventare genitori è spesso legata a situazioni precarie (ora o mai più), spesso giunge all'ultimo minuto, quando la fecondità femminile è quasi al tramonto. Per cui il desiderio di maternità tende ad assumere una connotazione impaziente e frettolosa che non giova certo alla sua realizzazione. Oggi sono talmente cambiate le condizioni di vita che è difficile appurare se, biologicamente, la fecondità femminile sia minore rispetto a quella di un tempo. Di certo, però, il vissuto psicologico di infecondità si è fatto più diffuso e frequente, sino a costituire, almeno psicologicamente, un'emergenza epocale.

In risposta alla dolorosa privazione della coppia sterile la società ha da sempre contemplato due possibilità, che non si escludono a vicenda: la cura del corpo malato, soprattutto femminile, e l'adozione. La prima è gestita dalla medicina, la seconda dal diritto civile. È evidente che, mentre l'offerta di una terapia che ripristini la capacità procreativa interpreta soprattutto il desiderio materno, la proposta di ricomporre la trasmissione generazionale interrotta incontra in particolare il desiderio paterno.

Anche la domanda di maternità della donna sterile può rivolgersi all'adozione, ma non prioritariamente né necessariamente. Prima dovrà accettare la preclusione che il destino le ha decretato ed elaborare il lutto del bambino mai nato, dell'immagine che conserva dentro di lei, nel suo corpo, nella forma fantasmatica del «bambino della notte». Senza questo processo interiore rischia di protrarre un'attesa che non sarà mai esaudita. Per accogliere senza remore il bambino adottato occorre che il suo predecessore, l'immagine inconscia che organizza la predisposizione generativa femminile, sia stata congedata e che la coppia riconosca la propria mancanza e il proprio desiderio inappagato.

L'adozione si propone di realizzare l'incontro di due privazioni complementari che si appagano reciprocamente. Si tende invece a considerare il problema a senso unico, come se fosse solo il bambino abbandonato a trovarsi in stato di necessità, mentre i genitori adottivi rimangono nell'illusione di essere mossi da una generosità onnipotente. Accade al contraro che, a un certo punto della vita, si senta la necessità di qualcuno che abbia bisogno di noi. Un bambino in adozione è una risposta possibile, purché si riconosca che proviene da un altro uomo e da un'altra donna, da una storia che non conosciamo. Solo così il nuovo venuto sarà accolto per quello che è: un bambino che non *è* ma *diviene* figlio. L'atto di donazione di significato e di senso che subito dopo il parto eleva un neonato al rango di figlio accade anche nell'adozione, ma in tempi e modi diversi. Mentre nel primo caso è istantaneo, nel secondo ha bisogno che si stabilisca una relazione, tanto più complessa quanto più il bambino è grande. Il figlio adottivo potrà essere amato più e meglio di quello naturale, purché non lo si sovrapponga a una figura che non gli corrisponde. In caso contrario l'illusione rischia di trasformarsi in delusione, visto che nessuno può sostituire pienamente un'altra persona, soprattutto un'immagine idealizzata che non è mai stata confrontata con la realtà.

Mi sembra moralistico e poco rispettoso della complessità dell'esistenza umana il rimprovero di egoismo spesso mosso alla coppia sterile che chiede di essere aiutata a procreare dalle biotecnologie, invece che rivolgere domanda di adozione o di affido. Il bisogno che esprime è complesso, fatto di pulsioni, di desideri, di immagini, di storia personale e collettiva, di condizionamenti familiari e sociali, per cui ogni semplificazione è riduttiva.

Nel caso di fecondazione artificiale omologa, tra coniugi o conviventi, viene a mancare soltanto l'atto sessuale che avrebbe inaugurato la gestazione, ma il bambino è figlio di quell'uomo e di quella donna, della loro unione, a tutti gli effetti. Tanto più che i rapporti sessuali possono continuare, e di fatto continuano, anche durante i cicli di inseminazione indotta, per cui nessuno potrà mai sapere se quella gravidanza proviene dalla provetta o da un improvviso coito fecondo. Qualora si proceda invece con sperma oppure ovulo in donazione, il bambino che nascerà sarà solo a metà figlio naturale della coppia, per l'altra metà corrisponderà a un figlio adottivo.

Voler preservare, anche parzialmente, un legame di consanguineità non è un capriccio, ma un bisogno che va rispettato perché esprime esigenze profondamente umane, proprio nella loro complessità. Spesso si discute se diventare padre e madre costituisca un diritto o un dovere. Forse la domanda è mal posta: probabilmente rappresenta un esercizio di libertà e, come tale, va socialmente riconosciuto e sostenuto.

Reciprocità del desiderio

Finché la terapia della sterilità si è rivolta al corpo (tradizionalmente quello femminile) non sono sorti problemi etici. Ma ora la medicina più che curare mira a sostituire il processo generativo, a ottenere per altre vie il suo «prodotto». Per questo è stata definita, con una punta di moralismo, «medicina del desiderio», come se quello di guarire non fosse tale. Da sempre la medicina si è cimentata nella cura della sterilità, si può dire addirittura che sia stata la sua prima funzione. Oggi le biotecnologie sono però in grado di offrire, intervenendo in diverse fasi del ciclo procreativo e monitorandolo per tutta la sua durata, non già un corpo genitoriale risanato, ma un neonato, fatto e finito. Le modalità sono varie e complesse e le probabilità di riuscita scarse. Ma nell'immaginario della coppia sterile risuona questo messaggio: esiste un medico che può metterci tra le braccia il figlio che desideriamo, che può placare il paradossale dolore di un lutto senza perdita.

Di solito è la madre che si rivolge per prima a un ginecologo, cioè a un esperto della fisiologia e patologia dell'apparato riproduttivo femminile. L'incontro, che avviene in uno studio medico, pubblico o privato, attua la convergenza di due desideri: *avere* un bambino da parte della donna e *fare* un bambino da parte del medico. I protagonisti di questo progetto, benché occupino posizioni diverse e dissimmetriche, possono comprendersi, nel senso più profondo del termine, in base a una comune, originaria esperienza. La prima identificazione è infatti per tutti, maschi e femmine, quella con la madre. «Essere la madre», tutt'uno con lei, costituisce il vissuto inaugurale dal quale si divaricano poi i differenti percorsi di identità sessuale. Per la bambina si tratterà di individualizzarsi pur restando come la madre, per il bambino di differenziarsi senza tuttavia negare le proprie componenti femminili. Tra queste, un desiderio di gravidanza e di parto che potremmo chiamare, analogamente all'invidia del pene, invidia dell'utero.

Nel momento in cui il ginecologo incontra il dolore e il desiderio di una donna sterile, come potrebbe accoglierlo empaticamente, se non riattivando l'originaria identificazione con la propria madre? Solo il medico che riconosce la sua parte femminile e che non ha paura di ammettere le componenti fantastiche del suo pensiero sarà davvero un terapeuta della sterilità umana – sindrome del corpo e dell'anima – e non soltanto un tecnico della fecondazione veterinaria.

Nel loro convergere lungo percorsi diversi sul medesimo progetto, il medico e la sua paziente sono sostenuti da potenti rappresentazioni culturali, che interagiscono in vari modi con le loro immagini inconsce.

In ogni caso, tanto nel desiderio di avere quanto in quello di fare un figlio, si incontrano, se non vengono negate da un astratto ideale di impassibilità scientifica, intense passioni. Come accade in ogni vissuto passionale, l'obiettivo coinvolge il corpo e la mente, la coscienza e l'inconscio, il passato e il futuro, l'individualità e le sue relazioni, le fantasie personali e quelle collettive, il sapere e la verità. Soltanto che il potenziale emotivo che unisce la paziente al medico sino alla complicità viene misconosciuto dall'ideologia dominante che considera la donna che chiede una fecondazione medicalmente assistita un'ammalata come tante altre, e il medico che l'assiste uno specialista tra i molti. Ridurre l'incontro al rapporto esplicito medico-paziente serve a controllare le emozioni in gioco, con il rischio però di non riconoscerle.

Ma il rapporto medico-paziente non è mai obiettivo e spassionato, tanto meno quando affronta, come nelle biotecnologie, la vita e la morte in presa diretta, anziché indugiare nella zona intermedia della malattia. L'importante è riconoscere l'esistenza di intense dinamiche affettive, non per devitalizzarle, ma per tenere sotto controllo i fattori irrazionali, magici e onnipotenti che innervano ogni esperienza passionale. L'ansia della donna sterile è sovente così forte, emotivamente pregnante, diretta, inelaborata, connessa al pensiero infantile, che qualsiasi medico degno di questo nome si preoccupa prima di tutto di moderarla. Si dispone pertanto all'ascolto di una parola che, nella forma del controllo razionale, dell'irruenza o del silenzio convoglia un magma incandescente di disperazione e di speranza. Per ridurre l'impazienza della coppia, è solito prospettare tempi lunghi, difficoltà, alternative, costi e rischi, tra cui quello di un totale insuccesso. Cerca in questo modo di trasformare un desiderio inconscio, retto dal principio di piacere («voglio tutto subito») in una richiesta responsabile, sulla quale sia possibile stipulare un'«alleanza terapeutica».

Il termine non è tratto a caso dal lessico psicoanalitico perché l'incidenza delle passioni rende l'ambito delle biotecnologie per certi versi prossimo a quello delle psicoterapie, per cui un confronto e uno scambio tra le due competenze, tendenzialmente rivali nel privilegiare l'una il somatico l'altra lo psichico, sarebbe comunque auspicabile. Sinora abbiamo considerato soprattutto il versante inconscio del desiderio materno, le sue pretese onnipotenti. Ma anche il desiderio di guarire che regge l'operare medico può assumere una modalità narcisistica. Quando si esprime nell'incondizionato «io ti salverò» (tipico dei terapeuti alle prime armi), viene pericolosamente a colludere con il desiderio materno in una logica che, come accade nel sogno, rifugge ogni limite. Molte operazioni spericolate, che hanno fornito materia di scoop, non nascono forse dal sonno della ragione?

Quando la tecnica rende possibile la traduzione del pensiero in azione, quando pensare è fare, dovremmo per prima cosa sospendere l'efficienza e interrogarci sul progetto complessivo, sulle motivazioni implicite che si sottendono a quelle esplicite. Nel caso di fecondità medicalmente indotta, lo stesso fantasma di «bambino meraviglioso» abita l'inconscio dell'aspirante madre e del suo curatore: per lei significa «un figlio a tutti i costi», per lui «un bambino in qualsiasi modo». Vi è in gioco un potere che non è solo biologico, ma anche immaginario, simbolico e sociale. Un processo di medicalizzazione che prende le mosse dal superamento della sterilità, dallo sforzo di vincere le sue inique inibizioni, coinvolge fattori emotivi apparentemente assai lontani dal piano della comunicazione razionale e cosciente.

Di certo non esiste una relazione interpersonale depurata da ogni ombra, bonificata da tutti gli aspetti irrazionali e non è il caso di pretendere da chi persegue un legittimo progetto generativo una condotta idealizzata sino alla santità. L'importante è sapere che non tutto si risolve sul piano delle dichiarazioni razionali e coscienti e procedere con sospetto, anche verso se stessi, soprattutto quando sono in gioco variabili così preziose come la vita umana e i suoi destini. Gli attori della procreazione assistita, siano essi dalla parte dei pazienti o dei sanitari, costituiscono indubbiamente i soggetti dell'intervento. Ma da un altro punto di vista debbono considerarsi oggetti di un'indagine che essi rivolgono ai loro desideri con la sapienza che deriva da quella plurisecolare pratica introspettiva, etica e terapeutica a un tempo, che Foucault chiama la «cura di sé». Non penso che il ginecologo e la coppia che collaborano per far nascere un bambino vadano necessariamente sdraiati sul divano psicoanalitico, ma che possa agire, nei loro confronti, quell'attenzione critica che esprime gli esiti più maturi del razionalismo occidentale.

Ogni tecnica tende ad autofondarsi e autogiustificarsi, tuttavia l'impersonale immediatezza delle sue soluzioni non deve trarci in inganno. La risposta alla sterilità è andata oltre la domanda, ha prevaricato i suoi intenti, si è dimostrata più efficace di quanto la medicina tradizionale avesse prospettato. Come tale richiede un atteggiamento più avvertito, una sensibilità particolarmente affinata, una responsabilità più ponderata perché non coinvolge solo il paziente e le sue relazioni attuali, ma la trasmissione generazionale stessa, sottratta alla sua autonoma concatenazione. A chi contesta la procreazione assistita equiparandola, come premesso, alla «medicina del desiderio», direi anche che il termine «desiderio» è ambiguo visto che si applica tanto a chi chiede di modificare esteticamente la curva del naso, quanto a chi reclama l'attuazione di potenzialità che fanno parte del progetto vitale e pertanto della libertà di ogni persona che venga al mondo.

«Desiderio» per la psicoanalisi è la forma tipicamente umana del bisogno di sopravvivere e procreare che esiste in ogni essere vivente. Perché il bisogno che proviene dal corpo sotto forma di pulsione, di spinta ad agire, si umanizzi, occorre però che si instauri una relazione interpersonale che non si riduca alla presa prevaricante o ritualizzata dell'accoppiamento animale. Il desiderio nasce infatti dalla cognizione, estremamente precoce, che nessuno basta a se stesso e che l'appello all'altro costituisce l'unica modalità con la quale possiamo affermare la nostra identità. Il desiderio, a differenza del bisogno, vuole essere riconosciuto ancor prima che appagato, solo così infatti può tradursi in domanda condivisa. Nulla è più devastante del suo misconoscimento.

Perciò non rispondiamo alle coppie sterili che chiedono un figlio che la loro domanda è giusta o sbagliata, che potrebbero sostituirlo con un bambino in adozione o in affido, che farebbero meglio a dedicarsi al volontariato o a qualche altro progetto di utilità sociale, né tanto meno che potrebbero vivere molto meglio da soli. Vogliono generare, diventare per quanto possibile padre e madre di un bambino nato dalla loro relazione che è sessuale e pertanto corporea, oltre che psichica. Vogliono un bambino che assomigli sia pur parzialmente a loro, che porti in sé elementi del loro patrimonio genetico. Riconoscerlo come figlio sarà più facile se avrà gli occhi della mamma, i capelli del padre e il carattere del nonno. Prima di giudicarli, cerchiamo di ascoltarli in modo partecipe, non prevaricante. Se sapremo comprenderli, nel senso di prendere dentro di noi il loro desiderio e il loro dolore, molto sarà stato fatto.

Esiste ormai una vasta letteratura che segnala i pericoli psicologici di un desiderio di figlio mal elaborato, che ricostruisce i nessi che lo legano a particolari conflitti infantili, ma questo non ci autorizza a equiparare ogni domanda di fecondazione indotta a un sintomo. Al tempo stesso è inutile e impossibile condannare le biotecnologie in nome di un'astratta «sacralità della vita» perché esse sono innanzitutto esperienze relazionali, vissuti comunicativi. Il desiderio del medico di curare prende corpo in risposta a una domanda che si appella non soltanto al suo sapere ma anche alla sua capacità di com-patire. La ragione conoscitiva e trasformativa che lo anima è strettamente connessa alle emozioni e agli affetti, che sono sempre interattivi.

È perciò sul reticolo di scambi prossimi e distanti, attuali e futuri, che siamo chiamati a riflettere, non su valori anonimi e impersonali. Nella interconnessione dei desideri troveremo il primo sbarramento che la ragione incontra quando il suo procedere rischia di non riconoscere limiti e di sconfinare così nella sragione. Che è sempre solipsistica, o meglio narcisistica, come Freud definisce la psicosi. Dal momento in cui teniamo conto non solo e non tanto dell'individuo, della sua felicità, dei suoi interessi personali, quanto della sua appartenenza a un campo di relazioni attuali e potenziali, che si estendono nello spazio e si proiettano nel tempo, le coordinate dell'agire bioetico sono già delineate. In questo quadro si tratterà di procedere insieme, secondo quella modalità responsabile che calcola, considerando tutte le variabili in gioco, la massimizzazione del bene e la minimizzazione del male.

Fermati al bivio!

Il bivio, posto alla divergenza di due strade, rappresenta una delle più antiche metafore della scelta. Per la coppia sterile il bivio consiste nel rivolgersi, per ottenere un figlio, al tribunale civile o a un ambulatorio medico, pubblico o privato che sia. I due itinerari sono diversi per ambiente, figure professionali, lessico, atteggiamenti e finalità che intendono perseguire.

Facciamo il caso di una coppia che abbia già sondato tutte le possibilità, compresa quella della fecondazione omologa, e che non abbia altra scelta se non ricorrere alla donazione di gameti o all'adozione, alla richiesta di un figlio che le giungerà parzialmente o totalmente da altri. L'istituzione sanitaria risponde alla sua domanda come se un corpo malato, perciò sofferente, chiedesse di essere curato e per quanto possibile guarito. Il tribunale prende invece in esame un'istanza inoltrata da cittadini che ne hanno diritto e la valuta innanzitutto dal punto di vista della correttezza formale, nonché della presenza dei requisiti richiesti dalla legge.

A questo punto, però, l'ufficio adozioni anziché ottemperare alla loro richiesta apre una vera e propria indagine valutativa. Mentre nessuno chiede ai genitori naturali di dimostrare particolari requisiti di idoneità, quelli adottivi vengono indagati dal punto di vista fisico, psichico e ambientale e giudicati più o meno adeguati rispetto al ruolo genitoriale che intendono assumere.

In entrambi i casi, in quello affrontato dall'ospedale come in quello esaminato dal tribunale, è in gioco il futuro di un bambino. Ma nell'ambito medico si dà per scontato che il desiderio dei suoi genitori sarà una garanzia sufficiente a tutelarlo, mentre lo stesso desiderio, in sede civile, sarà sottoposto al vaglio severo di delicatissime indagini. Il tentativo di vincere la sterilità con un figlio «per decreto» è visto con sospetto, mentre il figlio della scienza è considerato analogo a quelli naturali e perciò da accogliere senza tanti problemi.

In entrambi i casi tutto procede come se desiderio e volontà, motivazione inconscia e conscia, determinazione del singolo e della coppia fossero univoci e inequivocabili. Sappiamo invece che sempre nel desiderio di diventare padre e madre intervengono molte variabili, talora in conflitto. L'ambito non è mai sgombro di equivoci, incertezze, contraddizioni, tanto meno quando è stato segnato dalla prova durissima della sterilità. Può darsi che l'impossibilità di avere un figlio esprima l'incapacità di amare un figlio, ma il sospetto della patologia non può estendersi a tutte le coppie sterili. A ben guardare tutto può trasformarsi in sintomo: la fame in bulimia, il sesso in erotomania, il lavoro in dedizione maniacale. La patologia è l'ombra di ogni comportamento umano ma, sino a prova contraria, dobbiamo presumere che ciascuno sia responsabile dei propri atti.

E questo vale tanto per chi varca la soglia del tribunale quanto per chi imbocca quella dello studio medico. Ma mentre nel primo caso accade che gli aspiranti genitori siano quasi criminalizzati, tanto è insinuante il sospetto che le loro motivazioni non siano sufficientemente disinteressate, nel secondo l'indagine si concentra sulla sfera somatica, in particolare sul corpo della donna, spesso dimenticando che le cause della sterilità possono essere maschili, della coppia, connesse alla sfera psichica di uno o di entrambi. Alla famiglia adottiva si chiedono standard così elevati che quasi nessun nucleo familiare sarebbe in grado di superarli, alla famiglia biotecnicamente assistita invece non si chiede nulla.

Per eliminare una differenza così radicale tra i due percorsi, mi sembrerebbe opportuno, prima di imboccare una delle due alternative, prevedere una sosta al bivio, un luogo dove le coppie sterili possano formulare una domanda che non sia già precondizionata dalla risposta, che non si esprima nel lessico medico o burocratico imposto dall'istituzione alla quale si sono rivolte. Mi sembra che il consultorio familiare potrebbe svolgere questa funzione preliminare: accogliere il desiderio di un figlio così come viene sentito ed espresso da coloro che lo stanno vivendo. In questo caso l'ascolto non sarebbe condizionato dalla risposta, ma aperto a tutte le soluzioni possibili: la fecondazione assistita, l'adozione, persino l'eventualità di rinviare tutto o di non farne nulla. Qui l'informazione potrebbe congiungersi con la formazione, con un'acquisizione di consapevolezza, responsabilità e sensibilità che difficilmente si può attuare in ambulatorio o in tribunale, l'uno retto dalla logica dell'efficienza, l'altro da quella della colpa.

Alcuni psicologi, come i francesi Michel Soulé e Serge Lebovici, propongono che la coppia sterile attivi contemporaneamente le due opzioni, quella della fecondazione indotta e quella dell'adozione. Sarebbe così possibile vagliare la loro reale disponibilità ad accogliere un figlio che sarà comunque, in parte o in tutto, estraneo al patrimonio genetico dei genitori e al tempo stesso evitare che l'insuccesso medico, piuttosto probabile, si risolva in una frustrazione troppo onerosa. Si tenga poi conto che talvolta il fatto stesso di disporsi all'adozione, forse perché aggira le interdizioni dell'inconscio connesse alla rivalità infantile con i genitori, i conflitti edipici, favorisce la nascita di un figlio naturale anche dopo molti anni di sterilità. Lo stesso può accadere per effetto di un transfert positivo con il ginecologo curante.

Non so se quella del doppio binario sia, in ogni caso, l'opzione migliore. Credo comunque che una riflessione preliminare, al riparo dall'automatismo della risposta, dall'ansia di agire così come dalla fretta di concludere, possa essere davvero utile. Molti vorrebbero attribuire al ginecologo questo compito, ma non credo che una sovrapposizione di ruoli sia agevole e opportuna, perché il medico ha una formazione che privilegia le cause organiche rispetto alle altre. Nell'eventualità che si ricorra all'aiuto di uno psicologo, sarebbe meglio interpellarlo prima che inizi il ciclo dei trattamenti. Infatti, se si intromette nel corso della cura, dovrà scontrarsi con il transfert, spesso esclusivo, che la coppia ha stabilito nei confronti del sanitario. Fra l'altro l'istituzione ospedaliera, per i tempi e i modi del suo stesso funzionamento, non costituisce certo il luogo idoneo a un ascolto disinteressato e partecipe, che non prevede a priori limiti di durata e metodo.

Accade, in certi casi, che sulla sterilità si verifichi una collusione di coppia per cui il legame si annoda intorno alla frustrazione generativa. Di conseguenza tutta la sfera della sessualità, con i suoi messaggi erotici, fantastici, emotivi, viene strumentalizzata alla fecondazione. Quando il controllo della temperatura basale, il calendario dei giorni fecondi, la risposta degli appositi reattivi chimici divengono «semafori» del rapporto sessuale, l'esperienza si immiserisce e perde di vitalità. Si tratta allora di ridare a entrambi i partner un'autonomia esistenziale che li svincoli dalla condivisione della sterilità, un'identità che non coincida con il senso della comune menomazione, di farli sentire integri nonostante l'impossibilità funzionale che incontrano.

Spesso il vissuto primitivo, assoluto e persecutorio, sperimentato dall'Io quando esaurisce la sua definizione nella sterilità, cessa appena si profila la possibilità di diventare genitori. Tempo fa, nel corso di una terapia, la paziente afflitta da molti anni di sterilità era rimasta improvvisamente gravida. La sua prima reazione fu di relativizzare l'esperienza precedente. «Adesso capisco» diceva «come si possa vivere anche senza essere madre e mi chiedo come ho potuto, per tanto tempo, non trovare nessun altro motivo di interesse. Da quando questa possibilità non mi è più preclusa mi sembra una delle tante occasioni che la vita ci offre: non l'unica.»

La realtà si incarica spesso di mettere in fuga gli incubi della fantasia, di ridimensionare la loro dilagante irruenza. Perciò introdurre negli incontri preliminari elementi di realtà può essere, in senso lato, «terapeutico». Nel consultorio, ad esempio, le coppie sterili che aspirano a diventare genitori potrebbero incontrarne altre che hanno variamente risolto il loro problema, che hanno già sperimentato sulla loro pelle tutte le difficoltà ma anche le gratificazioni del caso. Condividere e socializzare il grumo emotivo della sterilità, declinare la soluzione in tempi e modi diversi, rende la coppia più tollerante alla frustrazione, più disposta ad accettare soluzioni parziali. Solo in questo modo, attraverso un processo di formazione oltre che di informazione, il consenso che nelle migliori strutture sanitarie si fa sottoscrivere agli aspiranti genitori, nel momento in cui accettano di sottoporsi a un processo di fecondazione assistita, non si esaurirà nella semplice presa d'atto di dati medici e giuridici ma costituirà una vera e propria assunzione di responsabilità morale.

Si tenga poi conto che, dal punto di vista giuridico, il divario tra fecondazione eterologa e adozione tende a ridursi, berché di fatto le famiglie preferiscano tenere segreto il ricorso al donatore e dichiarare il bambino così concepito come un figlio proprio a tutti gli effetti.

Attualmente, per la nostra legislazione, ilbambino è sempre figlio della donna che lo ha partorito. Inoltre, il neonato concepito dalla donazione di un seme proveniente da uno sconosciuto va dichiarato come figlio naturale della madre e mai come figlio legittimo del marito o del convivente. Quest'ultimo potrà poi iniziare la procedura di adozione. Facciamo ora il caso, molto più raro, che una coppia sterile abbia fatto ricorso a un «utero a nolo», cioè a una donna che riceva il seme di un estraneo, soltanto per incubarlo e partorire un bambino che sarà dei committenti. Il figlio deve essere dichiarato come figlio naturale del padre e mai come figlio legittimo della moglie, che potrà, in un secondo tempo, iniziare la procedura di adozione.

Come chiarisce l'avvocato Annamaria Bernardini De Pace, esperta di diritto di famiglia, in Italia l'inseminazione artificiale, omologa o eterologa, è ritenuta lecita solo perché non espressamente proibita da alcuna norma. Il codice, invece, vieta ai coniugi di stabilire arbitrariamente se i figli debbano essere iscritti all'anagrafe come legittimi o naturali. La dichiarazione anagrafica deve essere per quanto possibile veritiera, tanto che esiste una norma che punisce chi altera lo stato civile dichiarando come figlio biologico chi non lo è.

Una recente sentenza ha affrontato chiaramente il problema in tutta la sua complessità. La sentenza riguarda due coniugi, che per ovviare a un matrimonio sterile, avevano fatto ricorso a un'anonima donazione di sperma. Era nato un bambino, denunciato come figlio proprio a tutti gli effetti. Ma dopo cinque anni il rapporto si deteriora, la coppia si separa, il piccolo viene affidato alla madre, mentre al padre vengono riconosciuti i consueti diritti e doveri. Senonché, dopo un certo tempo, la donna avanza in tribunale un ricorso chiedendo che i diritti del padre vengano ridimensionati, dato che il bambino non è, almeno biologicamente, suo figlio. Secondo il tribunale entrambi i coniugi sono colpevoli perché la madre avrebbe dovuto dichiarare all'anagrafe il bambino come figlio naturale di padre ignoto, dopo di che il marito avrebbe dovuto inoltrare domanda di adozione al tribunale per i minori. Poiché questo non è avvenuto, si è dato corso a una procedura di disconoscimento della paternità. È evidente l'effetto traumatico di questa disposizione, soprattutto sul figlio, ma, come afferma la sentenza: «È necessario preservarlo dal pericolo di traumi psicologici e chiarire i ruoli effettivi dei membri della famiglia (e in particolare del padre) a garanzia della genuinità dei rapporti affettivi». E del rispetto della verità.

Parte terza

Nascere nell'epoca della tecnica

IX

Tecnologie della fecondazione umana: perché ora?

> La società borghese moderna che ha creato per incanto mezzi di produzione e di scambio così potenti, rassomiglia al mago che non riesce più a dominare le potenze degli inferi da lui evocate.
>
> KARL MARX

Con martellante frequenza ci vengono presentati dai mass media, con toni concitati e scandalistici, casi di nascite tecnologicamente indotte secondo le più fantasiose combinazioni.

Il tutto viene enfatizzato come una nuova scoperta scientifica, come l'inarrestabile trionfo del progresso. In realtà le cose non stanno così.

Secondo alcune ricostruzioni storiche,[1] le prime manipolazioni eugenetiche sono coeve all'allevamento animale, alla selezione e combinazione delle caratteristiche ottimali delle specie addomesticate. Si fa menzione di inseminazione artificiale a uso veterinario nel Talmud (II secolo d.C.) e in un Codice arabo del 1322. Nel 1780 l'abate Lazzaro Spallanzani (1729-1799) verificò sperimentalmente la fecondazione artificiale sui mammiferi, riuscendo a inseminare meccanicamente una cagna. Qualche anno dopo, l'inglese John Hunter estese quelle scoperte alla specie umana, lasciando una memoria nella quale raccontava di avere fecondato artificialmente una sua paziente per ovviare a una malformazione genitale del coniuge che rendeva sterile il loro rapporto. Nell'Ottocento il milanese Paolo Mantegazza, uno dei più noti esponenti della medicina positivistica, formulava per la prima volta l'ipotesi di una banca dello sperma.

Da quando le tecniche di refrigerazione hanno permesso di conservare a lungo lo sperma, la fecondazione artificiale è divenuta uno dei cardini della zootecnia. Ma bisognava giungere alla seconda metà degli anni Settanta, dopo la nascita di Louise Brown in Inghilterra nel 1978, perché la fecondazione artificiale estesa agli umani divenisse una pratica di dominio pubblico.

Se adottiamo una prospettiva storica, ciò che ci appare (o meglio ci viene venduto) come una serie ininterrotta di scoperte scientifiche altro non è che un susseguirsi di perfezionamenti tecnici, senza che vi sia un reale avanzamento in termini di sapere e di potere.

Tanto che le terapie delle disfunzioni ginecologiche sono pressoché ferme agli anni Sessanta. E le ricerche sulla prevenzione della sterilità umana, che sappiamo in gran parte provocata da cause ambientali, sono quasi inesistenti.

Dobbiamo pertanto mutare il nostro approccio, riformulare il problema, e chiederci piuttosto come mai solo ora sia divenuta intellettualmente pensabile e moralmente accettabile l'estensione di tecniche veterinarie alla specie umana.

Da una parte le biotecnologie sono antiche come la civiltà, dall'altra si proiettano nel futuro sotto forma di ingegneria genetica. Data l'inarrestabile accelerazione della tecnica, il suo impersonale procedere, ho l'impressione che non ci resti molto tempo per pensare ed eventualmente prendere posizione. Dopo non vi sarà che la necessità dei fatti compiuti e l'ovvietà delle abitudini mentali. Sinora l'opinione pubblica ha accettato tutte le eventualità che le sono state presentate più con stupore che con preoccupazione, senza rendersi conto della ricaduta di conseguenze che ogni alterazione dei processi vitali comporta.

La difficoltà di assumere un atteggiamento critico nasce

dalla segreta complicità tra gli artifici della procreazione e il desiderio inconscio, come se le fantasie della notte avessero trovato nella tecnica il loro braccio temporale. Per cui le figure stesse del sogno, la straordinaria combinatoria onirica dei fantasmi notturni divengono, in laboratorio, risultati efficienti, prodotti reali attorno ai quali si definiscono nuovi ambiti specialistici e nuovi profili professionali. Nella società tutto questo attiva poi un mercato, fatto di scambi, di speculazioni, di competizioni, dove gli scoop giornalistici funzionano da volano. Si intrecciano così complessi legami tra industria farmacologica, offerta di servizi pubblici e privati, artificiosa attivazione di desideri e di speranze. Ne deriva un circolo vizioso che si alimenta da solo. Non è un caso che, una volta superati i tabù plurisecolari intorno alla nascita e alla morte, appena la generazione umana si è resa manipolabile come quella veterinaria, si è assistito a una straordinaria accelerazione e inversione di tendenza, per cui le applicazioni sull'uomo hanno preceduto in molti casi quelle sugli animali.

In particolare, come osserva Jacques Testart, la fecondazione *in vitro* (FIV) – ottenuta nella seconda metà degli anni Cinquanta sui conigli, a opera contemporaneamente di M.C. Chang negli Stati Uniti e C. Thibault in Francia – è stata estesa agli umani nel 1969 da R.G. Edwards, molto prima che ai bovini, dove ciò accadrà solo nel 1980. E, mentre il primo bambino nato da FIV è del 1978, il primo vitello nato con un intervento analogo è del 1982 e il primo pollo del 1990.[2]

Ma come si è resa possibile una così inquietante alleanza tra desiderio onirico ed efficacia tecnica? Per rispondere a questa domanda occorre innanzitutto ricostruire processi di lunga durata.

Il disincanto del mondo

Se prendiamo come punto di riferimento il rapporto dell'uomo con la natura, possiamo collocare le tecnologie procreative al termine di quell'evoluzione culturale che Max Weber denomina «disincanto del mondo». Un mutamento progressivo che si organizza intorno a due grandi snodi epocali.

Il primo è costituito dal passaggio dalle religioni politeistiche a quelle monoteistiche, in particolare dal paganesimo al cristianesimo. Nelle religioni politeistiche, dove prevale una visione unitaria del mondo, l'uomo fa parte della natura e partecipa dei suoi processi magico-animistici. Dèi e demoni, uomini e animali, esseri viventi ed energie cosmiche interagiscono tra di loro senza che nessuna linea di demarcazione li divida. Nella mitologia antica l'uomo può essere figlio di divinità, di genitori umani ma anche di bestie o di elementi naturali personificati, come le ninfe e i satiri. Ma con l'avvento del monoteismo l'uomo, in quanto figlio di Dio, si colloca al di sopra di tutte le altre creature. Una separazione destinata a favorire il costituirsi dell'atteggiamento scientifico, fatto di estraneità, di razionalità, di rigore, di oggettivazione dei fenomeni al fine di conoscerli e formalizzarne le leggi costitutive.

Paradossalmente, osserva Max Weber, al suo sorgere la scienza ha utilizzato per affrancarsi dal dominio della religione proprio quelle accuse di irrazionalismo, primitivismo e superstizione con le quali secoli prima il monoteismo aveva squalificato il paganesimo. Nel suo procedere l'impresa scientifica porta a compimento la dissacrazione della natura; spezzando l'incanto dell'animismo, lo ha sostituito con la traduzione delle forze vitali in simboli astratti e quantificabili. «Il libro della natura è scritto in numeri» dirà Galilei. In quanto si sente radicalmente distinto da una natura ormai dissacrata e reificata, l'uomo può procedere, senza alcun sentimento di empietà, al dominio e allo sfruttamento dell'ambiente che pure lo contiene. La metafora della Madre Terra, che per secoli aveva simbolizzato la dipendenza vitale dell'uomo dalla natura, e insieme il rispetto e la gratitudine che il figlio deve a colei che lo ha generato, viene sostituita dalla scienza moderna con un modello meccanicistico che misconosce l'intrinseca compartecipazione di uomo e mondo, di micro e macrocosmo. Il senso di superiorità rispetto agli altri esseri viventi, indotto dalla visione monoteistica che fa dell'uomo una figura demiurgica, non viene scalfito neppure dal procedere del progresso scientifico.

Come abbiamo già accennato, secondo Freud, l'umanesimo rinascimentale, che pensa l'uomo al centro del mondo e il mondo a misura dell'uomo, è stato minato da tre grandi rivoluzioni scientifiche che, mutando la nostra visione del cosmo, hanno inferto all'immagine idealizzata che l'uomo ha di se stesso tre «ferite narcisistiche».

La prima deriva dalla scoperta copernicana, dal suo modello cosmologico che emarginando la Terra, facendone uno dei tanti pianeti che ruotano intorno al Sole, priva l'uomo della sua collocazione sovrana al centro dell'universo. La seconda, quella darwiniana, lo esilia dalla discendenza divina, inserendolo nella genealogia degli animali. La terza infine, quella psicoanalitica, colpisce al cuore la sua intrinseca superiorità dimostrando che l'uomo non è «padrone in casa propria». Ciò che chiamiamo pomposamente «coscienza» non è che un fluire continuo di differenti contenuti mentali, mentre le determinazioni al pensare e all'agire provengono prioritariamente da una dimensione che non saremo mai in grado di padroneggiare completamente: l'inconscio.

Ma è proprio riconoscendo la divisione che lo attraversa e le differenti logiche della psiche che l'uomo acquisisce consapevolezza e soggettività. Poiché però il cammino è lungo e faticoso, si capisce come, nonostante i colpi inferti dalla scienza, la gratificante antropologia umanistica, la sua consolatoria idealizzazione dell'uomo, resista tenacemente nel pensiero spontaneo. Non soltanto le scienze umane si sono sviluppate per ultime, rispetto a quelle della natura, ma non hanno sostanzialmente modificato il nostro modo di rappresentarci. L'uomo si considera sempre un essere completamente razionale, automotivato, capace di instaurare con gli altri contratti equi, basati su valori comuni e benefici reciproci. Si tratta di un'illusione che troppi avvenimenti si incaricano di smentire, ma che tuttavia riemerge continuamente, forse perché necessaria al vivere insieme, alla stipulazione del contratto sociale stesso. Giustamente l'uomo si oppone a considerare se stesso un oggetto di conoscenza tra gli altri, a farsi cosa tra le cose. Anche se le scienze obiettive, si pensi alle neuroscienze, minano con forza la sua residua soggettività, dimostrando come molti comportamenti siano indotti da processi biochimici, egli continua ad affermarla perché proprio nel gioco dialettico tra essere soggetto e oggetto della conoscenza consiste il senso della nostra umanità. Un senso che non risiede più nell'essenza dell'uomo, garantito dalla presenza di un'anima immortale, ma nella relazione con gli altri, cui è affidato il riconoscimento della nostra fragile identità.

L'ultima frontiera

Nel processo di desacralizzazione dell'uomo e del mondo, qui sommariamente evocato, la procreazione ha rappresentato un ambito privilegiato di resistenza per cui i suoi confini sono stati oltrepassati per ultimi. Non è casuale che per secoli l'applicazione delle competenze zootecniche non sia stata estesa all'ambito umano: una barriera di sacralità lo ha pervicacemente difeso. Ma, una volta saltate inibizioni plurisecolari, le tecnologie della procreazione umana hanno proceduto in modo tendenzialmente autonomo e separato dal complesso della cultura, senza cercare in linea di massima di interloquire con la società. Eppure siamo di fronte ad accadimenti epocali. Come afferma il *Manifesto di bioetica laica*: «Se la rivoluzione scientifica e tecnologica dell'era moderna ha permesso all'uomo di modificare radicalmente la natura che lo circonda, la rivoluzione biologica e medica dischiude la possibilità che egli intervenga sulla propria natura».[3] Tuttavia la «seconda rivoluzione scientifica» non ha finora suscitato attese e timori analoghi a quelli che accompagnarono la nascita della scienza e del mondo moderno. La riflessione bioetica, benché abbia prodotto, soprattutto all'estero, una massa enorme di pubblicazioni, non è ancora diventata un sapere condiviso; i suoi interrogativi destano flebili emozioni e inquietano solo poche coscienze.

Il perché di questo scarto credo si possa ricercare nella storia ma anche nell'epistemologia del pensiero scientifico occidentale, dove la riproduzione artificiale ha funzionato da rivelatore di una separazione tra laboratorio e società civile che a fatica si va ricomponendo.

Solo in questi ultimi anni la ricerca scientifica è giunta a minacciare la residua intimità dell'uomo, il punto di congiunzione tra natura e cultura, individuo e società: l'ambito sacro della sessualità e della generatività. Il tutto perseguendo un ideale di ricerca pura e finalità di intervento terapeutico che la pongono al riparo dal dubbio e dalla critica.

Lo scienziato si presenta infatti all'opinione pubblica come un prolungamento dei suoi strumenti, come loro impersonale, asessuato ed emotivamente neutro. Se questa è la sua funzione, il suo compito consiste nel formulare e verificare ipotesi che si pongono quasi automaticamente nel corso della ricerca. Ma in una società capitalistica l'impresa scientifica si rivela inscindibile da una volontà di controllo e di sfruttamento dell'uomo sulla natura e, basti pensare al commercio d'organi, dell'uomo sull'uomo. Ma nella contrapposizione tra il soggetto e l'oggetto della conoscenza vengono negati, come abbiamo visto, tanto l'appartenenza dell'uomo al mondo quanto il suo coinvolgimento nel processo conoscitivo, che si presenta come impersonale progresso verso la verità e il bene.

Nei suoi studi sullo sviluppo intellettuale, Piaget ha dimostrato invece che la conoscenza obiettiva non è un dato di fatto ma una conquista lenta e difficile.

Inizialmente il bambino vive immerso in un mondo

animato, dove regna l'indistinzione tra l'uomo e le cose, tra il sé e il non sé, tra ragione e desiderio. L'infanzia è calata in un universo magico, per certi versi simile a quello delle culture primitive, dal quale progressivamente si affranca rinunciando all'egocentrismo cognitivo e all'onnipotenza del desiderio.

Nel suo modello, anche la scienza segue un cammino analogo a quello dell'individuo, un percorso che conduce dalla soggettività all'oggettività, dall'assoluto al relativo, dal concreto all'astratto, dall'immaginario al simbolico. Prendendo le mosse dalle concezioni magiche del mondo, la scienza occidentale rappresenta il punto d'arrivo di un progresso lento ma costante che non intende lasciare dietro di sé residui o opacità. Il parallelismo tra l'evolversi della conoscenza individuale e di quella collettiva è assai suggestivo ma finisce per misconoscere molte cose: l'insopprimibile appartenenza dell'uomo al mondo naturale e sociale, il suo essere a un tempo soggetto e oggetto della conoscenza ma soprattutto l'impossibilità di un processo razionale isolato da quello affettivo, di un sapere della mente avulso da quello del corpo. Sappiamo invece che l'intelligenza è sempre «intelligenza emotiva».

L'apporto della psicoanalisi consiste appunto nel reintrodurre il coinvolgimento e l'ambiguità là dove regna l'eccesso della luminosità e del rigore. L'uomo porta anche nel sapere più astratto l'interferenza della sua complessità. Tale interferenza si rende tanto più evidente quanto più la conoscenza si approssima alla sua intimità, a bisogni, desideri, affetti non sempre limpidi e lineari. L'ideologia della scientificità richiede invece di negare ogni commistione. Lo scienziato si pone di fronte all'altro come a una cosa, un oggetto estraneo da ridurre a componenti elementari, anche quando «l'altro» è il suo simile o, al limite, se stesso.

La biologia, scienza della vita, ha tradizionalmente costituito il suo patrimonio di sapere sull'animale morto. L'investigazione del corpo ha richiesto, preventivamente, la sua uccisione, la sua trasformazione in cadavere. Sappiamo che, storicamente, la fisiologia si fonda, come ha ricostruito Mario Vegetti ne *Il coltello e lo stilo* (1979), sulla dissezione anatomica. All'organismo – come complessità delle funzioni vitali – si sono sostituite le sue parti, i sistemi parziali che lo compongono. Con l'avvento della medicina moderna, la totalità e l'unità si sono smarrite nella molteplicità delle competenze. Non deve pertanto stupire, dati questi presupposti, che la biologia contemporanea individui tre agenti essenziali nel processo di riproduzione: l'ovulo, lo spermatozoide e l'utero.

Un precedente autorevole è costituito dalla biologia aristotelica, alla quale avevamo già accennato nella prima parte del libro. Là era stata evocata per dar conto della dissimmetria che, nella cultura classica, separa i due sessi in ordine alla generazione. Ora invece vorrei osservare come il modo con il quale Aristotele, nel *De generatione animalium*, l'opera che fonda la biologia occidentale, tratta la riproduzione degli animali favorisca indirettamente le applicazioni biotecniche. Nel suo modello, Aristotele astrae infatti quelli che considera gli elementi riproduttivi – lo sperma maschile e il sangue mestruale femminile – dagli organismi che ne sono portatori e procede come se, per una sorta di sineddoche, le parti rappresentassero il tutto. Ora quell'antica parcellizzazione teorica viene ripresa e agita dalle biotecnologie della fecondazione che operano, come sappiamo, sulla combinazione di gameti prelevati da un corpo e immessi in un altro corpo, non prima comunque di averli resi autonomi rispetto ai soggetti attraverso i quali circolano.

In realtà nessuno di tali prodotti prescinde da un corpo vivente. Ciò che può essere tecnologicamente sostituito è la loro integrazione nell'atto generativo. Ovulo e spermatozoo possono incontrarsi in provetta e un'incubatrice può sostituire l'utero per qualche giorno ma, al momento attuale, sono ancora necessarie due o più «macchine biologiche» per portare a termine una procreazione. Tuttavia è interessante osservare che la messa fuori scena del rapporto sessuale fornisce un alibi complessivo alla cancellazione degli individui che partecipano con i loro prodotti sessuali o con i loro apparati procreativi (come nel caso dell'utero a nolo) al processo generativo.

Alla fine non rimane che lo scienziato con i suoi reperti, nel vuoto di ogni altra presenza umana. Lo scienziato che tratta prevalentemente, se non esclusivamente, con particelle microscopiche di sostanza vivente può sentirsi deresponsabilizzato sulle conseguenze delle sue azioni in quanto, preventivamente, le porte del laboratorio si sono chiuse escludendo gli attori sociali del dramma. In realtà ciò che non è oggetto di consapevolezza, di controllo razionale e cosciente ritorna sotto forma di sintomo. Le componenti umane che rendono la generazione non un fatto meramente biologico ma un'esperienza esistenziale, espulse dalla porta, ritornano dalla finestra con maggior clamore. Ne rintracceremo le conseguenze nei mutamenti strutturali che minano l'assetto congiunto dell'individuo e della società. Ma prima di passare a queste considerazioni, dobbiamo ricostruire i fenomeni che, nel periodo di vent'anni, hanno favorito l'espandersi delle biotecnologie in tutte le società avanzate.

Il mondo nuovo

Il precedente abbozzo di storia della cultura non ha altro intento che di inscrivere le «scoperte» della biotecnologia nei tempi lunghi, strappandole all'immediatezza della loro spettacolizzazione. Ma è necessario ricostruire anche accadimenti a breve termine, che soli ci possono dare ragione della domanda: «Perché ora?».

Fra i tanti motivi si impone con forza il crollo demografico delle società industrializzate.

Per comprendere appieno questo dato dobbiamo evocare lo scenario internazionale nel quale si produce.

La situazione è caratterizzata da un progressivo squilibrio tra emisfero nord ed emisfero sud del mondo. Mentre nel primo si accumulano la maggior parte delle risorse, si assiste contemporaneamente a una diminuzione del tasso di natalità. Ciò determina tanto l'emergere di fantasmi angosciosi di «fine della civiltà» quanto la paura dei «nuovi barbari», che si manifesta nel ritorno di razzismi da tempo sopiti. In questo clima di «ansia genetica», si sta spargendo il timore, talora l'ipocondria, della sterilità.

Su scala mondiale non possiamo però dimenticare che l'attenzione che la ricerca medico-farmaceutica dedica alla fecondità delle donne occidentali si accompagna a una massiccia campagna di controllo delle nascite nei confronti delle donne meno evolute dei paesi del terzo mondo. All'attenta disamina dei vantaggi e degli svantaggi che ogni intervento comporta, che si attua nel primo caso, corrisponde una prospettiva di cinica sperimentazione nel secondo.

Per quanto concerne un progressivo aumento della sterilità nel mondo occidentale, non vi sono dati precisi in quanto il ricorso diffuso alla contraccezione provoca, per un periodo più o meno lungo della vita sessuale, una infecondità indotta che rende inconfrontabile la situazione attuale con quelle del passato. Sappiamo che il calo delle nascite può essere influenzato da diverse cause: economiche, sociali, ambientali, oltre che da una diminuzione della fertilità biologica. Il nostro paese, dove si contano meno di 10 neonati ogni 1000 abitanti, detiene il primato europeo di denatalità con un tasso di fertilità dell'1,19 per donna; una media nazionale al di sotto della soglia minima (2,1) della cosiddetta crescita zero o «media di ricambio» che garantisce la sostituzione numerica dei genitori e il mantenimento del livello di popolazione.

Tra le variabili decisive nell'attuale cambiamento epocale dei modelli procreativi, quella più rilevante riguarda le modificazioni che hanno investito il mondo femminile. Le donne hanno mutato la loro posizione in seno alla coppia e alla famiglia dove la subordinazione si è trasformata in parità. Una volta realizzata, seppur imperfettamente, l'emancipazione femminile, la posta in gioco è divenuta la liberazione: cioè la realizzazione di sé, della propria specifica identità sessuale. Un obiettivo che affievolisce le dinamiche centripete della famiglia, affidate da sempre alla pervicace volontà delle donne, a favore di quelle centrifughe, rivolte piuttosto al conseguimento dell'autonomia e della felicità personale.

Sulla tendenza a privilegiare l'individuo rispetto alla famiglia incidono però anche fattori materiali quali la difficoltà di trovare casa e lavoro e, per le donne, quella di accordare le esigenze professionali con l'impegno materno. Quando si interrogano i giovani sui loro progetti per il futuro, emerge come prevalente il desiderio di avere almeno due figli. Ma alla dichiarazione di intenti non fa poi seguito un coerente comportamento procreativo. Raramente la gravidanza è rifiutata del tutto, semplicemente viene posticipata sempre più in là, quando il potenziale di fertilità, soprattutto femminile, è diminuito in modo significativo. Teniamo poi conto che, secondo quanto sostiene Carlo Foresta, componente del consiglio direttivo della Società italiana di fisiopatologia della riproduzione: «Nelle specie animali il rapporto sessuale si verifica soltanto in fase estrale della coppia e un unico accoppiamento ha il 98% di probabilità di indurre gravidanza con prole spesso numerosa. Invece nella specie umana, dove il rapporto sessuale è svincolato dalle fasi endocrine, un unico rapporto durante la fase ovulatoria ha la probabilità del 7% di essere fertile e in ogni caso nella stragrande maggioranza genera un unico figlio».[4] Per cui la diminuzione delle nascite sembrerebbe dipendere soprattutto da una minore e più ritardata esposizione della coppia al coito fecondo. Dobbiamo però considerare che le percentuali di infertilità variano decisamente se si considerano un anno (come tendono a fare le coppie più ansiose) oppure due anni di ricerca della gravidanza: nel secondo caso si riducono infatti della metà.

Vi sono tuttavia alcuni fattori inquietanti. Secondo una ricerca condotta nel 1992 da un endocrinologo danese e pubblicata dal «British Medical Journal», «in 50 anni, la concentrazione degli spermatozoi è passata da 86 a 59 milioni di unità per millimetro cubo di liquido seminale. Il sesso forte è sempre più debole. Vent'anni fa in un millimetro cubo di sperma si registravano in media 71 milioni di spermatozoi. Oggi se ne contano soltanto 65 milioni. E anche la loro motilità, cioè la capacità di raggiungere rapidamente l'ovulo e penetrarlo, è notevolmente diminuita, scendendo dal 50 al 32 per cento. Sono i risultati contenuti nello studio condotto su 4518 italiani dal Centro di andrologia dell'Università di Pisa. Principale imputato l'inquinamento ambientale: gli estrogeni utilizzati in zootecnia, i pesticidi che ingeriamo con frutta e verdura, i gas di scarico emessi dalle automobili e così via. Si prevede pertanto un costante aumento della sterilità e un corrispondente ricorso diffuso alle tecniche di fecondazione assistita.

L'Organizzazione mondiale della Sanità stima che le coppie sterili siano il 15-20% sul totale di quelle in età feconda e che, in Italia, ogni anno ci siano circa 60.000 coppie che non hanno concepito dopo due anni di rapporti non protetti; 26.000 di queste si rivolgono ai centri specializzati per richiedere una consulenza in vista di una procreazione artificiale. La causa di sterilità, in base alle conoscenze attuali, è attribuita per il 40% all'uomo e per il 45% alla donna; nel 15% dipende invece da entrambi o rimane dignosticata come «sterilità inspiegata». In ogni caso sarebbe opportuno che la coppia infertile fosse valutata contemporaneamente dal punto di vista ginecologico e andrologico. L'interesse clinico tende invece a concentrarsi sin dal primo momento sulla donna per l'atavica convinzione che la responsabilità della sterilità sia femminile. Per quanto riguarda poi l'accettazione di interventi intrusivi e sostitutivi, ricordiamo che l'iter procreativo è ormai medicalizzato e che da tempo in ostetricia applicazioni tecniche sono di uso comune, per cui, nonostante il salto di qualità provocato dalla fecondazione indotta, tutto sembra procedere come prima. La delega al personale sanitario evita agli utenti di prendere atto dei cambiamenti e di mutare il loro atteggiamento.

Un motivo ulteriore per l'acritica diffusione delle biotecnologie applicate alla fecondazione risiede nelle trasformazioni che, dagli anni Settanta, hanno investito la famiglia.

Da un unico modello si è rapidamente passati a una pluralità di forme: i conviventi, le famiglie separate, il genitore solo, soprattutto la madre, con i suoi bambini, i nuclei ricomposti, i figli adottivi (spesso di provenienza extracomunitaria) e in affidamento. La frammentazione della famiglia tradizionale ha prodotto una moltiplicazione di figure – figli del primo e del secondo matrimonio, figli di matrimoni precedenti che convergono in una nuova famiglia, padre naturale e attuale marito della madre, madre naturale e moglie del padre. In certi casi i nonni, tra propri e acquisiti, assommano a otto. Una deflagrazione che rende molto più accettabile, rispetto al passato, l'inserzione nella famiglia di figure inedite come il donatore di sperma, la donatrice di ovuli, la madre portante. Un'indagine condotta nel luglio del 1994 stima che nel nostro paese i nati con inseminazione artificiale ottenuta da seme di donatore siano tra i 20 e i 30.000.[5]

Infine le modificazioni dell'istituto familiare sono andate di pari passo con un cambiamento della morale condivisa. Si è passati infatti da un'etica autoritaria ed eterodiretta, gestita con modi polizieschi, come quella degli anni Cinquanta, a un'etica della responsabilità individuale.

I referendum sul divorzio e sull'aborto hanno registrato un paese laico e moderno, molto lontano dal clima bigotto e clericale tradizionale. A loro volta questi cambiamenti hanno funzionato da volano nel senso di cancellare i residui del passato e di indurre una morale individualistica, autodiretta.

Ma in mancanza di una riflessione comune, l'ambito

della vita privata, e in particolare della sessualità, è rimasto privo di valori e di stili di comportamento. L'incapacità di varare una legge sull'educazione sessuale, che sia insieme informativa e formativa, benché tutti la ritengano opportuna, è un sintomo significativo di tale disagio.

La procreazione è passata, nel giro di una generazione, dall'obbedienza alla scelta senza che vi sia stata una corrispondente sensibilizzazione etica.[6] Come abbiamo già avuto modo di osservare, per secoli l'Annunciazione, dove Maria Vergine china sommessamente il capo accogliendo le parole dell'angelo, è stata il modello della femminilità ideale.

Nell'Ottocento, in clima positivistico, il progresso scientifico aveva rotto questo incantamento, riformulando il processo generativo in una dimensione esclusivamente biologica. In tal modo alla necessità sovrannaturale si era sostituita l'impersonale necessità naturale. In entrambi i casi però la generazione era vissuta come un'ineluttabile conseguenza del matrimonio. Una volta sposati, l'esercizio della sessualità coniugale comportava, come inevitabile, quello della procreazione. L'impossibilità di scegliere se divenire o meno padre e madre escludeva, in linea di principio, una specifica dimensione morale della genitorialità. L'ambito della riflessione etica era costituito dal matrimonio, su cui sono stati scritti moltissimi trattati, mentre la procreazione era riservata, come abbiamo già osservato, alla sfera del sacro o alla medicina. Solo negli ultimi anni le cose sono radicalmente cambiate, da quando la diffusione dei presidi antifecondativi, la legalizzazione del divorzio ed entro certi limiti dell'aborto, ha reso possibile decidere se, come, quando, dove e con chi diventare genitori.

Spezzato il monopolio coniugale, si è aperto un ventaglio di possibilità che viene pericolosamente a colludere con l'onnipotenza del pensiero inconscio, con la sua connaturata insofferenza del limite.

Come ci è noto dalle vicende della neonata Elisabetta, venuta al mondo dopo due anni dal decesso della madre, neppure le barriere della morte costituiscono più un ostacolo.

E il catalogo delle scelte non è ancora concluso! Ma, dove vi è scelta, vi è sempre, più o meno riconosciuta, una dimensione morale, un appello alla riflessione, al confronto, all'impegno condiviso.

Una morale della procreazione?

Nonostante questa indubbia esigenza, non sarà facile elaborare una morale della procreazione perché il processo generativo si è disaggregato in spezzoni autonomi, in finalità particolari. La contraccezione ha separato la sessualità dalla procreazione, il piacere dal generare. A loro volta le tecnologie procreative hanno disgiunto la fertilità dalla fecondità: è possibile infatti che un corpo procrei pur restando in se stesso sterile. Vi è il rischio di riflettere sul singolo, settoriale problema, perdendo di vista l'insieme, di rincorrere le applicazioni mediche via via che si propongono senza elaborare un punto di vista complessivo.

D'altra parte tutto è avvenuto così in fretta che la società civile ha spesso preferito minimizzare le notizie che riferivano di nuove e sconcertanti vicende procreative e delegare la riflessione sulle conseguenze morali, lasciando che si costituisse una categoria composita di «esperti» in bioetica, spesso autonominatisi tali.

Certo non abbiamo ascoltato in proposito la parola definitiva, e probabilmente non è neppure il caso di attenderla, tuttavia manca persino una impostazione del problema che produca un programma di ricerca condivisibile.

Il termine «etica» viene comunemente definito come «parte della filosofia che ha per effetto la determinazione della condotta umana e la ricerca dei mezzi per concretizzarla». Come tale costituisce una variabile all'interno di un determinato sistema filosofico e dipende in gran parte dagli assiomi di quest'ultimo.

Per quanto concerne la bioetica sono attualmente operanti due concezioni dei suoi compiti e dei suoi ambiti di applicazione. Entrambe dipendono dai diversi contesti storico-culturali nei quali sorgono. Nell'area di lingua inglese, dominata da una impostazione pragmatica dei problemi e dalla filosofia analitica, si tende a elaborare una normativa concreta, duttile, aderente ai singoli problemi, integrabile e modificabile. Da questo punto di vista viene considerata «ideologica» la formulazione di posizioni di principio, di norme universali, di criteri etici di portata generale, dai quali dedurre necessariamente dei comportamenti.

Tutto ciò costituisce, di contro, una esigenza irrinunciabile per la cultura latina, dove il cattolicesimo ha storicamente garantito una morale universale, valida *erga omnes*, fondata sull'autorità della parola divina e amministrata in modo capillare dalle strutture ecclesiastiche.

Nella nostra cultura è evidente che l'etica comporta una visione del mondo, una concezione dell'uomo, una esplicitazione dei fini e una valutazione dei mezzi, senza di che qualsiasi regolamentazione appare gratuita e insufficiente.

Tuttavia entrambe queste dimensioni sono motivate e, per certi versi, inseparabili. Si tratta di dislocarle su tempi diversi, accettando il meno possibile il ricatto dell'emergenza senza tuttavia ignorarlo. Mentre la biologia teorica è ancora una nana, la tecnica genetica sta assumendo dimensioni gigantesche e rischia in pochi decenni di invadere tutto quanto il modo di produzione del pianeta, con conseguenze assolutamente imprevedibili. Di fronte al proliferare acefalo delle sperimentazioni è necessario e urgente elaborare una cultura dei limiti che fissi confini invalicabili entro i quali operare.

I rischi della «fretta normativa» sono evidenti ma l'elaborazione di un'etica complessiva comporta tempi lunghi e soggetti sociali da definire. Tanto più che il concetto di «vita» appare formulabile in modo univoco solo in una prospettiva religiosa che lo costituisca come un valore in sé, da perseguire sempre e comunque per la sua imperscrutabile sacralità. Il Magistero cattolico è in proposito molto esplicito. La Chiesa respinge la manipolazione della vita embrionale e rifiuta l'avvio del processo generativo al di fuori dell'incontro coniugale nella sua dimensione unitiva e procreativa, regolata dai ritmi biologici. La Congregazione per la dottrina della fede si è espressa negativamente sin dal 1987 con il documento *Donum Vitae*. Il 31 luglio 1994, a Castelgandolfo, papa Wojtyla ha espressamente dichiarato: «Il legittimo desiderio di avere un figlio non è un diritto che si possa soddisfare a ogni costo, ricorrendo a mezzi e metodi moralmente inaccettabili, come la fecondazione artificiale o l'affitto della madre gestante ... La scienza ha il dovere di sostenere i naturali processi generativi, non il compito di sostituirli artificialmente». Una posizione intransigente, ribadita nel 1995 nell'enciclica *Evangelium Vitae*.

A questo atteggiamento di chiusura fa sovente riscontro dal versante opposto un'acritica accettazione del progresso scientifico, come se tutto ciò che si può fare dovesse essere fatto, per una sorta di autogiustificazione. Tra i due estremi, una riflessione diffusa, benché sussultoria e spesso scoordinata per la mancanza di sedi di confronto. Nel 1990 è stato istituito, sotto la presidenza del Consiglio di Giulio Andreotti, il Comitato nazionale per la bioetica, organo consultivo più volte contestato per la modalità di formazione e di composizione: amplissima maggioranza di cattolici, pochissime donne, immotivabile esclusione di Stefano Rodotà, un'autorità internazionale in quest'ambito. Solo sotto la presidenza di Giuliano Amato la composizione del Comitato, includendo nuovi membri provenienti dal mondo laico, si farà più equilibrata, mentre le donne restano comunque una voce marginale. Nel 1994, poco prima di lasciare la presidenza del Consiglio dei ministri, Silvio Berlusconi cambia la composizione del Comitato e la durata del mandato (da 2 a 4 anni). In quell'occasione alcuni membri laici vengono sostituiti, tra questi Carlo Flamigni, Gilda Ferrando, Ettore Cittadini e Fabio Terragni. Per protesta si dimettono Rita Levi Montalcini, Giovanni Berlinguer, Eugenio Lecaldano, Carlo Augusto Viano. Il modello pluralistico, al quale il Comitato avrebbe dovuto ispirarsi, viene così completamente rovesciato. Purtroppo nell'indifferenza generale del paese.

Sotto la nuova presidenza di D'Agostino, il 22 giugno 1996 viene approvato il discusso documento su «Identità e statuto dell'embrione umano», nel quale si riconosce il dovere morale di trattare l'embrione umano, sin dalla fecondazione, secondo i criteri di rispetto e di tutela che si devono adottare nei confronti degli individui umani. Tra le critiche più serrate, quella di Maurizio Mori su «Bioetica», n. 3, 1996, mentre tra i membri del Comitato vengono espresse, tramite documenti separati, non poche perplessità. Nello stesso periodo la Consulta di bioetica, associazione laica fondata a Milano nel 1990 dal neurofisiologo Renato Boeri, pubblica il suo «Manifesto di bioetica laica», basato su di un assunto implicito: la separazione della sfera morale da quella religiosa e della morale dal diritto.

Nell'aprile del 1995, sollecitato da una serie di discutibili interventi di fecondazione indotta, la Federazione nazionale degli Ordini dei medici elabora un proprio codice deontologico, che in gran parte recepisce le posizioni del Comitato di bioetica. Il documento appare però a sua volta discutibile in quanto, ponendosi come normativo, sembra voler indebitamente saturare il vuoto legislativo, attribuendosi competenze che spettano esclusivamente al Parlamento. È vero ch'esso si limita a regolare i comportamenti degli iscritti all'Ordine, ma le sue conseguenze riguardano tutti i cittadini.

Attualmente in Italia non vi è una legge che ordini il campo delle biotecnologie, un ritardo che ci contraddistingue rispetto alle altre nazioni dell'Occidente avanzato. Ma questo non è un danno se nel frattempo cresce nel paese un coinvolgimento diffuso, una riflessione e un confronto tra soggetti diversi e molteplici culture.

Un provvedimento tardivo ma essenziale consiste nel censimento dei centri che operano interventi di fecondazione indotta. Attualmente ci sta provando, con molte difficoltà, l'Istituto nazionale di Sanità. Nel frattempo i laboratori più importanti hanno adottato un rigoroso codice di autoregolamentazione. Ma può ancora accadere che la coppia sterile si rivolga a cliniche private che operano al di fuori di qualsiasi controllo.

L'autoregolamentazione non è vincolante. Sta alla responsabilità del medico decidere se rispettarla o meno. Attualmente sono giacenti in Parlamento molti progetti di legge, che esprimono orientamenti etici assai differenti. Tutti concordano però sui seguenti divieti: no all'affitto dell'utero, no alla sperimentazione sugli embrioni, no all'uso di ovuli e sperma dopo la morte del «genitore biologico». Le differenze di fondo nascono dalla difesa a oltranza della vita, intesa come valore assoluto e inderogabile, e dallo statuto da attribuire all'embrione, se esso sia da considerare o meno persona sin dalla fecondazione. «Ogni essere umano» sostiene il Magistero cattolico «è da rispettare come persona fin dal primo istante della sua esistenza ... e da difendere nella sua integrità come ogni altro essere umano» (*Donum Vitae* 1.1).

Per quanto riguarda il primo motivo di contrasto, se viene considerata all'interno della scienza della natura, si vede che la vita è inscindibilmente intrecciata con la morte e che i processi di evoluzione, selezione, equilibrio ecologico dell'ambiente comportano la soppressione insieme all'affermazione della vita. Il processo riproduttivo stesso prevede la perdita di materiale genetico (ovuli e spermatozoi in soprannumero) e di embrioni malformati. Qualsiasi tecnica che intenda surrogare e modificare i processi naturali si scontra pertanto con il problema della morte.

Circa lo statuto dell'embrione, non penso invece che il disaccordo sia dirimibile in sede biologica. Molti introducono una differenza essenziale tra il pre-embrione (antecedente il 14° giorno della fecondazione) e l'embrione vero e proprio, perché prima del suo impianto, che avviene intorno a quel giorno, la mancanza di organizzazione del tessuto nervoso dovrebbe escludere non tanto la sua individualità, quanto la sua natura cosciente e razionale. Ma qualora si voglia tracciare una linea di demarcazione nel continuum del suo sviluppo si urta contro l'esistenza di dati molto diversi a seconda del punto di vista che si assume. È inoltre indubbio che il DNA costituisce sin dai primi momenti un elemento di individuazione dell'embrione, benché non basti a qualificarlo persona umana. Dal punto di vista psicologico poi, il riconoscimento materno che fa di un aggregato di cellule un figlio è relativamente indipendente dai processi di maturazione embrionale. Si tratta, mi sembra, più di sensibilità che di obiettività. Per un credente che fa coincidere l'attribuzione dell'anima con la fecondazione, l'embrione è già persona.

Ma per chi non crede si tratta piuttosto di trovare un punto di consenso condivisibile che sottragga l'esistenza prima della nascita all'arbitrio individuale o alla strumentalizzazione tecnico-scientifica, senza tuttavia imporre norme inaccettabili. È evidente che rompere un uovo fecondato non è lo stesso che uccidere un pulcino, schiacciare un nocciolo di ciliegia è ben diverso che tagliare un albero, benché l'esistenza sia già contenuta in potenza nei rispettivi embrioni e semi.

Stefano Rodotà, membro del Comitato etico dell'Human Genome Project, intervistato sulla proposta di attribuire all'embrione la capacità giuridica che ogni essere umano acquisisce al momento della nascita, ha disegnato uno scenario ipotetico paradossale. Prima di tutto significa porre automaticamente fuori legge l'interruzione volontaria di gravidanza, equiparata a un omicidio a tutti gli effetti. Ma anche senza mettere in discussione l'eventualità dell'aborto, si possono verificare una quantità di conflitti: una donna fuma, ha una vita irregolare, guida velocemente, qualcuno ritiene che il suo stile di vita possa danneggiare il feto. Cosa si fa? Si nomina un tutore che le imponga di cambiare comportamento? E poi: per tutelare il diritto dell'embrione alla salute, si dovrà imporre alla gestante ogni tipo di diagnosi prenatale e di terapia fetale anche in contrasto con le sue scelte e con le sue convinzioni religiose?

«Nel momento in cui un embrione acquisisce capacità giuridica» spiega Rodotà «diventa una persona i cui interessi si possono contrapporre a quelli della madre: il giudice viene così chiamato a decidere su aspetti privatissimi della vita, con la conseguenza che non sarebbe minacciata solo l'autodeterminazione della donna, ma il principio stesso della libertà personale.»[7]

A chi obietta che legittimare l'embrione è l'unico modo per sottrarlo ad arbitrarie sperimentazioni, Rodotà risponde che la Convenzione europea sulla bioetica ha stabilito che non si debbono produrre embrioni esclusivamente a fini di sperimentazione, senza per questo evocare principi ingestibili. Credo inoltre che la sperimentazione stessa dovrebbe essere regolata da norme molto restrittive, che tengano conto del bene comune ma anche del fatto che si sta operando su di una potenziale vita umana.

Si tratta di tutelare legalmente gli embrioni in vitro e di affidare quello annidato nel corpo della donna alla salvaguardia del suo sentimento materno, che ne costituisce l'indispensabile alimento psichico. Solo al compimento del terzo mese sarà riconosciuta al feto una sua autonomia. Non perché essa esista di fatto: in quel momento non è ancora in grado di sopravvivere e maturare al di fuori di un grembo gestante. Ma perché la sensibilità delle donne, il loro senso di responsabilità, mobilitati al tempo della legge sull'interruzione volontaria di gravidanza, hanno preso questa sofferta decisione. La scadenza delle dodici settimane è senz'altro un'approssimazione biologica e un compromesso politico, ma funziona. Gli aborti sono diminuiti e le donne che non si sentono in grado di diventare madri non sono per questo colpevolizzate. Ciò che ancora manca è un'efficace azione preventiva.

Se da una parte non è giusto tutelare l'embrione contro la madre, dall'altra non è neppure il caso di contrapporre i diritti della donna contro quelli del nascituro. Si tratta di un equilibrio delicatissimo, di una vita entro un'altra vita, nel quale il legislatore entra sempre come un elefante in un negozio di porcellane.

Donne e bioetica

Spetta alle donne gestire una zona della vita che deve essere lasciata in penombra, affidata a una sensibilità psicologica che, dinanzi alle sfide della tecnologia, si sta trasformando in responsabilità morale, non solo intima e personale – quella c'è sempre stata – ma esplicita e condivisa. La società può intervenire sostenendo economicamente e culturalmente l'atteggiamento materno femminile, senza per questo ridurre la donna alla madre.

Fondamentale per l'acquisizione di una cultura femminile su questi temi è stato il seminario che si è svolto a Roma il 4 luglio 1986 sul tema «Scienza, potere, coscienza del limite. Dopo Cernobyl: oltre l'estraneità». L'incontro recepiva la reattività femminile di fronte all'inquinamento nucleare che dall'Ucraina, attraverso l'aria, l'acqua e la terra, aveva contaminato gli alimenti di gran parte dei paesi europei. La prossimità delle donne ai processi materiali, la quotidiana manipolazione degli alimenti, la cura dei corpi piccoli e malati, avevano indotto nelle madri una spinta critica verso il ricorso incondizionato alle tecnologie energetiche, ben diversa dallo sdegno formale dei politici.

Soprattutto le donne, incinte o con figli neonati, avevano sentito il pericolo con particolare intensità, per così dire sulla loro «stessa pelle». Unendosi in movimento, chiedendo che i rischi connessi alla produzione dell'energia nucleare fossero chiaramente denunciati e i cittadini adeguatamente tutelati, venivano ad assumere un atteggiamento ecologico partecipe e attivo, senza precedenti nel nostro paese.

Tuttavia l'elaborazione di un pensiero femminile è rimasta separata dall'impegno ecologico espresso in quell'occasione. Un solo esempio: quando la Libreria delle donne di Milano pubblica *Non credere di avere dei diritti*, la Magna Charta della costituzione di un soggetto femminile autonomo e tendenzialmente separato nella formulazione dei suoi fini e dei suoi mezzi dalla società e dalla cultura dominante, non prevede un confronto delle donne con il campo a loro finora estraneo e lontano della scienza.

La riflessione sulla scienza, pur non costituendo un motivo determinante nella cultura femminista, ha però avuto momenti alti e significativi. Come perno di aggregazione ha funzionato l'epistemologia critica di Evelyn Fox Keller che, dopo aver analizzato attraverso le espressioni metaforiche dei classici scientifici l'incidenza dell'immaginario sessuale maschile sull'atteggiamento nei confronti della natura, rintraccia nella ricerca sperimentale della genetista Barbara McClintock, premio Nobel nel 1983 per la biologia, la possibilità di uno specifico rapporto femminile con i fenomeni naturali. Pare infatti che Barbara sia giunta a straordinarie scoperte sul DNA del mais grazie a una sorta di «sintonia» tra il suo organismo e le funzioni adattive dei cereali.

Intervistata, così parla Barbara del suo lavoro: «Si deve capire come ogni organismo cresce, capirne le parti, capire quando succede qualcosa di sbagliato. Un organismo non è semplicemente un pezzo di plastica, è qualcosa in continua relazione con l'ambiente, che nella sua crescita rivela in continuazione diversi attributi o infermità ... Non esistono due piante esattamente uguali. Ciascuna è diversa e di conseguenza è necessario riconoscere quelle differenze. Io comincio con la piantina ancora piccola e non voglio lasciarla. Non ho la sensazione di conoscerne la storia se non ho avuto modo di osservarla durante la crescita. Così conosco ogni pianta del campo. Le conosco intimamente, e ricavo un immenso piacere dalla loro conoscenza».[8]

Il lavoro della Fox Keller, diffuso in Italia soprattutto da Elisabetta Donini e Luciana Percovich, è molto importante perché individua la possibilità di una diversa conoscenza del mondo vivente e dei processi naturali, basata sulla prossimità piuttosto che sulla estraniazione oggettivante, sulla osservazione empatica piuttosto che sulla manipolazione trasformativa. Questa prospettiva recupera il corpo, i suoi processi vitali, come strumento del conoscere, ma è molto difficile per le donne definirsi attraverso il corpo perché questa dimensione è stata sempre utilizzata per giustificare e perpetuare la loro esclusione dall'ambito della società e della cultura. Ma ora la sfida è proprio quella di congiungere il corpo con la mente, la materia con lo spirito, il mondo della vita con quello dei simboli.

Spesso si condannano le biotecnologie in nome di principi astratti quali la Vita e la Natura, violata dall'incursione dell'uomo nei suoi meccanismi più segreti. Tuttavia non sono tanto i processi biologici a essere sconvolti dalle innovazioni tecniche, quanto quelli simbolici. Nel mondo vivente le modalità di accoppiamento e di riproduzione seguono le più svariate combinazioni e la loro modificazione è prevista dall'evoluzione stessa, dai suoi meccanismi di adattamento.

Ciò che viene profondamente turbato è invece l'ordine primordiale dei rapporti umani, quelle norme non scritte dalle quali dipende, fino a prova contraria, l'umanizzazione stessa dell'uomo.

L'Edipo che struttura, con le sue combinazioni, l'inconscio individuale e i rapporti sociali viene eluso dall'applicazione delle biotecnologie con conseguenze ancora difficili da valutare. È vero che i casi di nascite medicalmente indotte sono decisamente minoritari, ma sono i principi stessi a essere sconvolti, e questo vale per tutti, non soltanto per la minoranza che ricorre di fatto alle nuove tecnologie della procreazione.

X
Nuovi cammini di Edipo

> **Su piega qui le membra, su questa scabra pietra, poiché lungo per un vecchio è il cammino che hai percorso.**
>
> SOFOCLE, *Edipo a Colono*

Scomposizioni e ricomposizioni della procreazione

Come abbiamo già rilevato, se alla fine degli anni Sessanta, con la diffusione dei metodi anticoncezionali, la sessualità si è resa indipendente dalla generazione, nella seconda metà degli anni Settanta la generazione si è resa autonoma dalla sessualità. Vent'anni fa è stata messa in discussione l'immagine della donna, ora è la volta della madre.

Se le gravidanze indesiderate dimostrano i limiti del controllo tecnologico della fecondità umana, la fecondazione artificiale denuncia di contro le carenze della natura. Ma è ormai impossibile contrapporre natura e cultura perché i due ambiti sono inestricabilmente intrecciati. Accade sovente che si consideri la gravidanza tradizionale naturale e la fecondazione indotta artificiale. Ma, a ben guardare, tutto l'iter procreativo è da tempo sottoposto a un controllo medico che prevede il ricorso ad apparati tecnici più o meno invasivi (analisi cliniche, ecografie, travaglio monitorizzato, parto pilotato, anestesia epidurale, intervento cesareo e così via), mentre la riproduzione artificiale utilizza in ogni caso apporti corporei di prodotti e di funzioni.

Un'altra analogia riguarda l'atteggiamento psicologico verso la riproduzione: così come non possiamo più accettare che le gravidanze si susseguano secondo un ritmo incontrollabile, allo stesso modo ci risulta insopportabile l'impotenza della sterilità.

Attualmente la tecnologia genetica sembra svolgere una funzione eminentemente terapeutica, ma essa non è volta tanto a ridare agli organismi l'efficienza perduta (il corpo sterile rimane tale anche quando si è ottenuto un prodotto generativo), quanto a integrare le loro carenze con protesi. Ma la funzione di protesi in senso stretto è tale solo nell'inseminazione della donna con sperma del partner, in quanto l'intervento opera un trasferimento altrimenti impossibile. Forse sarebbe più corretto parlare di by-pass, come quello coronarico.

Negli altri casi invece abbiamo una alterazione non solo degli spazi, dei tempi e dei modi della procreazione, ma anche dei protagonisti. Con il trapianto di elementi generativi le figure parentali smarriscono la loro identità, disperdendosi in un ventaglio di presenze che sfumano le une nelle altre.

Quando la fecondazione avviene utilizzando soltanto i gameti della coppia, si definisce omologa, se intervengono invece altri apporti generativi, eterologa.

In realtà, come nota Lidia Menapace con la consueta sensibilità, tutte le fecondazioni interumane sono omologhe perché avvengono all'interno della medesima specie. Che la coppia sia più o meno stabile, da un punto di vista biologico è del tutto ininfluente.

L'inserimento di altri attori, oltre a quelli che intendono diventare genitori, ha invece un'enorme importanza in una prospettiva culturale. La figura materna, ad esempio, può scindersi in biologica, gestante e legale. Uno scompiglio così radicale dei più convalidati punti di riferimento della nostra identità non può non produrre effetti sul nostro modo di rappresentarci, sulla nostra antropologia. La scomposizione e ricomposizione del processo riproduttivo separa la biologia dalla storia, autonomizza la catena germinale rispetto a quella genealogica, desoggettiva, vicariandole, le funzioni organiche. Assistiamo al lavoro di organi privi di corpo, di funzioni senza apparato, di finalità prive di intenzionalità. Lo schema somatico si dilata sino a integrare nelle sue operazioni parti estranee al suo perimetro, processi già iniziati altrove, senza che tale commistione venga in alcun modo mentalmente rappresentata.

Nel sociale l'amministrazione bancaria dello sperma (con i suoi processi di accumulazione, circolazione, rendimento) presuppone un desiderio riproduttivo diffuso, astratto e anonimo nei confronti del quale il prodotto del concepimento si configura come merce e il seme, in analogia al denaro, come equivalente universale. Dal canto suo la medicina, che ha da sempre identificato nell'organismo il suo oggetto specifico, con la riproduzione artificiale tenta di recuperare un referente privilegiato nel neonato, considerando i passaggi intermedi come puramente strumentali.

Ma, come sappiamo, il bambino è prioritariamente un figlio. La sua identità, che non è autofondata, si costruisce progressivamente all'interno delle coordinate parentali, svincolandosi dalle loro determinazioni. Perché possa «divenire sé» sono comunque necessari punti di riferimento dai quali prendere le distanze. Ogni quoziente d'anonimia non agevola ma rende più difficile il processo di identificazione e di soggettivazione.

Nella fiaba il bambino sperduto nel bosco è in grado di rispondere alla domanda «chi sono io?» solo dopo essersi collocato, al termine di difficili prove, nella gerarchia della discendenza regale. Accettandolo come pretendente alla mano della principessa, il re gli attribuisce a un tempo identità e posizione sociale. Il senso di sé non è innato ma costituisce il risultato di un romanzo di formazione, di un *Bildungsroman*.

Per l'inconscio, il re e la regina rappresentano i genitori

dei quali dobbiamo accettare la priorità e riconoscere la mortalità. Nella storia di ciascuno la vicenda biologica ha volti e nomi che la sottraggono all'arcano, che nobilitano la cruda necessità naturale con il senso di un destino. Ma la biografia di chi nasce da una procreazione vicariata non sarà mai traducibile in una narrazione lineare, vi sarà sempre uno scarto di intenzionalità e una frattura di senso.

Paradossalmente le tecnologie riproduttive, in quanto tendono a rendere autonomo il materiale genetico ed extracorporeo il processo generativo, ricalcano le modalità di riproduzione degli animali cosiddetti inferiori, sì che la scienza sembra procedere secondo una direzione in-volutiva.

Il divario tra lo sviluppo psicologico, che appare sempre più determinato dai processi interpersonali, e la tecnologia riproduttiva, che tende invece all'anonimia, sollecita non pochi interrogativi. Giustamente la Chiesa denuncia la depersonalizzazione della generazione umana indotta dalle tecniche di fecondazione artificiale sia nella forma intra che extracorporea. Ma forse sottovaluta la capacità umana di risimbolizzare la realtà, di attribuire significato e valore ai fatti della vita, animandoli col proprio desiderio e inscrivendoli nella propria storia. L'elaborazione che la coppia compie sulla propria fecondità indotta deve avvenire anche nella società. Tutti dobbiamo comprendere che cosa avvenga nei laboratori della procreazione umana e quali siano gli effetti a breve e a lungo termine delle biotecnologie.

A questo scopo ci è utile recuperare, dal sapere della psicoanalisi, la struttura profonda che organizza l'inconscio individuale, i rapporti familiari e l'organizzazione sociale che va sotto il nome di «Edipo». Si tratta, come è noto, di una mappa che ricostruisce le dinamiche di amore e di odio e il gioco di ingiunzioni e di divieti che separano e connettono tra di loro le figure del padre, della madre e del figlio.

Le vicende che abbiamo sin qui ricostruito in termini

evolutivi trovano una rappresentazione adeguata al loro statuto universale e necessario nel mito di Edipo.

Il sapere del mito

Edipo nasce a Tebe da Laio e da Giocasta i quali avevano deciso di rimanere sterili perché la loro primogenitura era stata colpita da una terribile punizione divina.

L'oracolo aveva infatti vaticinato che un eventuale figlio avrebbe ucciso il padre e sposato la madre. Edipo, concepito mentre Laio si trovava in stato di ubriachezza, nasce pertanto come infrazione alla sterilità. La madre, per evitare l'uccisione del piccolo, lo affida a un pastore affinché lo smarrisca sulle pendici del monte Citerone.

La vita del figlio è quindi conservata a scapito di quella del marito: il desiderio materno si dimostra pronto a pagare qualsiasi prezzo. Il neonato viene raccolto da un passante e consegnato al re di Corinto che, non avendo figli propri, lo adotta e lo nomina erede al trono. Il mito contempla pertanto la coesistenza di due famiglie, quella di Tebe, costituita dai genitori naturali e quella di Corinto, rappresentata dai genitori simbolici. I due nuclei familiari si collegano nel desiderio, comune a entrambi, di eludere la sterilità. Edipo cresce senza problemi sinché, adolescente, viene casualmente a sapere di non essere il vero figlio del re di Corinto. Si reca allora presso il santuario di Apollo per conoscere la verità sulla sua origine. Ma Apollo, anziché rivelare il passato, gli anticipa il futuro: egli è colui che ucciderà il padre e sposerà la madre.

Per evitare questo tragico destino, Edipo decide di non ritornare a casa e, anziché riprendere la strada per Corinto, imbocca quella di Tebe. Giunto a un crocicchio, si imbatte in una fila di carri guidati da un anziano e autorevole dignitario. Il giovane Edipo, venuto a diverbio con lui per un motivo di precedenza, estrae la spada e lo uccide. Ignaro di aver commesso il parricidio decretato dagli dèi, riprende il cammino verso Tebe, dove lo attende la realizzazione della seconda parte della profezia.

L'uccisione di Laio rappresenta l'aggressività adolescenziale che affronta con baldanza il problema mortale della discendenza. Solo la distruzione del padre onnipotente, che domina l'inconscio infantile, apre infatti l'accesso alla maturità.

Giunto alle porte di Tebe, Edipo viene fermato dalla Sfinge, animale composito, maschile e femminile, leone, uccello e serpente che pone a chiunque un indovinello, pena la morte.

La Sfinge simbolizza il caos originario, ciò che sta prima della civiltà e della cultura, prima che il divieto dell'incesto metta ordine nella promiscuità animale. L'indovinello consiste in questo: «Qual è l'animale che al mattino cammina a quattro zampe, al pomeriggio con due e la sera con tre?». Edipo risponde: «L'uomo».

Nell'infanzia l'uomo è sorretto da un genitore, nella maturità si regge da solo e nella vecchiaia si sostiene con un bastone. Il bastone rappresenta probabilmente il figlio divenuto adulto. All'enigma che concerne l'uomo non c'è altra risposta che l'uomo stesso nella successione dei suoi rapporti familiari.

Edipo entra nella città e gli viene proposto di sposare la regina rimasta recentemente vedova. Dalle nozze nasceranno quattro figli, finché la città viene devastata da una terribile pestilenza che concerne congiuntamente la fertilità della terra e delle donne.

Indagando sulle cause del morbo, Edipo viene messo in grado – con l'aiuto dell'indovino Tiresia che conosce il passato – di ricostruire la storia familiare e di constatare che la sua vita ha portato a compimento l'oracolo di Apollo. A lui è toccata in sorte l'infamia di uccidere il padre e di giacere incestuosamente con la madre. Orripilato, Edipo si acceca mentre Giocasta, moglie e madre a un tempo, si uccide.

Freud osserva, nell'*Interpretazione dei sogni*, che tutti ci identifichiamo con Edipo: «Il suo destino sarebbe potuto diventare anche il nostro, perché prima della nostra nascita l'oracolo ha decretato la medesima maledizione per noi e per lui».[1]

La differenza tra l'Edipo dei comuni mortali e quello mitico consiste nel fatto che, nel nostro caso, la famiglia reale si è incaricata di vanificare i fantasmi respingendoli nell'inconscio che ne affida la realizzazione alla simulazione del sogno.

Di norma la famiglia reale è quella che sintetizza in se stessa la famiglia simbolica e quella immaginaria, impedendo la disgiunzione dei due piani. Ma, nel caso di generazione artificialmente indotta, la famiglia reale non assomma più in sé le due funzioni che tendono a permanere sdoppiate. Accanto alla «famiglia di Corinto», prototipo di quella legale, vi sarà sempre un elemento della «famiglia tebana», quella della biologia ma anche delle pulsioni primordiali di amore e di odio.

Di fronte a questo effetto di riverbero, la famiglia reale sarà spinta ad aumentare la sua presa sul figlio, a sovraccaricare gli aspetti sociali e culturali del rapporto esercitando una educazione intensa e pervasiva. La stessa reazione si osserva per altro nei genitori adottivi, sempre timorosi che il bambino riveli negative tendenze ereditarie, per cui ogni piccola infrazione alla norma è sentita come una pericolosa minaccia.

D'altro canto, il dissolversi dell'esclusivo rapporto biologico con i genitori, la constatazione di essere frutto di un'altra fonte di vita può incentivare il bambino a fantasticare più del consueto sulla propria nascita. Sappiamo che ci è quasi impossibile accettare la sessualità dei nostri genitori e che la scena primaria, cioè il coito parentale che ci ha generato, è una figura dell'inconscio che non trova ricezione nella sfera cosciente.

La rivelazione di non essere frutto di un rapporto sessuale tra i due genitori (almeno nella forma completa dello scambio amoroso) può essere accolta con molto favore da un piccolo dilaniato dalla rivalità edipica. La procreazione diserotizzata corrisponde a un profondo desiderio inconscio infantile. Il padre, vicariato da un altro, può essere vissuto dal bambino come impotente in quanto la logica infantile procede in modo assoluto (tutto o niente). La presunta impotenza del padre può soddisfare impulsi aggressivi nei suoi confronti ma anche indurre sensi di delusione, nella misura in cui il padre è una figura ideale. Può anche suscitare un sentimento di colpa perché sembra realizzare desideri di castrazione e di morte che indubbiamente sono stati formulati nei suoi confronti in particolari momenti di rabbia.

Inoltre il venir meno del rapporto sessuale parentale come momento generativo di sé lascia spazio all'emergere di arcaiche fantasie di procreazione. Sappiamo infatti che i bambini, benché edotti sulle modalità della loro nascita, tendono a sostituire alle informazioni ricevute loro fantasie personali, più consonanti con l'organizzazione infantile della libido. Conservano pertanto, più a lungo del previsto, bizzarre teorie sessuali secondo le quali la nascita avrebbe luogo attraverso la bocca, l'ombelico o l'ano.[2]

Si osserva spesso, in corrispondenza al vissuto di onnipotenza infantile e alla direzione narcisistica della libido, una immaginazione di autogenerazione. I bambini, come talora le personalità più creative, fantasticano di essersi fatti da sé, con un atto di creazione autonoma e spontanea.

Già conosciamo la fantasticheria di partenogenesi, che si riscontra particolarmente nelle bambine, le quali si sentono madri per semplice animazione dei loro fantasmi interiori. L'imago del «bambino della notte», che prefigura il figlio che nascerà, non prevede infatti alcuna coniugalità in quanto è un prodotto del narcisismo infantile e dell'onnipotenza dell'inconscio.[3]

Di ognuna di queste stravaganti modalità di generare è possibile trovare il corrispondente mitico perché, come sostiene André Green, il mito rappresenta ciò che non è mai accaduto. E che ora si sta dimostrando possibile.

Lo scopo di questa elaborazione congetturale consiste nel cercare di dimostrare che la manipolazione della generazione muta il rapporto degli uomini tra di loro e il rapporto dell'uomo con se stesso. L'eventualità di vivere al di fuori delle coordinate edipiche ci spaventa al punto da inibire il pensiero e di inaridire le fantasie. Eppure l'utopia politica, da Platone a Campanella a Rousseau, ha sempre posto, come condizione preliminare a ogni radicale mutamento dei rapporti sociali, la fine o la relativizzazione della famiglia biologica. Ora questa ipotesi fantastica sembra in via di realizzazione. Il bambino tecnologico non avrà un solo padre ma due, tanti, forse tutti quelli che si considerano tali, e la madre non sarà più il luogo della certezza naturale ma un vincolo o più vincoli affettivi da confermare o disconfermare.

Si apre di fronte a noi lo spazio dell'utopia da percorrere con il pensiero, da controllare con l'etica prima che la tecnologia – con la sua marcia progressiva e inesorabile – sostituisca alla vertigine della possibilità la griglia opaca della necessità.

XI
Ingegneria genetica e utopia sociale

> Nella scienza tutto è forte, disinvolto e splendido come nei racconti di fate.
>
> ROBERT MUSIL

Le nuove tecnologie procreative hanno invaso la scena del presente con la loro eccezionale capacità di «fare notizia», di produrre eventi sensazionali.

Presentandosi come «terapie della sterilità», inscrivendosi nella linea del progresso scientifico e delle scoperte mediche, sono state accolte con favore dall'opinione pubblica, abituata ad attendersi grandi vantaggi dalle ricerche di laboratorio. La ricaduta di possibili conseguenze, magari in ambiti molto lontani dalla malattia, non ha invece destato alcuna eco emotiva. Si capisce pertanto che le condanne più autorevoli, come quella del pontefice, abbiano ben poco inciso sugli atteggiamenti collettivi.

Le applicazioni (presentate di volta in volta come «scoperte») sembrano procedere in modo quasi automatico, facilitate dalla convergenza tra esigenze sociali e desiderio individuale.

Non dimentichiamo però che l'offerta genera la domanda e che, a questo punto, non sappiamo più chi solleciti la ricerca scientifica e l'applicazione tecnica, se il medico o il paziente. Ma colui che richiede l'intervento tecnologico sul suo processo riproduttivo può essere chiamato paziente? L'ampiezza degli interessi economici in gioco lo sta forse trasformando in un consumatore.

Tuttavia il divario tra le aspettative degli utenti e i bassi livelli di efficienza raggiunti finora (circa il 12% di successi per ogni ciclo di applicazione) è tale da suscitare il sospetto che la speculazione si alimenti soprattutto di illusioni. La credenza diffusa che le biotecnologie della fecondazione siano «scoperte scientifiche a fini terapeutici» deve essere, se non smentita, almeno problematizzata, così pure il loro impatto sociale.

Attualmente esse tendono a ricalcare, per quanto possibile, il processo naturale e a confermare la famiglia coniugale. Non è un caso che sinora nei centri pubblici si respingano le richieste di coloro che non costituiscono una coppia coniugale e vi sia consentita soltanto la fecondazione *in vivo* e non *in vitro*. Sembra che l'atto rimanga «naturale» solo se accade entro il suo scenario privilegiato: il grembo materno. La sensibilità collettiva prova più resistenza verso la strumentalizzazione dell'utero di quanta non ne sollevi la trasposizione del materiale generativo, soprattutto maschile, da un corpo all'altro. Mentre lo sperma funziona come un sistema di segni che si trasmette attraverso i corpi ed è, in quanto tale, impersonale, il «contenitore utero» costituisce l'aggancio della biologia alla biografia. Se la funzione paterna si afferma nel riconoscimento simbolico, quella materna sembra aver ancora bisogno dell'attestazione dei sensi. Ma lentamente, all'interno della rassicurante simulazione degli accadimenti naturali, si fa strada un desiderio di perfezione che introduce una prospettiva nuova e per certi versi inquietante: l'ingegneria genetica.

Come osserva Alberto Oliverio, non esiste un'altra disciplina come la genetica in cui con tanta rapidità un insieme di conoscenze teoriche si sia tradotto in applicazioni tecniche. La sua capacità di modificare gli organismi viventi, tra cui l'uomo, ha colpito l'opinione pubblica e stimolato un'informazione amplificata, spesso distorta da elementi fantastici (diffusi dal cinema e dalla letteratura), per cui non si capisce più dove finisca la scienza e cominci la fantascienza. La perturbazione emotiva, la coesistenza di speranze e di timori, è infatti tanto più forte quanto più ci si avvicina all'intimità dell'organismo umano e al meccanismo della trasmissione generazionale perché non è più in gioco soltanto il destino individuale ma quello della specie umana.

La genetica ha avuto, negli ultimi anni, applicazioni farmacologiche di straordinaria importanza: nel 1978 viene clonato il gene umano dell'insulina; nel 1987 si ottiene un pomodoro geneticamente modificato per resistere ai parassiti; nel 1988 è brevettato per la prima volta un organismo vivente, un topo modificato geneticamente per studiare alcuni tumori; nel 1990 si effettua un intervento di ingegneria genetica per curare un caso di immunodeficienza ereditaria. Nella primavera del 1997 il mondo è invaso da una notizia che ha fatto epoca: la nascita per clonazione della pecora Dolly. Attualmente gli sviluppi della disciplina stanno procedendo su più fronti. Si colgono risultati straordinari in campo farmacologico dove, modificando il patrimonio genetico, si è giunti a trasformare le cellule in «fabbriche» di sostanze naturali, qualora l'organismo ne sia carente. Eppure questi successi impallidiscono di fronte alle possibili conseguenze dello Human Genome Project, il Progetto genoma umano cui collaborano biologi di tutto il mondo. Per ora sono stati identificati circa un decimo dei 100.000 geni che costituiscono il nostro patrimonio ereditario. La loro conoscenza consentirà di tracciare una sorta di identikit dei tratti fisiologici e patologici individuali e di conseguenza di prevedere il futuro di ciascuno.

La possibilità di modificare positivamente il destino di una persona, intervenendo sui gameti (ovulo e spermatozoo) o sullo zigote (cellula fecondata) per correggere eventuali anomalie congenite, costituisce il punto d'incontro tra la fecondazione artificiale e l'ingegneria genetica. Il passo successivo consiste poi nel passare dalla terapia alla selezione nonché a effettuare interventi correttivi e migliorativi del patrimonio genetico. Alterando i geni di cui si è scoperto il collegamento a determinati tratti umani, sarà possibile programmare bambini con caratteristiche fisiche e psichiche scelte dai genitori.

Osserva la giornalista Gianna Milano: «Chiedere che un figlio sia intelligente, non violento ma neppure troppo timido, non incline ereditariamente all'uso di droga o di alcol, non predisposto alla depressione, con gli occhi di un certo colore, alto, magro, biondo, muscoloso potrebbe far parte del ricco menù dei desideri».[1] Proprio per evitare i danni che possono derivare dall'incontrollata diffusione di geni manipolati, la comunità scientifica si è accordata per bandire interventi di ingegneria genetica a livello dei gameti o dello zigote, facilmente modificabili nel corso della fertilizzazione in vitro. Questi mutamenti infatti, interessando anche le cellule riproduttive, diverrebbero ereditari, con conseguenze imprevedibili sulle future generazioni. Inoltre, anche perché l'omologazione genetica, l'elisione delle differenze, ostacola i processi evolutivi di adattamento, la sperimentazione viene effettuata solo su cellule somatiche, con effetti non trasmissibili. Tuttavia, avverte Alberto Oliverio, malgrado questa precauzione, qualche rischio c'è sempre. Ma più che le conseguenze biologiche, ci interessa qui delineare le possibili variazioni antropologiche.

Nel perseguire un prodotto umano perfetto la biologia genetica collude con l'immaginario parentale, con le sue componenti narcisistiche. È noto che i genitori proiettano sul figlio i loro ideali: vorrebbero che a «sua Maestà il bambino» fossero risparmiate le limitazioni, le delusioni, i dolori che colpiscono i comuni mortali, vorrebbero che fosse sano, intelligente, bello e soprattutto felice. L'ingegneria genetica sembra poter esaudire i loro desideri, ma come abbiamo visto non senza rischi di ricadute difficilmente prevedibili e controllabili.

Con questo non credo che la nuova disciplina vada demonizzata come se dissacrasse la natura o costituisse un'arma dalle conseguenze inesorabili. Come sempre si tratta di concordare limiti precisi e di realizzare controlli efficaci.

Biologia e fantasia: simulazione di possibili effetti

A tale scopo può essere interessante portare al limite i possibili risultati della ingegneria genetica. Proiettati su di uno scenario sociale, ci consentono di smascherare il desiderio inconscio che spesso rimane celato dietro lo schermo della neutralità scientifica e dell'efficienza tecnica. La fantasia, o meglio la fantascienza, è qui utilizzata non per prevedere ciò che accadrà ma per illuminare la parte che rimane in ombra nel gioco delle intenzionalità.

È vero che sulle manipolazioni della filiazione convergono i desideri degli operatori e dei genitori, ma questa collusione innesca anche un conflitto di potere. Ogni tecnica mira infatti al controllo totale del suo ciclo produttivo. Pertanto l'introduzione della biologia nelle istituzioni mediche preposte alla procreazione umana comporta una progressiva presa di possesso da parte dei tecnici dell'intero processo generativo e una conseguente sottrazione della facoltà decisionale dei genitori sino alla loro possibile cancellazione.

Se per certi aspetti si potrà legittimare l'intervento biomedico come terapia o prevenzione, per altri sarà invece evidente il carattere di manipolazione eugenetica. In un primo tempo, di fronte ai figli della scienza, ai bambini prodotti in laboratorio, i figli naturali, generati da comuni mortali con procedimenti tradizionali, sembreranno gravemente imperfetti, approssimativi, rudimentali, inefficienti.

Si creeranno degli standard di normalità così elevati che sarà giocoforza ricorrere a sussidi tecnologici.

Chi vorrà affrontare i rischi di una generazione naturale quando può comportare un figlio imperfetto in un mondo di esseri perfetti? Chi vorrà sottoporlo all'infelicità di essere diverso e per ciò stesso peggiore degli altri? Solo pochi eccentrici, protestatari, marginali irriducibili si ostineranno a produrre bambini «ruspanti» da allevare in apposite riserve. Tutti gli altri si rivolgeranno ai centri più quotati, capaci di fornire, ad alto costo, un prodotto garantito, con marchio di qualità e griffe di prestigio. L'osservazione che in una società di umani perfettamente omologati tornerà ad aver valore la differenza, anche a costo dell'imperfezione, nulla toglie alla tendenza generale. L'industrializzazione, nelle sue espressioni più avanzate, introduce infatti variazioni nei propri standard, ma si tratta pur sempre di eccezioni strategicamente dosate e controllate, che confermano le regole vigenti. Anche la sopravvivenza di «manufatti artigianali» o di «capolavori artistici» rientra ormai nel pervasivo controllo del mercato mondiale. Quando anche la procreazione umana sarà sottoposta alle leggi del prodotto e del profitto, vi sarà ben poco spazio per l'economia autarchica della famiglia.

Il progetto eugenetico, che è sempre stato gestito dallo Stato, in epoca tardomoderna, dato il ridimensionamento di questo istituto, potrebbe cadere nelle mani delle grandi multinazionali e divenire un colossale business.

Tuttavia, quando si affronta il tema «eugenetica», sono in molti a sorridere, considerandolo uno spauracchio del passato, una follia dei totalitarismi, un effetto perverso dell'ideologia nazista della razza pura e del superuomo, che non minaccia certo le società liberali e democratiche. Ma proprio negli ultimi tempi sono emerse notizie inquietanti, che sembrano smentire tanto ottimismo. Da decenni sono in atto nei paesi occidentali più avanzati, come quelli scandinavi, pratiche di sterilizzazione forzata di soggetti portatori di presunte anomalie genetiche. Dal 1935 al 1976 in Svezia sono state sterilizzate a forza 60.000 donne, ritenute mentalmente ritardate o socialmente pericolose. Nel cantone svizzero di Vaud un'analoga legge, varata con l'approvazione di Hitler nel 1928, è rimasta in vigore per vent'anni. Secondo Theresia Haidlmayer, portavoce dei Verdi, in Austria 7 donne su 10, ritenute portatrici di handicap, vengono ancora oggi sterilizzate. Negli Stati Uniti simili interventi sono stati effettuati su larga scala sino agli anni Sessanta.

L'eugenetica «democratica» costituisce uno strumento che, senza clamore ideologico, cerca di razionalizzare la società, di renderla più efficiente e produttiva. Il progetto richiede la mediazione delle istituzioni mediche, la distorsione delle loro finalità terapeutiche e preventive verso impropri scopi politici.

Gli interventi di igiene sociale comportano una presa di possesso autoritaria del processo generativo umano, che desautora ed emargina i genitori. Rispetto a un fantascientifico progetto di controllo centralizzato della procreazione, la famiglia costituirà senz'altro un fattore di resistenza. Ma anche senza presumere alcuna intenzionalità eugenetica, quando tutto l'iter procreativo potrà svolgersi in circuiti extracorporei con una produzione ad alto indice di efficienza ed elevati livelli di qualità, i genitori biologici risulteranno elementi di disturbo, presenze superflue e ingombranti. Per ora manca solo che un'incubatrice sostituisca l'utero materno durante l'intera gestazione. Ma tra non molto anche quest'ultimo anello sarà disponibile. Il progresso tecnico procede infatti dai due lati opposti del tunnel: da una parte si prolunga l'autonomia dell'embrione in provetta, dall'altra si anticipa il momento in cui il neonato prematuro è in grado di sopravvivere fuori dal grembo materno. Il figlio, che già ora si configura come un oggetto, si trasformerà in prodotto e, intorno al suo statuto, si costituiranno rapporti sociali nuovi.

Proseguendo nella simulazione, possiamo quindi immaginare che la famiglia tradizionale diverrà obsoleta, la riproduzione naturale un residuo storico, il figlio biologico un relitto del passato. La famiglia, così come noi la conosciamo, si fonda infatti sui legami di sangue, sulla trasmissione patrilineare, sul divieto dell'incesto. Senza riproduzione biologica, tale struttura rimane un guscio vuoto, una costruzione immotivata. Se portiamo la simulazione sino alle estreme conseguenze, dobbiamo prospettare anche l'eclissi dell'assetto sociale costituito. Esso si fonda infatti sulla famiglia e il venir meno di questo organismo, elemento base della piramide sociale, apre la possibilità di pensare l'inaudito: lo scioglimento dei legami di sangue rende realizzabili aggregazioni nuove e ancora intentate.

La famiglia è sempre stata il luogo della riproduzione sociale. Al suo interno vengono trasmessi, attraverso canali consci e inconsci, messaggi che modellano la personalità dei nuovi nati in conformità alle richieste sociali. Scrive Max Horkheimer:

> Il bambino subisce l'influsso della realtà così come si rispecchia nel medium (familiare) al cui interno cresce. In quanto è una delle più importanti agenzie educative, la famiglia provvede alla riproduzione dei caratteri umani come sono richiesti dalla vita sociale, e dà loro in gran parte la indispensabile capacità di assumere lo specifico comportamento autoritario dal quale dipende in larga misura il sussistere dell'ordinamento borghese.[2]

Tuttavia, in questa funzione di riproduzione simbolica, la famiglia non è in perfetta sincronia con la società ma, come sostiene Freud, arretrata di una generazione. I genitori educano infatti i figli in conformità alle proprie istanze inconsce, costituite dall'interiorizzazione delle loro figure parentali, cioè dei nonni. Pertanto il sistema di norme e di divieti trasmessi dalla famiglia è sempre in ritardo rispetto ai tempi storici e, come tale, costituisce un freno ai mutamenti. Scrive Freud riflettendo sul marxismo:

> L'errore delle cosiddette concezioni materialistiche della storia consiste probabilmente proprio nella sottovalutazione di questo fattore. I fautori di queste concezioni lo ignorano, sostenendo che le «ideologie» degli uomini non sono altro che il risultato e la sovrastruttura delle condizioni economiche esistenti. In questo c'è una parte di verità, ma molto probabilmente non tutta la verità. L'umanità non vive interamente nel presente: il passato, la tradizione della razza e quella del popolo, che solo lentamente cedono il passo alle influenze del presente, a nuovi cambiamenti, sopravvi-

vono nelle ideologie del Super-io e, finché agiscono per mezzo di esso, hanno nella vita umana una parte possente che non dipende dalle condizioni economiche.[3]

Se ipotizziamo una società senza famiglia, quindi senza trasmissione parentale dell'istanza superegale, abbiamo forse estromesso il principale fattore di resistenza al cambiamento. Peraltro la necessità di porre fuori gioco la famiglia per costituire il campo di pensabilità di un nuovo assetto sociale è stata riconosciuta da tutti gli utopisti.

Nella prima e fondamentale utopia, quella platonica, lo scioglimento della struttura familiare è posto a condizione della costituzione dello Stato ideale. Scrive Platone nel libro V della *Repubblica*: «Queste donne di questi nostri uomini siano tutte comuni a tutti e nessuno abiti privatamente con alcuno; e comuni siano i figli, e il genitore non conosca la propria prole, né il figlio il genitore». Il dettato platonico sarà poi ripreso nelle successive utopie politiche di Bruno, Campanella, Bacone sino a quella negativa di Orwell. Quando Rousseau progetta il modello educativo illuministico, sottrae il piccolo Emilio alla famiglia per affidarlo alle cure esclusive di un pedagogo. In ogni caso l'abolizione della famiglia apre il campo del possibile e dell'intentato, libera dal peso della tradizione culturale e della riproduzione sociale.

Ma non soltanto le fantasie del futuro, anche i miti del passato e le narrazioni dell'infanzia hanno bisogno di presupporre un mondo senza famiglie. Le divinità originarie sono antecedenti alla struttura familiare. Adamo ed Eva non sono genitori prima del peccato originale. La creazione del mondo non accade nella coniugalità. Persino nelle favole e nei racconti per l'infanzia necessario presupposto della narrazione è l'orfanità dell'eroe. Il bambino più avventuroso è sempre quello «senza famiglia».

La dimensione del futuro si estende fuori dalle mura domestiche, custodi del passato.

Contraddizioni tra progetto utopico e «uomo nuovo»

Ma a questo punto è inevitabile chiederci: quale uomo usufruirà di tale inebriante possibilità? Un uomo inedito storicamente, senza legami di consanguineità, senza restrizione alcuna al suo desiderio, essendo cadute le barriere dell'incesto. Venuta meno l'identità costituita nel crogiolo del conflitto edipico, espressa dalla dialettica dei suoi fantasmi, come avverrà il riconoscimento di sé? Probabilmente prevarrà l'identificazione centrata sul narcisismo: la fantasia onnipotente, tipica del bambino, dello psicotico o del creativo, di essersi generati da sé diverrà emblematica.

Una fantasia che sembra stia diventando realtà attraverso la clonazione che promette a ciascuno di riprodursi nella identità genetica. In realtà non sarà così, perché questa ipotesi, che tanto ha colpito la fantasia collettiva, minimizza le differenze, che invece si produrranno per effetto delle successive esperienze. Ciascuno di noi è infatti formato dall'interazione del suo patrimonio genetico con l'ambiente, con i processi di adattamento che ha messo in atto nel corso della vita. Nel caso dei gemelli monovulari, ad esempio, il fatto di partire con il medesimo patrimonio genetico non impedisce che divengano due persone diverse. Ma, cercando come sempre di esasperare l'evento, la stampa ha presentato la clonazione come una perfetta duplicazione di sé, come una riproduzione «in fotocopia». Di fronte a tale eventualità l'opinione pubblica ha reagito in modo profondamente ambivalente. Da un punto di vista psicoanalitico l'atteggiamento deriva dalle risonanze che si formano tra le proposte della scienza e la logica dell'inconscio. Innanzitutto il clone rappresenta una negazione della differenza e come tale collude con la particolare logica dell'inconscio che tende a ricercare proprio l'identità e la ripetizione; prescinde inoltre dal rapporto sessuale, e l'inconscio preferisce, come sappiamo, il funzionamento autarchico; in quanto promette di sopravvivere alla morte, il clone conferma poi l'onnipotenza del sogno; infine, poiché lascia sperare che l'Io corporeo divenga perenne, gratifica il narcisismo infantile. Di qui il favore che l'ipotesi ha immediatamente incontrato. Ma vi è anche, nella figura del doppio, una minaccia di disgregazione dell'Io che provoca un'angoscia di morte. La coesistenza di desiderabilità e di paura suscita quella sensazione conflittuale che Freud chiama *unheimlich*, perturbante.

Ma, tornando alla più ampia ipotesi di bambini prodotti in laboratorio dall'ingegneria genetica, di cui la clonazione è solo un caso particolare, oltre all'assetto sociale anche l'economia libidica individuale ne verrà messa in crisi. Che senso assumerà la sessualità al di fuori dello scambio reciproco richiesto dalla procreazione? La mancanza di genitori e la negazione dell'origine dovrebbero favorire il formarsi di una personalità narcisistica e megalomane.

Il corpo femminile dovrà sublimare una predisposizione anatomica e fisiologica alla maternità ormai ingestibile nella dimensione pulsionale. Mentre entrambi, maschio e femmina, dovranno assumere una parentela adottiva coi figli della scienza che enfatizzerà le componenti culturali del rapporto a scapito di quelle corporee.

Finora non conosciamo una società organizzata in tal senso né una figura d'uomo senza possibili parentele. In un certo senso l'esperienza che più vi si avvicina è quella dei bambini ebrei cresciuti, negli anni della utopia sionista, nell'ambiente comunitario dei kibbutz.

Separati dalla coppia parentale sin dalle prime settimane, i bambini potevano incontrare i loro genitori soltanto per alcune ore al giorno. La maggior parte della loro vita si svolgeva in forma collettiva e organizzata. La mancanza di legami parentali assidui e la frammentazione delle figure che si occupano dell'allevamento e dell'educazione dei più piccoli fanno considerare l'esperienza dei kibbutz una anticipazione del futuro. Ritorna perciò ad assumere un interesse cruciale la ricerca che vi svolse il grande psicoanalista Bruno Bettelheim, noto per la sua indagine dell'autismo infantile.

Negli anni Sessanta, dopo aver osservato le modalità di svolgimento di quella eccezionale esperienza di educazione comunitaria e standardizzata, ne ha valutati gli effetti sulla personalità degli adulti, una volta introdotti nella vita sociale (*I figli del sogno*, 1969). Bettelheim ha notato che le istanze psichiche dell'Es, dell'Io e del Super-io sono rappresentate da persone separate, che giocano ruoli differenti per il bambino. Di conseguenza l'unificazione di tali istanze nello psichico adulto rimane precaria. La personalità risulta dominata da un Super-io arcaico, da un Io megalomaniaco e da un Es represso e sublimato, estremamente funzionali alla realizzazione degli ideali comunitari. L'azzeramento delle differenze nella omologazione del gruppo provoca un livellamento delle prestazioni intellettuali su livelli medi, scarso spirito di iniziativa, mancanza di senso critico.

Sembra che l'educazione comunitaria incentivi le capacità sociali coesive e quelle rivolte alla conservazione della situazione data, a scapito delle spinte finalizzate alla dissociazione e al rinnovamento.

Si coglie a questo punto un dilemma paradossale tra la distruzione dei legami familiari richiesta dall'utopia politica e la figura gregaria che produce l'educazione comunitaria. Il progetto radicalmente innovativo del pensiero utopico si scontra infatti con un «uomo nuovo» fondamentalmente conservatore.

Il triangolo edipico, considerato negli anni Settanta il nucleo psichico della conservazione più reazionaria, ritorna a farsi problematico una volta che si profili il suo definitivo abbandono.

Ciò che Deleuze e Guattari, ne *L'Anti-Edipo* (1975), avevano auspicato come rivoluzione politica si sta realizzando come manipolazione tecnologica. Dietro la figlia che mette al mondo un figlio per la propria madre sterile; il figlio che nasce molti anni dopo la morte del padre; il secondo gemello partorito due anni dopo il primo; il padre che ripudia il figlio sociale ma non genetico, per citare solo alcune delle ultime notizie, si profila un evento epocale: la disgregazione della famiglia nucleare e dei suoi legami di consanguineità.

Di fronte a questa eventualità non possiamo abbandonarci alla illusione che il mutamento sia sempre e comunque valido. Né esprimere una condanna generica e astratta che lascerebbe proliferare i fenomeni trasformativi nella clandestinità.

L'uomo sta mutando la sua posizione di fronte ai condizionamenti naturali che per secoli ha concettualizzato nella figura del destino. All'orizzonte si profila la vertigine della possibilità illimitata. Dinanzi a questa sfida non resta che fare appello a tutto il patrimonio di sapere che abbiamo cumulato, alla nostra storia, reinterrogata alla luce di una nuova emergenza e al senso di responsabilità riformulato al di fuori della contrapposizione tra individuo e collettività.

Siamo però del tutto impreparati a vivere responsabilmente un processo che sfugge alla nostra intenzionalità e alla nostra comprensione. Esso si presenta sulla scena sociale in modo improvviso, sussultorio, nella forma dello scoop giornalistico, senza che si renda visibile il progetto complessivo.

XII
Scenari dell'immaginario

> L'Io della donna incinta deve trovare un armonioso compromesso tra la sua identificazione – profondamente incosciente – con il bambino, che è rivolta verso il futuro, e la sua identificazione con la madre; che è rivolta verso il passato ... La maternità è una vicenda che coinvolge a livello di fantasia tre generazioni.
>
> HELENE DEUTSCH

Una ragazza che chiameremo Ada, diciannovenne, romana, vistosamente incinta, è stata fecondata artificialmente con il seme del convivente della madre e ora dagli schermi televisivi ci parla della sua esperienza, con toni di normalità disarmante. È accaduto nel corso della trasmissione di Sergio Zavoli «Viaggio intorno all'uomo». Poco prima aveva preso la parola – assumendo vesti di intransigente moralista – un ginecologo che si scoprirà più tardi essere l'autore dell'intervento.

Se riprendo questo evento limite è perché la sua eccezionalità lascia intravvedere dinamiche psicologiche che altrove rimangono soggiacenti e poco leggibili.

Un figlio «per la madre» costituisce un chiasma rispetto ai casi più frequenti di «un figlio per la figlia», quando è la madre che si fa inseminare dal genero. Oltre alla sostituzione del corpo, la gravidanza di Ada comporta anche una inversione del tempo, un rivolgimento dell'ordine delle generazioni. Il bambino che nascerà sarà geneticamente figlio della figlia ma legalmente figlio della medesima madre, cioè fratello per l'una e nipote naturale per l'altra.

Ma, senza esasperare il facile gioco delle metamorfosi,

vorrei piuttosto utilizzare l'interpretazione psicoanalitica degli eventi, trattandoli alla stregua di un mito.

Chi desidera?

Innanzitutto appare centrale il tema del desiderio. Chi desidera il bambino che nascerà da questa fecondazione intrafamiliare? Il fatto che la risposta non sia immediata ci è utile per problematizzare un luogo comune: quello secondo cui il desiderio riproduttivo sia sempre e comunque di pertinenza della madre. Dato che non sappiamo più chi sia la madre, non ci resta che interrogare il reticolo di rapporti da cui è comunque scaturito un «figlio».

Nei dibattiti sull'argomento si sta ancora discutendo se sia lecito o meno volere un figlio «a tutti i costi», anche ricorrendo alle alchimie della fecondazione indotta. Quanto ai costi, è evidente che essi ricadono soprattutto sulle spalle della donna che si sottopone alla fecondazione artificiale. E sono costi pesanti se si pensa alla tensione emotiva che il ciclo degli interventi induce, all'altissimo rischio di incorrere in una grave frustrazione per i frequenti insuccessi, alle conseguenze organiche e ai rischi che la terapia ormonale intensiva comporta e infine alla riduzione della socialità, della sfera degli interessi e degli scambi, dovuta alle costanti sedute ambulatoriali.

Se è chiaro chi porta il peso del termine «a tutti i costi», non è altrettanto esplicito chi esprima il «volere». Nel caso che stiamo esaminando, ad esempio, la figlia ha accettato di essere inseminata per rispondere a un desiderio della madre. È quest'ultima che, stando alle sue stesse parole, nonostante abbia già due figli grandi – nati da un matrimonio precedente – desidera un terzo figlio dal suo attuale convivente, più giovane di lei e senza figli propri. Poiché non più in grado di divenire madre, delega questo compito alla figlia.

La ragazza si accinge dunque a partorire un bambino per la madre che vuole un figlio per il suo convivente, in quanto crede che egli desideri diventare padre. Come si vede il desiderio è sempre «desiderio dell'altro» nei due sensi: perché viene attribuito all'altro e perché si cerca, esaudendolo, di catturarlo a nostro favore: di farci amare.

Il vantaggio della madre consiste pertanto nel rafforzare la sua relazione col convivente, nell'esaudire, seppure per interposta persona, una voglia tardiva di maternità e nel controllare in un certo senso la sessualità della figlia.

A livello più profondo è però anche un modo per tacitare un sentimento invidioso nei confronti della donna più giovane e bella, per la rivale «biologica», come mostra, nelle favole, l'odio della regina matrigna nei confronti della povera Biancaneve. In questo caso la madre, imponendo alla figlia, con un ricatto affettivo, di metterle a disposizione il suo corpo fecondo, le sottrae il potere generativo che le manca, e lo fa proprio.

Ma possiamo anche presumere, seguendo gli apporti analitici del volume *Corpo a corpo*, curato da G. Buzzatti e A. Salvo, che a un livello più profondo la gestazione in comune riattivi quella fase di fusionalità originaria vissuta da madre e figlia con particolare intensità e persistenza, dove, secondo Jung, «la madre è la figlia e la figlia è la madre».

Per quanto riguarda la più giovane, la sua accondiscendenza rivela sicuramente un atteggiamento di obbedienza filiale, ma esprime anche un gesto d'amore, di vera generosità. Solo le donne sono in grado di cogliere con tanta empatia il desiderio dell'altra, di sentire come propria la sua mancanza, e di rispondere alla domanda di aiuto non soltanto con la mente ma anche col corpo. Freud chiama questa disponibilità «infezione psichica» perché, da medico, ne vede soprattutto l'aspetto di trasmissione dei sintomi per suggestione. Ma credo che vi sia, nella prossimità femminile, una ricchezza ancora da cogliere e valorizzare.

Le motivazioni coscienti e idealizzanti sono però sostenute da una segreta convergenza con le fantasie dell'infanzia. Da tempo la psicoanalisi ha scoperto che le bambine durante i primi anni di vita immaginano di fare un bambino con e per la madre, con conseguenze che abbiamo più volte sottolineato.

In questo modo la bambina prende il posto della madre amata e invidiata per il suo potere riproduttivo e passa dalla posizione passiva di essere generata a quella attiva di generare.

Nel corso dell'intervista, Ada appare sullo schermo stranamente lontana, assorta, quasi trasognata, come i bambini quando si calano interamente nel gioco. Forse sta realizzando la fantasia di maternità che anima il gioco della bambola. Il fatto che il bambino non sarà suo la autorizza a vivere la gestazione nella forma «del come se», della finta, secondo la formula: «Facciamo che io ero...» con la quale si inaugurano i giochi infantili di simulazione.

«Bambino bambola», «figlio fittizio», il nascituro è destinato a non diventare mai un figlio reale per la propria madre. Se scattasse un riconoscimento in questo senso tutta l'impalcatura degli scambi verrebbe meno. È il dilemma che si pone a tutte le «madri portanti», a quelle donne che hanno noleggiato, per amore o per denaro, l'utero ma non la mente, che è assai più difficile regalare o vendere.

Ma è possibile scindere impunemente il corpo dallo psichico? Poiché la frattura mente-corpo contraddistingue la schizofrenia, è giusto perseguire una condizione potenzialmente patogena? Se la gestante in affitto elabora un rapporto reale con il bambino che è in lei, se riconosce i legami che si sono stabiliti, entra inesorabilmente in conflitto con la madre sociale, con colei che desidera il figlio. Si rende allora necessario che il nascituro abbia uno statuto puramente fisiologico per la madre naturale, puramente psicologico per la madre sociale. Sappiamo però che durante la gestazione accadono avvenimenti decisivi per il futuro del bambino. Madre e figlio funzionano all'unisono: le emozioni dell'uno sono le emozioni dell'altro. I pensieri che la madre gli rivolge, gli stati d'animo che gli comunica, stabiliscono un dialogo che incide sulle condotte stesse del feto e poi del neonato.

Desiderio personale e impersonale

La grande psicoanalista francese Françoise Dolto racconta in *Le parole dei bambini* (1988) di come fosse riuscita – in difficili frangenti nel corso dell'occupazione tedesca di Parigi – a calmare il feto che si agitava dentro di lei, rivolgendogli pensieri e parole rassicuranti. Il dialogo madre-figlio non si stabilisce, come si credeva, alla nascita di quest'ultimo ma inizia nel momento stesso in cui la donna riconosce l'esistenza di un altro che vive in lei.

Anzi, come ho più volte sottolineato, la nascita rappresenta un momento di crisi in questo rapporto privilegiato, perché il bambino reale – esterno al corpo materno e relativamente indipendente da esso – può risultare estraneo se confrontato al bambino fantastico, immaginato per tanti mesi e atteso sin dall'infanzia. Si tratta di collegare il rapporto nascente a quello preesistente, ristabilendo una continuità che il parto ha momentaneamente infranto. Nel corso della gestazione il neonato ha comunque sperimentato una forma di comunicazione anticipatoria rispetto a quella del mondo esterno, ha già elaborato forme protomentali di pensiero. Si tratta di tensioni corporee, di imago primordiali, di mentalizzazioni dell'esperienza comunque essenziali al futuro dello sviluppo cognitivo e affettivo.

Ora la «gestazione a nolo» apre due possibili percorsi: o la madre si inibisce di pensare al feto, lasciandolo privo di supporto psicologico, oppure stabilirà con lui un contatto profondo e valido. Nel secondo caso entrambi saranno destinati a patire la separazione prematura e violenta del legame che li avvince.

Ritornando alla situazione di partenza, vorrei soffermarmi ancora un poco anche sulla figura della madre che ha commissionato il figlio, la quale deve essersi precedentemente scontrata con la pesante frustrazione della sterilità. Questo caso dimostra che la sterilità è un vissuto psicologico che non coincide necessariamente con quello somatico. La signora ha avuto due figli ormai grandi e la sua infertilità è per così dire fisiologica.

Ma le donne sentono come una grave ingiustizia biologica il fatto che la loro fecondità sia limitata nel tempo mentre quella maschile è coestesa alla vita stessa dell'individuo.

La sterilità assoluta (non poter avere figli) o relativa (non poter avere un altro figlio) comporta sempre una umiliazione del narcisismo individule e della pretesa onnipotente di esistere per sempre. Ciò collega il desiderio di filiazione all'angoscia di morte e rivela come per l'inconscio il termine «riproduzione» vada inteso alla lettera: come replicazione di sé.

È quindi un desiderio onnipotente di superare i limiti che la biologia impone alla nostra vita che ci spinge a desiderare una esistenza a un tempo uguale e ulteriore rispetto alla nostra. In questo senso la procreazione inscrive il vivente in una genealogia. Ma la riproduzione opera anche a un altro livello: quello, impersonale, della continuazione della specie. Qui il soggetto non è più l'individuo ma il germe vitale che, passando di corpo in corpo, garantisce la perpetuità della materia vivente. A questo livello, la morte dell'individuo è la condizione necessaria alla sopravvivenza della specie. Come sappiamo, si intrecciano quindi, nella generazione, due registri eterogenei: l'uno contraddistinto dal massimo di individualità, l'altro dal massimo di impersonalità, proprio nel senso che l'interesse della riproduzione verte sulla umanità e non sull'uomo.

La coesistenza della doppia gestione che presiede al nascere si rende evidente nelle storie di vita degli individui dove la generazione appare ora come un progetto razionale e cosciente, ora come una necessità assoluta e incomprensibile. Talora la filiazione può presentarsi come un evento casuale successivamente razionalizzato, talaltra come una intenzionalità successivamente smentita. Una cosa sola è chiara: la complessità di questo desiderio, posto all'incrocio della soggettività e dell'anonimia, della cultura e della natura. Sino a qualche generazione fa la volontà vitalistica che regge la continuazione della specie trovava comunque un limite nella fisiologia dell'organismo.

Il calendario biologico diceva «no» a una pulsione istintuale che era così costretta a tradursi in altri desideri, come quello di avere dei nipoti.

Ora invece la medicina della procreazione è in grado di trasformare questo desiderio, con profonde e ramificate radici inconsce, in una domanda lineare di intervento fecondativo. Tutta la complessità e la intrinseca contraddittorietà del desiderio viene misconosciuta a favore di una contrattualità professionale univoca. Spesso il medico e il biologo si rifiutano o semplicemente omettono di interrogarsi sulla richiesta di fecondità loro avanzata, perché in tal modo si sottraggono al rischio di interrogarsi sulla loro risposta. Il prevalere della vita contro la morte, della gioia sul dolore, legittima, nell'ideologia medica, qualsiasi richiesta, compresa l'intromissione della scienza nel luogo «sacro» delle origini. L'empietà del gesto non viene colta perché la scienza stessa è stata sacralizzata dalla nostra cultura e il progresso scientifico divinizzato.

Contraddizioni dell'inconscio ed etica del limite

Nello scandaglio dell'inconscio la psicoanalisi incontra l'esperienza delle origini in quella che definisce «la scena primaria», una rappresentazione innata, che prescinde dalla nostra esperienza individuale. La raffigurazione, che ha l'andamento del sogno, si configura come la visione di un bambino che assiste, non visto, a qualche cosa che può essere interpretato come il coito parentale. Il soggetto guarda ma non partecipa della scena di cui è spettatore assente. L'impotenza che ciascuno di noi vive di fronte alla scena primaria, il suo configurarsi come un mistero invalicabile, segna un limite del pensiero e del desiderio scopico. Mentre questo limite permane nell'inconscio individuale, viene superato, come nel caso in esame, nella realtà sociale, dove la tecnica rende efficaci fantasmi inconsci, senza riconoscerne la natura ambigua e il potere distruttivo. Saremmo meno stupiti e sdegnati dalle contraddizioni del desiderio umano che le biotecnologie innescano (il padre che disconosce il figlio di donatore, la donna fecondata artificialmente che vuole abortire, la madre a nolo che non intende più rinunciare al bambino) se tenessimo conto che l'inconscio non serve solo a sognare. L'inconscio non è il luogo delle tenebre e neppure della luce, non vi dominano né il male né il bene: coesistenza dei contrari e assenza di limite ne fanno una dimensione a-morale per eccellenza.

In uno dei casi clinici più noti della psicoanalisi, per reagire all'angoscia che prova di fronte alle proprie fantasie, il piccolo Hans si rassicura dicendosi: «Ho solo pensato».[1] Freud è solito confortare i propri pazienti nevrotici sulla innocenza delle fantasie, sulla non colpevolezza dei nostri pensieri onirici. Ma che cosa accade quando questi si trasformano in realtà?

Ritornando al bambino romano – figlio della figlia e della madre al tempo stesso – esso ci appare generato direttamente dal desiderio inconscio, dal pensiero notturno, dalla sua logica onnipotente, dalla sua connaturata insofferenza per il rinvio e la rinuncia.

Di fatto egli è prodotto da un atto incestuoso tra il patrigno e la figliastra, anche se non si tratta di una trasgressione biologica perché non vi è consanguineità né rapporto sessuale. Appartenendo alla medesima famiglia, anche se fondata soltanto sulla convivenza, viene comunque violata una legge non scritta, il divieto dell'incesto.

La finalità fondamentale di tale divieto – obbligare i giovani a trovare altrove, fuori dal cerchio della famiglia, il proprio partner sessuale (la cosiddetta esogamia) – è stata disattesa. La famiglia si è chiusa nella propria autosufficienza, sostituendo l'endogamia ai patti di alleanza.

Il fantasma non detto, che rende la scena angosciante, è quello della promiscuità animale. Il divieto dell'incesto costituisce infatti l'atto istitutivo della umanizzazione dell'uomo, il passaggio dallo stato di natura allo stato di cultura.

Senza proseguire in questa analisi, che richiede specifiche elaborazioni, vorrei osservare come le tecnologie riproduttive possano celare, sotto la veste lucente della efficienza e della spettacolarità, ombre lunghe di angosce non riconosciute.

L'aderenza alla modalità naturale della generazione, che giunge sino a mimare per quanto possibile l'atto sessuale, può essere utilizzata per mascherare l'aspetto trasgressivo dell'intervento.

Nell'ambito delle fecondazioni tecnologicamente indotte, la presenza del corpo femminile fornisce un rassicurante aggancio al mito, rappresenta infatti la terra, la potenza vitale della natura. Ma, sull'immobilità di questo sfondo, gli elementi generativi circolano come il denaro e il loro assemblaggio conosce ormai i modi della produzione industriale. Vi è transazione di elementi generativi tra organismi fecondi e sterili, tra uomini e macchine, tra ambiti intra ed extrafamiliari.

I confini tra corpi, desideri e destini diventano evanescenti. Se si considerano gli interessi economici in gioco, vediamo che la vita produce denaro e il denaro vita secondo quell'andamento illimitato che è proprio della produzione capitalistica.

Abbiamo già ricordato come Aristotele estrometta dallo spazio razionale sociale tre figure: la donna, il banchiere e il tiranno. Il loro desiderio illimitato li rende infatti inamministrabili, irriducibili al *nomos* e al *logos* della *polis*. Se sovrapponiamo al banchiere in denaro la nuova figura del banchiere in elementi vitali, al desiderio erotico quello materno, al tiranno la tecnologia, abbiamo collocato su di uno sfondo antico uno scenario tardo-moderno.

Il tutto sotto il segno acritico del progresso scientifico che rischia, così inteso, di diventare la superstizione dei nostri tempi.

Una volta appurato che le nuove tecnologie biogenetiche si sviluppano e si diffondono anche in forza di un desiderio di onnipotenza di natura irrazionale, sorge la domanda: è possibile contrapporre loro una pratica del limite? E se sì, quale può essere il contributo delle donne?

Siamo chiamate a formulare una nostra posizione etica o dobbiamo lasciarci omologare nella massa dei cittadini, riconoscerci nella formulazione sessualmente neutra dei diritti e doveri?

Difficoltà, senso e valore di una moralità materna

Io credo, come è evidente, che dobbiamo – in quanto donne – prendere posizione nei confronti della tecnologicizzazione dei processi vitali, soprattutto in quelli connessi alla maternità, un ambito in cui possediamo esperienze e competenza.

Ma il termine «in quanto donne» è tutt'altro che evidente e rischia di evocare la figura tradizionale della «madre» con tutto il corredo di valori stereotipi che la cultura più reazionaria le ha affidato.

Non è certo rivalutando i legami di sangue che si può elaborare un atteggiamento critico nei confronti delle manipolazioni biotecniche. Né, d'altra parte, possiamo riallacciarci alla storia delle donne che è, primariamente, una storia di subordinazione e di rinuncia all'esercizio della soggettività. Se gli uomini sono in una storia senza corpo, noi siamo in un corpo senza storia.

Ritengo, piuttosto, che si debba pensare all'esperienza materna, ineludibile nel vissuto femminile, rompendo i confini della ovvietà, evitando troppo facili immediatezze.

Innanzitutto occorre ridefinire la sua dimensione al di fuori della pratica concreta della medesima. Vi è, nel nostro genere, una predisposizione all'esercizio della maternità che non può essere elusa. La donna reca in sé una finalizzazione biologica che può essere disattesa ma non negata perché l'anatomia e la fisiologia stessa del corpo femminile si incaricano continuamente di evocarla.

I caratteri sessuali secondari della donna sono prevalentemente materni e il ciclo mestruale introduce il tempo biologico a scandire quello cronologico in un intreccio di temporalità che non conosce l'eguale dal versante maschile. La biologia non ha però parola propria, non significa nulla sinché non viene interpretata.

Solo uno sguardo culturale rende significativi segni di per se stessi amorfi. Ed è, a mio avviso, la riflessione femminista, connessa alla pratica di nuovi rapporti tra donne, che ci permette di dar voce alla maternità, strappandola dal silenzio «madonnale» nel quale è stata relegata. Abbiamo da sempre vissuto esperienze essenziali per la nostra vita, e per quella di tutti gli altri, senza esplicitarne il senso e il valore. Sotto l'urgenza del progresso tecnologico, della sottrazione perpetrata nei confronti della nostra specificità sessuale siamo ora chiamate a pensare ciò che più a lungo è rimasto inesplorato: il rapporto materno.

La coppia madre-figlio sperimenta, durante il processo che conduce dalla simbiosi alla separazione, tutte le modalità di relazione spinte all'eccesso. Inizialmente l'embrione si annida nel corpo materno in base a una sospensione delle reazioni di rigetto che normalmente suscita il trapianto di un organismo estraneo. La vita inizia quindi con una tregua delle facoltà difensive del soma, con una resa biologica all'altro, all'estraneo. Si avvia con ciò una esistenza simbiotica fra due organismi che diviene sempre più interattiva con il trasformarsi dell'embrione in feto. Comunque, durante tutta la gestazione, l'esistenza, la vitalità e il benessere del bambino dipendono strettamente da quello della madre. Questa situazione di reciprocità senza belligeranza, o meglio di fusione delle sensazioni erotiche e aggressive, viene «sfusa» durante il parto quando, nel corso del travaglio, si fanno strada sentimenti di paura, di rivalità esistenziale, di odio. Alla pienezza del corpo gravido si sostituisce il sentimento di perdita e di vuoto della puerpera (la cosiddetta depressione *post partum*). Su questo sfondo di reciproco abbandono si costituisce progressivamente l'unità madre-neonato. Una coppia strettamente allacciata da sentimenti di reciproca onnipotenza. La madre è inconsciamente sicura di comprendere a fondo il suo bambino e di essere in grado di rispondere a tutti i suoi bisogni. Questa convinzione per certi versi immotivata è chiamata da Fornari «paranoia primaria» perché ha caratteri psicotici, sebbene indispensabili alla sopravvivenza del piccolo. Quest'ultimo, da parte sua, si attende una risposta immediata e totalmente appagante della madre. Entrambi sono chiamati infine a sperimentare il crollo progressivo del loro desiderio assoluto.

Data l'immaturità che contraddistingue, alla nascita, il cucciolo dell'uomo, la sua dipendenza dalla madre si prolunga per anni, anche se sottoposta a progressiva attenuazione. Il rapporto materno si snoda pertanto dalla fusione alla dipendenza verso l'autonomia e l'indipendenza. Essere una buona madre comporta di saper perdere progressivamente i propri figli, di aiutarli ad allontanarsi, di accettare che siano diversi da noi e da come li abbiamo sognati. Crescere un figlio significa anche lasciarlo crescere. Eppure il rapporto materno è profondamente differente da ogni altro perché vi è memoria di un'epoca «assoluta», di un periodo della vita in cui è stato esercitato un dominio totale sull'altro, un possesso completo che non sarà eguagliato mai più.

La traiettoria esistenziale che ho schematicamente tracciato ci interessa, in una prospettiva bioetica, perché, come ho mostrato, prefigura la possibilità di un dominio onnipotente che si autolimita, che trova in sé le ragioni e la forza per superarsi. Riprendendo la metafora aristotelica delle «figure dell'eccesso», siamo ora in grado di vedere come siano suscettibili, tutte e tre, di essere riportate nella *polis*. Il tiranno grazie alla mediazione della politica, il finanziere alle regole dello scambio, la donna per effetto del rapporto che intrattiene con il padre del bambino. Poiché il due madre-figlio assume la forma triangolare di padre-madre-figlio, l'onnipotenza si stempera nel gioco incrociato dei desideri e delle interdizioni. D'altra parte la società stessa contiene e modera al proprio interno le tentazioni assolutistiche, che si configurano come una possibile patologia dell'organismo civile.

Ritornando alla madre, la separazione dal figlio non significa abbandono, ma cura, tutela, presa a carico. Innanzitutto «presa a carico» del desiderio del figlio, compreso quello più contraddittorio con il proprio, il desiderio di indipendenza. Per descrivere questa posizione intermedia tra appartenenza e autonomia, possesso e allontanamento, quel tessuto di emozioni e di affetti che si tende senza lacerarsi, rievochiamo ancora una volta lo «spazio transizionale» di Winnicott. Una dimensione che si estende tra il «me» e il «non me», a metà strada tra realtà e fantasia, tra lutto per la perdita dell'oggetto d'amore e soddisfazione per la sua ripresentificazione in forma simbolica.

In quest'area di indecisione – caratterizzata dalla compresenza dei contrari e dalla attenuazione dei conflitti – può essere recuperata una prospettiva etica specifica, espressione di un soggetto non più fondato sull'Io ma sulla relazione.

Dell'originario vissuto di onnipotenza vi si conserva un residuo sotto forma di responsabilità, dall'esperienza di separazione e di perdita deriva invece la consapevolezza del limite. La madre desidera il bene del figlio come il proprio ma, al tempo stesso, sa che diverrà irrimediabilmente altro rispetto a lei. Amore narcisistico e amore oggettuale non si escludono a vicenda ma coabitano in quella che Anna Salvo ha efficacemente denominato «responsabilità desiderante».

Una esperienza cognitiva e affettiva al tempo stesso che così definisce: «Desiderio ed etica si intrecciano a formare un tratto connesso; non si pone l'uno senza l'altro per la Donna: prima ancora che ciascuno risponda con un sì o con un no alla questione reale della maternità, la Donna tesse una trama in cui i nodi del desiderio e le tensioni dell'etica non sono distinguibili».

Come sempre, sessualizzare al femminile il soggetto comporta ridefinire in termini di complessità l'azione corrispondente. In questo caso l'etica adamantina dei valori, propria del pensiero maschile, tutta organizzata e gerarchizzata su di una linea verticale cala nella trama delle relazioni, si carica di corporeità, si anima della erranza del desiderio, si adombra del pensiero notturno.

Per ora sarebbe sufficiente dimostrare la possibilità di un'etica elaborata dalle donne a partire da sé, contraddistinta da uno stile intellettuale e affettivo radicalmente diverso rispetto alla tradizione dominante. Un'etica di tal fatta comporta un soggetto femminile realizzato che ancora non esiste, ma forse la sua costruzione va di pari passo con quella della nostra soggettività.

La soggettività, che sorge dalla tensione tra genealogia e progettualità, tra archeologia e utopia, permette di dire «io voglio», di autodeterminarsi senza arbitrio, assumendosi la responsabilità individuale e collettiva delle proprie azioni.

Varare una legge che metta ordine nell'attuale *far west* procreativo è senz'altro opportuno, ma rischia di rimanere lettera morta se non tiene conto del versante femminile, se non fa appello a un'etica interiore della donna con se stessa, con le donne e con gli altri presenti e futuri. Il nostro diritto di cittadinanza si fonda non solo sulla nostra capacità di superare la dismisura del potere materno, di porre freno alla sua onnipotenza, ma anche di significare e valorizzare la nascita, il gesto inaugurale di ogni vita.

L'esercizio del limite ci rende capaci di possesso senza sfruttamento, di potere senza dominio, di rinuncia senza abbandono, di responsabilità senza assoggettamento, un orizzonte di valori mai realizzato una volta per tutte ma evocato ogni qual volta un «nato di donna» muove i primi passi per allontanarsi da colei che lo sostiene.

XIII
Biotecnologie tra desiderio e responsabilità

> La vita in me va verso l'avvenire
> e io invece vado verso la morte.
>
> HERMANN MINKOWSKI

Premessa

Le tecniche di fecondazione assistita coinvolgono direttamente una percentuale esigua di persone ma, mutando la struttura profonda della famiglia, i rapporti interpersonali e persino il modo di organizzare l'identità personale, finiscono per assumere una funzione emblematica con effetti trasformativi che coinvolgono tutti. Inserendo figure impreviste e funzioni inedite nella intimità della procreazione, mettono in crisi convalidati punti di riferimento, disaggregano immagini di lunga durata, aprono nuovi scenari dell'eventuale, prefigurano trasformazioni alle quali nessuno potrà completamente sottrarsi.

In simili frangenti i saperi «umanistici» possono esserci di aiuto, non ultima la psicoanalisi che – essendo sorta dalla crisi del soggetto classico, dalla frammentazione dell'Io, dalla problematizzazione dei rapporti familiari – appare particolarmente idonea a descrivere le nuove, fragili figure della tarda modernità.

Più che un sapere da applicare alle biotecnologie, la psicoanalisi può aprire una questione sulla necessità di ri-articolare la generazione umana e di ri-definire l'identità dei soggetti procreativi.

La sua pratica, ormai secolare, ci insegna a riconoscere l'esistenza di soggetti e di scambi umani anche là dove appaiono in gioco soltanto oggetti (come ovuli e spermatozoi) e astratti procedimenti combinatori.

Di per sé la tecnica tende a presentarsi come anonima, impersonale e, di conseguenza, a imporre come necessarie e ineluttabili le sue realizzazioni. Ma, per la pratica dell'inconscio, ogni gesto rinvia a un sistema di desideri, pensieri, fantasie, intenzionalità e omissioni dietro i quali si cela un soggetto che interagisce con un altro soggetto, per cui l'indagine si sposta dalla «cosa» alla relazione.

Allo stesso modo evidenziare la rete di comunicazioni esplicite e implicite nella quale ogni atto generativo si inscrive ci permette di sottrarre gli effetti delle biotecnologie all'apparente neutralità dell'agire tecnico-scientifico per consegnarle, come è giusto, all'interrogazione etica. Un'interrogazione che la psicoanalisi cerca di riformulare in termini più articolati rispetto alla psicologia spontanea, recuperando quanto, in ogni esperienza, rimane non pensato, non detto, incomunicato. Evocando un'«altra scena» rispetto a quella delle cose e dei fatti, si evita all'etica di appiattirsi sull'ingannevole evidenza dell'accaduto.

Troppo spesso la riflessione bioetica procede ragionando secondo una concezione pre-moderna dell'uomo, rifiutando di ammettere le «ferite» che proprio la scienza ha inferto all'antropologia umanistica. Tra cui le determinazioni che subiamo dall'inconscio, dalla sua economia narcisistica e onnipotente.

Viene così eluso, in nome del rigore argomentativo, il paradigma della complessità che contraddistingue la scienza contemporanea.

Poiché lo sguardo del ricercatore si appanna quando si avvicina al cuore dell'uomo e al segreto congegno delle generazioni, non vede che la procreazione artificialmente indotta è un luogo di produzioni immaginarie individuali e collettive che nessuno è in grado di controllare pienamente. Molte delle attuali realtà sono state un tempo fantasie letterarie e ipotesi fantascientifiche considerate, in quanto tali, innocue simulazioni da non prendere affatto sul serio.

Ma da quando la tecnica fornisce un efficace braccio temporale all'impero dell'immaginario, è giocoforza operare una ricognizione dei più segreti archivi della mente per disinnescare il potenziale distruttivo insito nell'energia creativa stessa.

Non si tratta però di affidare agli psicologi la valutazione di chi può o non può essere genitore: le attribuzioni demiurgiche sono sempre assai pericolose. Meglio riconoscere che le dinamiche che ci spingono alla generazione sono molteplici e complesse e che vi gioca un ruolo rilevante l'intolleranza del limite. Il principio del piacere (voglio tutto subito) non è soltanto una caratteristica dell'infanzia ma una modalità dell'economia inconscia che si ripropone instancabilmente, per tutta la vita. L'avvertimento di Shakespeare che il sonno della ragione genera mostri non ha perso, alla fine di questo millennio, valore e attualità.

L'inseminazione assistita tra passato e futuro

Abbiamo visto come, un tempo, la nascita dei figli fosse l'ovvia conseguenza del matrimonio. La scelta riguardava la coniugalità, non la genitorialità che andava, per così dire, da sé. Ora invece le coppie vogliono decidere se, quando e come divenire genitori.

La modificazione degli atteggiamenti si riflette efficacemente nell'espressione «fare» piuttosto che «avere» un bambino.[1]

Nel «fare» un figlio i coniugi si «fanno» genitori, accettandone tutte le conseguenti responsabilità. Responsabilità ingigantite rispetto a quelle di un tempo perché non si tratta solo di crescere un bambino ma di realizzare una persona, accompagnandola lungo il percorso della vita, senza mai sentirsi autorizzati al disimpegno. In tal modo la filiazione reintroduce elementi di irreversibilità nel matrimonio moderno che intendeva fondarsi, con la legalizzazione del divorzio, sulla contrattualità revocabile. Di fronte alla separazione familiare tutti sono d'accordo che si può cessare di essere marito e moglie ma che non si può in nessun caso smettere di essere genitori.

Poiché la responsabilità genitoriale diviene il «nocciolo duro» della famiglia, la nascita di un figlio comporta la ripresa di un elemento di familiarismo tradizionale, stabilizzante e integrante, enfatizzato paradossalmente proprio dalla maggior autonomia in termini di progettualità procreativa. Un figlio «voluto» risulta più responsabilizzante di un figlio semplicemente «accettato». Inoltre, quanto più i legami affettivi si fanno fragili e ansiogeni, tanto più si rinsaldano quelli biologici, con un effetto inatteso di «ritorno indietro», provocato probabilmente da mutamenti dei rapporti umani così repentini da non essere stati ancora sufficientemente elaborati.

Una riprova di tutto questo si rintraccia nei differenti modi di rispondere alla sterilità: negli anni Settanta l'interesse verteva sull'adozione e l'affidamento, sentiti come ideali sociali ma, dagli anni Ottanta, l'ottica si è progressivamente spostata sulla fecondazione artificiale, che conferma piuttosto i valori di continuità, di simiglianza, di realizzazione personale.

Il motivo che spinge le coppie a preferire la fecondazione artificiale rispetto all'adozione o all'affido consiste innanzitutto nel mantenimento di un vincolo biologico: «che nostro figlio sia parzialmente nostro», «che assomigli almeno a uno di noi due», «che abbia una parte del nostro patrimonio cromosomico». In altri termini è il valore della consanguineità che ritorna, con tutto il suo corollario di autoaffermazione, diffidenza verso l'estraneo, salvaguardia del certo e del noto.

Al tempo stesso però la donazione di materiale generativo, sperma e ovulo e, al limite, la stessa offerta di un utero gestante, prefigurano dinamiche di solidarietà genetica senza precedenti. Si tratta probabilmente di un'utopia, ma non possiamo ignorarla senza impoverire il nostro futuro.

Per ora vige un sistema di contraddizioni assai difficile da disinnescare. Da una parte, rifiutare gli interventi medici di sostegno alla procreazione in nome di una inviolabile naturalità del processo generativo finisce per ridurre l'uomo all'identità biologica e alla fisiologia dei rapporti sessuali, dall'altra, aprendo la trasmissione della vita agli scambi sociali, si rischia di consegnare la filiazione alle logiche del mercato e della speculazione.

La ridefinizione del nesso sessualità-procreazione è affidata all'istituzione medica, a una rete di potere, di sapere e di rilevanti interessi economici, articolata e diffusa. Entro e intorno al suo perimetro opera una serie di figure «competenti» – il biologo, il ginecologo, il sessuologo, lo psicologo, il sociologo, il giornalista, il sacerdote, il politico – tutte portatrici di un discorso valutativo e pertanto più o meno esplicitamente normativo, che i «profani» spesso subiscono inconsapevolmente.

In tal modo il potere sulla generazione, che negli anni Settanta le donne avevano rivendicato per sé, viene recuperato dalla società in una nuova versione impositiva: quella impersonale, anonima e apparentemente obiettiva della istituzione medica. Seppure con minor clamore, va in questa direzione anche l'elevata percentuale di tagli cesarei (più del 20% del totale) e la diffusione dell'anestesia perineale per alleviare i dolori del parto. Due interventi di diversa portata ma accomunati dal fatto di passivizzare la donna e di riconsegnare al medico, che stava per essere emarginato dalla scena del parto, la posizione di protagonista.

L'esperienza femminile della maternità, benché entro certi limiti predeterminata dal corpo, dalle pulsioni e dalle figure dell'immaginario, si evolve così entro una ideologia che si sta costruendo giorno per giorno, in risposta ad avvenimenti «scientifici» strillati e a reazioni sociali scomposte, frammentarie, contraddittorie. Ricordiamo in proposito tre notizie scandalistiche, che hanno per protagoniste tre donne sottoposte a fecondazione artificiale, delle quali l'una diviene madre dopo i sessant'anni, l'altra ottiene di essere fecondata con quattro gemelli (ne nasceranno tre) e l'ultima, una nera sposata a un bianco, di generare (tramite ovodonazione) un figlio sicuramente di pelle chiara.

Dietro le loro scelte si cela un coagulo di desideri, paure, pregiudizi, speranze difficilmente analizzabile perché coincide con la nebulosa nella quale il secolo si va dissolvendo.

Il percorso di cura e i suoi fantasmi

Abbiamo già analizzato, a proposito della sterilità, il fatto che chiedere un intervento di fecondazione artificiale costituisce già una scelta tutt'altro che facile. Diamo per scontato che la coppia si sia già sottoposta a tutte le possibili cure farmacologiche e che non le rimanga altro che procedere alla fecondazione tecnicamente indotta.

A questo punto entra nell'intimità della coppia coniugale (la consideriamo tale anche se non ufficializzata) una nuova rilevante figura: il ginecologo specialista in fecondazione medicalmente assistita. Mentre un'altra figura, altrettanto rilevante, quella del biologo che opera in laboratorio, rimane nell'ombra, quasi costituisse un doppio del medico curante.

Spesso i richiedenti devono o preferiscono recarsi in una sede lontana dalla propria abitazione. In certi casi hanno validi motivi per nutrire fiducia nei confronti di quello specialista, altre volte invece sono attratti dalla «fama»: lo si è visto in televisione o si è letta una sua intervista sui giornali e si ha l'impressione di trovarsi di fronte a un taumaturgo, dotato di poteri quasi magici. Un simile inizio non è tra i più promettenti perché favorisce l'attesa di soluzioni onnipotenti. Quando la coppia nutre nei confronti del terapeuta un atteggiamento fideistico, il loro rapporto è a rischio. Ove le illimitate speranze iniziali vadano deluse, si può innescare negli aspiranti genitori una spirale di rancore, recriminazione, denigrazione, sino a giungere a una vera e propria persecuzione verso il medico che, «potendo tutto», non ha saputo o voluto ottenere nulla. Per fortuna un esito così infausto è piuttosto raro. Quando accade, è stato spesso alimentato da una segreta collusione tra le illusioni del medico e del paziente. È vero che per curare bisogna voler guarire, ma non si guarisce nessuno se lo si vuole troppo.

Il rapporto terapeutico comporta sempre, a livello inconscio, una certa infantilizzazione del paziente. In quanto figura in autorità, che detiene sapere e potere, il medico incarna infatti il padre. Ma nella misura in cui si cura del corpo debole e sofferente, lo scruta, lo manipola, interviene per ripristinare benessere ed efficienza, riattiva invece l'immagine della madre.

Questa doppia figura genitoriale entra in gioco con particolare intensità quando si tratta di «fare un bambino», un desiderio che già nell'infanzia era stato fantasticato in relazione ai genitori, all'interno delle dinamiche di amore e di odio sperimentate nei loro confronti. In particolare le bambine, nella fase pre-edipica (dalla nascita ai 2 anni) desiderano dare un bambino alla madre, nel periodo edipico (dai 3 ai 5 anni) fantasticano invece di ricevere un bambino dal padre.

La riattualizzazione di quelle precoci esperienze infantili fa sì che le pazienti siano indotte ad attribuire al medico, come un tempo ai genitori, onniscienza e onnipotenza e che tendano pertanto a cedergli completamente la gestione della cura, assumendo nei suoi confronti una posizione dipendente e passiva.

Tale atteggiamento, che contraddistingue ogni rapporto terapeutico, è però particolarmente pericoloso nel corso della fecondazione assistita perché il suo percorso comporta scelte che non possono essere delegate a nessuno.

Per tutti questi motivi il colloquio iniziale con il ginecologo svolge una funzione decisiva nell'impostare una relazione terapeutica corretta. Solo se la coppia si assume subito le proprie responsabilità può uscire da quella condizione di «minor età» in cui inizialmente la pone la domanda di aiuto. Il consenso informato non può essere inteso né da una parte né dall'altra come preventivo sgravio di responsabilità, ma come l'impegno di vivere da soggetti, nel senso grammaticale del termine, il progetto che si sta per varare.

Ma la responsabilità resta una parola vuota se non si possiede almeno una certa conoscenza di ciò che accadrà e se non si sono già compiute opzioni morali che orientino le singole decisioni.

Il nuovo paziente deve essere abbastanza competente per interloquire con lo specialista e abbastanza saggio per essere in grado di compiere consapevolmente scelte che oltrepassano la singola vita.

È perciò opportuno che circolino in forme divulgative conoscenze scientifiche corrette e problematiche, fruibili anche dai non «addetti ai lavori» e che il dibattito bioetico esca dai recinti specialistici.

Quando si avvicina il momento di decidere che cosa fare, sarebbe poi utile favorire una serie di incontri tra le coppie in attesa di fecondazione indotta con altre che, con esiti diversi, hanno già compiuto quel percorso.

Di fronte alla complessità dei loro vissuti sarà possibile, per la coppia che inizia il percorso, non solo prevedere la ricchezza ma anche la difficoltà dell'impresa.

Ricordiamo che nelle gravidanze da fecondazioni medicalmente indotte risultano, da alcune ricerche statistiche, più aborti spontanei mentre, per quanto riguarda le nascite, vi è una maggior frequenza di parti multipli e prematuri, nonché di mortalità perinatali e infantili. Non vi sono invece dati comparati per quanto concerne l'incidenza di anomalie congenite.[2]

La fecondazione omologa e l'intimità violata

La fecondazione detta «omologa», che accade entro la coppia coniugale o comunque stabile, è l'unica ammessa a fruire delle strutture pubbliche, in base alle direttive tuttora vigenti del ministero della Sanità.

In questo caso i tempi sono quelli fisiologici, i confini della famiglia rimangono sociologicamente inalterati, mutano però i modi della copulazione.

Innanzitutto lo sperma, anziché essere spontaneamente emesso all'interno del rapporto sessuale, viene di solito raccolto tramite un atto masturbatorio. Lo stesso gesto assume valenze diverse a seconda delle culture dalle quali proviene l'aspirante genitore. «Ho quarant'anni e non posso comportarmi come un ragazzino!» esclama un uomo, interdetto di fronte alla provetta da riempire di liquido seminale. Altri si mostrano disinvolti ma accade anche che si produca un blocco dell'erezione difficilmente superabile.

Le cose vanno meglio se la raccolta dello sperma può essere compiuta nel privato, a casa o nella camera dell'albergo ove temporaneamente la coppia risiede quando il centro medico è lontano dalla propria abitazione. In certi casi è possibile anche, dopo un rapporto sessuale, raccogliere il liquido seminale dalla vagina e trasferirlo ambulatoriamente in provetta, purché questo avvenga entro poche ore. Ma comunque si proceda permane un'aura di artificialità e di strumentalità che si estende all'intero processo fecondativo rendendolo «freddo» rispetto al desiderio sessuale e al piacere dell'intimità condivisa.

Per ridurre il senso di estraneità, l'inseminazione della donna viene spesso effettuata dal ginecologo in presenza del marito, in modo da riprodurre, per quanto possibile, un contesto di coniugalità. Tuttavia la riservatezza della coppia resta inevitabilmente violata dal fatto di trovarsi in un luogo pubblico, dinanzi a una presenza estranea, a uno sguardo indagatore, a un intervento intrusivo.

Chi genera? Il marito che ha offerto il seme o il terapeuta che compie l'atto creativo di fecondare il grembo femminile? La risposta è chiara e univoca per la ragione: il padre è colui che la donna ha prescelto come tale. Ma per l'inconscio le cose non sono così semplici. Indubbiamente scatta tra la paziente e il suo medico una relazione di transfert che, benché favorevole alla cura, risulta tuttavia perturbante per la relazione coniugale. Il marito non può in quei frangenti non sentirsi emarginato, passivizzato e, per la logica elementare del pensiero notturno, impotente.

Per evitare l'insorgere di una crisi depressiva sarà opportuno che il ginecologo si defili affettivamente, lasciando per quanto possibile spazio alla fragile paternità nascente.

Nella nostra società la paternità, avendo smarrito figure e valori propri, si appoggia prevalentemente sull'immaginario materno. Il futuro padre partecipa delle fantasie della partner, le fa proprie e, di conseguenza, sogna, desidera, fa, ciò che la sua donna va mentalmente elaborando o effettivamente vivendo.

Sarà poi il neonato, con la forza vitale e l'evidenza percettiva della sua presenza nel mondo a rassicurare padre e madre delle loro capacità generative e dei rispettivi ruoli genitoriali.

Quando si passa dall'attesa al possesso del figlio, il passato subisce una radicale riorganizzazione ed è così possibile risimbolizzare a posteriori quei rapporti che in un primo tempo sembravano prevalentemente fisiologici. A quel punto la figura del ginecologo, che con la sua azione ha permesso la trasmissione della vita, passa nel rango degli antenati, delle «divinità» protettive che, fuori dal tempo, vigilano sulla continuità della famiglia.

Il donatore di sperma tra estraneità e presenza

Sinora il nucleo più problematico delle fecondazioni indotte è costituito dalla donazione di sperma, ovulo o embrione.

Quando l'uomo che vuole un figlio non è in grado di produrre spermatozoi efficienti o in numero sufficiente, la funzione paterna può essere vicariata da un donatore di seme.

Questa eventualità non è priva di benefici perché il donatore viene preventivamente sottoposto a una serie di esami clinici che escludono gravi patologie, mentre normalmente non si chiede al proprio partner sessuale nessuna patente sanitaria.

Sappiamo inoltre, da alcune rilevazioni, che i donatori sono in genere giovani uomini che, offrendo il proprio seme, non intendono divenire genitori ma semplicemente compiere un gesto di solidarietà verso le coppie sterili. Nel nostro paese la donazione non prevede compenso ma soltanto un modestissimo rimborso spese. Il vantaggio secondario del donatore può essere quello di sottoporsi a un complesso check-up gratuito e di sentirsi rassicurato sulle proprie capacità generative senza impegnarsi in una vera e propria paternità.

Il sospetto psicoanalitico ci avverte, comunque, che sull'«altra scena» le cose si complicano, dato che nulla è meno gratuito del dono.

Probabilmente giocano, nella scelta di spendere il proprio potenziale generativo fuori da ogni relazione, desideri inconsci di onnipotenza, di creatività illimitata, di duplicazione narcisistica di sé.

Siamo fantasticamente fuori dal perimetro edipico, dalle sue coordinate di desiderio e di divieto, in un'area antagonistica che possiamo definire anti-Edipo.

La scissione tra generatività e paternità, per quanto problematica dal versante del donatore, della sua integrità psichica, è tuttavia funzionale per quanto concerne il bambino che nascerà e i suoi genitori. Il fatto che il donatore non possa mai essere identificato impedisce che rimanga sospesa sulla testa della famiglia sociale la spada di Damocle di una rivelazione sconvolgente. Il padre che è stato geneticamente vicariato non potrebbe mai sentirsi sicuro di sé se permanesse la possibile intromissione di un genitore naturale. Il suo compito, che è anche normativo e repressivo, sarebbe privo di legittimità se venisse considerato una supplenza provvisoria. Secondo quanto è avvenuto in altri Paesi, il fatto di rendere note le generalità dei donatori tende ad annullare le donazioni. A riprova che la loro motivazione non è la filiazione.

Nei casi in cui il coniuge conserva un margine di fecondità, si ricorre spesso alla prassi di miscelare preventivamente il suo seme con quello del donatore. In tal modo la coppia non sa chi sarà il padre, se il neonato deriverà dall'uno o dall'altro. Lo stratagemma è volto a ridurre il senso di estraneità che suscita ogni donazione ma elude una condizione irrinunciabile: il diritto di ogni figlio di conoscere la propria origine.

Per quanto riguarda poi il pericolo che due persone – generate con l'intervento dello stesso donatore anonimo e quindi parzialmente fratelli – si sposino tra di loro, realizzando così un inconsapevole incesto, va detto che le probabilità sono statisticamente minime. Per ridurle ulteriormente sono poi previsti limiti molto rigidi del numero delle donazioni e della loro destinazione. Secondo il codice di comportamento della Società italiana di fertilità e sterilità (SIFES), si escludono infatti i donatori dopo cinque figli, nati in cinque differenti famiglie. È consentito ai centri richiedenti scegliere il seme in base alla somiglianza fisica tra donatore e «padre sociale», limitatamente a questi caratteri: colore della pelle, dei capelli, degli occhi, altezza, gruppo sanguigno. La preselezione del sesso è limitata ai casi di patologia genetica con trasmissione legata al genere. Sono escluse invece caratteristiche acquisite, derivanti dall'ambiente sociale e culturale.

Ma, se è possibile escludere quasi completamente l'eventualità di un incesto reale, la regola assoluta viene tuttavia trasgredita. È vero che vi sono sempre stati figli adulterini, la cui paternità era nota soltanto alla madre, ma comunque qualcuno la conosceva e poteva, rivelando la verità, scongiurare l'incesto. Mentre il donatore di gameti costituisce, nella struttura matematica delle parentele, un'incognita irrisolvibile.

Comunque i suoi effetti più inquietanti non riguardano la realtà ma la fantasia. Poiché nessuna donna può accettare di essere fecondata da una «cosa», cercherà con l'immaginazione di dare un volto e un nome a colui che l'ha resa madre.

Molti considerano tale rapporto un adulterio virtuale, forse più disturbante di un adulterio consumato. È vero che tutte le donne fantasticano un partner ideale contrapposto a quello reale, ma in questo caso vi è qualche cosa di più: l'«amante» si è realizzato nel figlio, esiste in lui come patrimonio cromosomico e tratti somatici e caratteriali possono in ogni momento presentificarlo agli occhi dei genitori. Per il padre sociale questo «fantasma» costituisce un pericolo da esorcizzare e a tal fine tende a utilizzare meccanismi di rimozione, sostenuti e alimentati dal «segreto di famiglia». Ma, come insegna l'esperienza psicoanalitica, gli eventi traumatici non elaborati dalla mente, espulsi dalla porta della coscienza, tendono a ritornare dalla finestra del corpo, a trasformarsi in sintomi organici. Si assiste infatti, con una certa frequenza, al sopraggiungere, nei padri vicariati, di stati depressivi o ipocondriaci. È perciò importante costruire una cultura della paternità adeguata alle nuove figure di genitorialità. Come dimostra il sempre più diffuso ricorso alle prove genetiche per stabilire la paternità, vi è invece una tendenza contraria, che riconosce nella consanguineità piuttosto che nella presa di responsabilità la verità dei rapporti familiari.

Finora abbiamo parlato di donatore al maschile in quanto sono numericamente prevalenti le donazioni di sperma.

Si prevede però una loro diminuzione nella misura in cui è già possibile prelevare dall'apparato generativo dell'uomo sterile degli spermatidi, spermatozoi non dotati di motilità propria ma che, iniettati direttamente nel citoplasma dell'ovulo, possono fecondarlo. Su questo metodo, detto ICSI, vi sono tuttavia non poche perplessità perché il materiale generativo così recuperato non ha avuto modo di manifestare caratteristiche di normalità cellulare e si teme pertanto che possa trasmettere malattie genetiche.

Da una donna all'altra: la donazione di ovuli ed embrioni

Dobbiamo ora considerare il caso, meno frequente, che si ricorra a donazione di ovulo. Mentre è possibile da tempo conservare lo sperma a basse temperature, lo stesso processo è più difficile per gli ovuli, tanto che solo recentemente si sono avuti successi anche in questo ambito.

Mentre la donazione di sperma è un'eventualità che fa ormai parte delle conoscenze comuni e il donatore ha per così dire un profilo pubblico, nulla si sa della donatrice di ovuli.

E infatti non si tratta all'origine di un gesto rivolto all'esterno, ma di ovuli che sono stati raccolti, dopo un'iperstimolazione ormonale, per fecondare una o più volte la donna stessa che li ha prodotti. Quando è stato raggiunto lo scopo, alcuni possono però risultare in eccesso e, se la donna lo consente, essere donati, cioè servire per fecondare un'altra donna che rimarrà ignota alla donatrice. La ricevente avrà così la possibilità di gestare e partorire un bambino, figlio almeno del proprio partner.

Carlo Flamigni ha osservato, in base alla sua esperienza clinica, che psicologicamente la coppia accoglie meglio la donazione di ovulo rispetto a quella di sperma. La madre che riceve il dono può infatti recuperare la delusione narcisistica indotta dalla sostituzione genetica nel successivo processo della gravidanza, molto più rilevante emotivamente di quanto non sia la semplice fecondazione.

Sappiamo inoltre che tradizionalmente il patrimonio ereditario è attribuito allo sperma, mentre all'ovulo spetta, nel pensiero comune, soltanto la funzione di nutrire il feto. Infine i corpi femminili ammettono tra di loro una maggior prossimità e reciprocità rispetto a quelli maschili.

Eloquente, in proposito, un episodio della Bibbia, dove si racconta la maternità vicariata di Sara che, non riuscendo ad avere figli propri, così si rivolge al marito Abramo: «Unisciti alla mia schiava, forse da lei potrò avere figli». Nel diritto mesopotamico infatti il figlio della schiava poteva essere considerato figlio della moglie stessa, purché venisse partorito sul suo grembo (Genesi, 16, 2).

Vi è infine la possibilità che la donna sterile riceva in sé un ovulo già fecondato, donatole da un'altra donna, un embrione precedentemente congelato. Poiché, nel corso della fecondazione artificiale, per non affaticare la paziente con successivi prelievi, si producono più embrioni rispetto a quelli che saranno effettivamente impiantati, spesso ne rimangono in sovrannumero. Essi possono essere conservati per ulteriori gestazioni, distrutti oppure donati. Il codice deontologico che i medici aderenti alla SIFES si sono dati prevede che i coniugi firmino un «contratto» in cui esprimono la loro volontà circa il destino degli embrioni congelati non utilizzati. È comunque proibita la manipolazione dei pre-embrioni e degli embrioni.

Quando la madre offre al figlio la gravidanza ma il bambino sarà geneticamente estraneo a lei e al marito, ci si trova al limite tra la fecondazione artificiale e l'adozione. In un certo senso si tratta dell'adozione di un embrione e il bambino che nascerà sarà sentito «meno proprio» di quello naturale ma «più proprio» di quello adottivo.

In ogni caso il modo di vivere le complementari esperienze di donare e di ricevere materiale generativo risente del clima sociale e culturale nel quale gli eventi accadono.

La sociologa Marina Mengarelli ha osservato, in un recente convegno presso l'Università di Bologna, che vi sono tre diversi modi per valutare la possibilità della donazione di ovuli (ma anche di spermatozoi): esasperare la rottura rispetto alla tradizione, problematizzare l'evento, oppure mettere in discussione i propri stessi presupposti teorici. In questo caso «si accede a un modello culturale della genitorialità e della filiazione, quello della donazione, che vede il fulcro nella genitorialità sociale nell'assunzione della responsabilità che ne deriva nei confronti del nascituro. Il modello della genitorialità sociale, della donazione, è poi lo stesso che si ritrova alla base di pratiche ben più consolidate, che prevedono l'assunzione di responsabilità e la presa a carico di bambini già nati, quali l'adozione, l'affido, l'adozione a distanza». Poiché nel nostro Paese la cultura della donazione è molto arretrata (si pensi con quante difficoltà procedono le donazioni di organi) essa dovrebbe essere motivo di informazione e di formazione, estendendo la solidarietà allo scambio del patrimonio biologico.

Procreazione artificiale come percorso di scelte

Abbiamo già visto come il tentativo di superare la sterilità grazie alle biotecnologie comporti sempre una serie di scelte: quando, dove, con quale medico, secondo quali procedimenti.

È vero che non spetta alla coppia ma all'esperto, in base a precise valutazioni diagnostiche, decidere come sia meglio procedere, ma i suoi interlocutori possono vagliare le probabilità, i costi e i rischi e, al limite, rifiutare l'intervento.

Sin dall'inizio i richiedenti devono conoscere quali sono gli elementi positivi e negativi dell'induzione dell'ovulazione multipla. L'utilità di produrre più ooctiti è ormai indiscussa: infatti la percentuale di gravidanze aumenta in relazione al numero di embrioni trasferiti. Anche se, a un certo punto, indurre gravidanze multiple può pregiudicare il risultato finale: un bambino nato a termine e sano. Anche questa è una scelta da vagliare insieme al medico curante.

Ma, per prima cosa, è la stimolazione ovarica stessa a porre problemi, dato che gli effetti secondari non sono da sottovalutare. Ad esempio il clomifene (una sostanza di sintesi chimicamente simile agli estrogeni) se somministrato in quantità eccessive può indurre la formazione, benché recessiva, di cisti ovariche.

Inoltre il frequente monitoraggio delle fasi di stimolazione, condotto essenzialmente con valutazione ecografica, richiede un impegno periodico che incide pesantemente sul tempo di vita della donna, sulla organizzazione familiare e lavorativa.

Credo inoltre, per l'unità corpo-mente, che insieme all'organismo venga stimolata anche la psiche, che i farmaci inducano, insieme all'ovulazione, anche una predisposizione psichica alla maternità.

L'incontro dei due gameti e la conseguente formazione di un embrione in vitro provoca poi uno spossessamento del potere generativo che solo il figlio riesce davvero a recuperare. In un laboratorio di Parigi fu chiesto tempo fa agli aspiranti genitori se volessero assistere al momento della fusione, a opera del biologo, delle loro cellule germinali. La maggior parte rifiutò l'invito, considerando voyeuristico uno «spettacolo» che la natura stessa preferisce occultare ed empia la violazione della sacralità delle origini.[3]

Ancor prima di realizzare un embrione *in vitro*, può però porsi l'alternativa tra vari metodi di fecondazione.

L'opzione presuppone una precisa conoscenza dei procedimenti e dei risultati. Ad esempio, le tecniche più vicine al processo naturale, come la GIFT, sono anche le più invasive. Infatti mentre la FIVET (fecondazione *in vitro*) comporta un'aspirazione dei follicoli con un procedimento ambulatoriale, che non prevede anestesia generale e particolare stress per la paziente, nella GIFT (fecondazione *in vivo*) il prelievo e il successivo immediato inserimento degli ovociti in tuba necessitano di ricovero ospedaliero e anestesia generale.

Vi è inoltre il delicato argomento delle probabilità di riuscita. Esse variano soprattutto in base all'età della donna, ma sono proprio le donne meno giovani a richiedere l'assistenza medica alla procreazione.

Le percentuali di successi e di insuccessi fornite dal medico possono essere manipolate in base ai parametri utilizzati per valutarle. Ciò che interessa alle aspiranti madri è ottenere un bambino da stringere tra le braccia mentre, molte volte, si ostentano risultati positivi in base a gravidanze che non saranno mai portate a termine.

Un centro serio e ufficialmente riconosciuto offre, in questo senso, le migliori garanzie di obiettività. Accade però che alcuni pazienti, in cerca di illusioni, di fronte a prognosi severe, si rivolgano a cliniche più corrive, a costo di pesanti delusioni.

Tra le scelte che la coppia, ma in primo luogo la donna, può trovarsi ad affrontare vi è, come abbiamo visto, l'esistenza di ovuli in sovrannumero, ma soprattutto quella di embrioni in eccesso.

Fecondare più ovuli consente infatti, non solo di aumentare le probabilità di successo, ma anche di scegliere gli embrioni migliori per l'impianto e di disporre di un certo numero di embrioni congelati se si dovesse ripetere l'innesto. Per la FIVET la regola è di non inserire più di tre embrioni nelle donne inferiori ai trentasei anni e non più di cinque nelle altre.

Ora i ginecologi più attenti cercano di produrre il minor numero di embrioni compatibile con le maggiori possibilità di successo.

Ma la coppia stessa può entrare in merito alla valutazione di queste opportunità. Certo così facendo si introducono, nel procedere obiettivo e razionale della tecnica, elementi di perturbazione – emozioni, sentimenti, passioni – che rischiano di rendere meno lineare il suo percorso. Ma il consenso informato è anche questo.

In certi casi la donna considera già figli gli embrioni congelati e soffre di saper racchiusi i suoi microscopici «bambini» in una fredda prigione di vetro. A maggior ragione il dilemma si ripropone nel caso di gravidanze multiple, quando il numero degli embrioni sia tale da pregiudicare la nascita di neonati sani, privi di handicap. In questo caso però la necessità di salvaguardare la vita e il benessere dei propri figli apporta una nota di speranza rispetto all'inevitabile sacrificio di alcune potenzialità.

Il fine è comunque una vittoria della nascita sulla sterilità, della salute sulla malattia. Anche in questo caso però è possibile scegliere tra l'eliminazione, la conservazione o la donazione degli embrioni in eccesso e la coppia, debitamente informata, deve essere posta in grado di decidere insieme ai sanitari sul destino del proprio patrimonio generativo.

Può accadere anche, per fortuna in rarissimi casi, che la donna intenda rinunciare con una interruzione volontaria alla gravidanza che pure ha avviato a costo di tanti sacrifici. Si tratta, come abbiamo già visto parlando di aborto, di profonde contraddizioni, difficili da valutare, verso le quali non resta che adottare un atteggiamento di rispetto, senza strumentalizzare questi casi estremi per denigrare l'intero processo della procreazione medicalmente assistita.

Infine un'altra dolorosa eventualità è costituita dalla madre che, dopo gravi conflitti, denuncia il ricorso alla donazione di seme per squalificare in privato la paternità del coniuge o per chiedere pubblicamente che gli sia tolta la patria potestà.

Abbiamo visto che per evitare simili comportamenti, incresciosi soprattutto per il figlio, la legge richiede una netta separazione tra genitore naturale e genitore sostituito, che acquisterà la legittima posizione di padre o di madre soltanto al termine di un procedimento di adozione.

Evidentemente se ne avvantaggia la verità, intesa come visibilità sociale degli eventi procreativi, ma non possiamo sottovalutare l'incidenza psicologica di una simile dissimmetria tra le due figure genitoriali. Forse sarebbe meglio chiedere a coloro che intendono fruire di apporti generativi estranei un preventivo impegno morale e civile nei confronti dei nascituri.

Comunque rimane fermo il fatto che il riconoscimento

di paternità, una volta effettuato, non può essere annullato a proprio piacimento e che i bambini affetti da gravi handicap, seppur nati da fecondazione artificiale, sono da considerare figli propri a tutti gli effetti.

Vorrei anche considerare l'eventualità che l'apporto generativo sia offerto alla coppia sterile non già da anonimi donatori ma da parenti o amici, motivati dall'affetto oltre che da una generosità umanitaria.

Dal punto di vista etico sembrerebbe l'ipotesi migliore perché l'offerta di seme, di ovulo o di gravidanza vicariata può rinsaldare vincoli familiari o di gruppo. Ma psicologicamente, come osserva Carlo Flamigni, tali vincoli risultano spesso eccessivi, difficili da moderare e modulare. La persona che ha partecipato con il suo stesso corpo alla filiazione, ma è rimasta esclusa dalla famiglia che ne ha beneficiato, tenderà a intromettersi, a interferire nelle delicate e complesse dinamiche intrafamiliari vantando inconsapevolmente un diritto di genitorialità che nessuno vorrebbe invece riconoscerle.

Poiché la gratitudine viene sovente vissuta come dipendenza, si preferisce allentare o interrompere i legami con coloro ai quali si deve «troppo».

Riprendendo la storia di Sara e della sua schiava, è significativo che tra le due donne sorga immediatamente un'insuperabile inimicizia. «Quando essa [Agar] si accorse di essere incinta» racconta la Bibbia «la sua padrona non contò più nulla per lei»; allora Sara la maltrattò finché la indusse ad allontanarsi nel deserto. Ma un angelo la convinse a ritornare nella casa di Abramo, dove partorì Ismaele. A un certo punto però, benché novantenne, anche Sara dette alla luce un figlio, Isacco. Ma l'evento miracoloso non placò la sua ira, anzi, vedendo i due fratellastri scherzare insieme, costrinse Abramo a cacciare la rivale e il bambino, che vagarono nel deserto finché Dio ebbe cura di loro.[4]

Invidia e gelosia possono interferire con generosità e gratitudine, possessività e donatività contaminarsi sino al punto di produrre atteggiamenti contraddittori. La maternità è difficilmente risolvibile in un atto intenzionale e in un comportamento lineare.

Per tutte queste ragioni mi sembra preferibile evitare sia il ricorso a una gravidanza per interposta persona, che introduce nella famiglia un'incollocabile e irrisolvibile «maternità uterina», sia una donazione di ovuli da parte di consanguinee o amiche che potrebbero poi interferire nell'allevamento e nell'educazione del bambino.

È però importante che la disponibilità che una donna dimostra verso un'altra donna, offrendole di condividere il suo potenziale generativo, non vada misconosciuta.

Forse la soluzione migliore, come propone Flamigni, è una forma mista: la donatrice offre a un centro di raccolta i suoi gameti e il centro in cambio mette a disposizione dell'amica o della congiunta da lei indicata analogo materiale generativo. Si rinsaldano così i rapporti diretti e si conferma al tempo stesso la solidarietà sociale, evitando tanto una intrusività reale quanto una fantasmatica violazione, nel caso di parenti, del divieto dell'incesto.

Infine un'ultima eventualità, che non può certo essere scelta, ma che la coppia deve essere preparata ad affrontare consiste nel completo fallimento della procreazione medicalmente indotta.

In questo caso assistiamo da parte della donna, la principale protagonista della terapia, a una esperienza di lutto per certi versi simile a quella della sterilità e dell'aborto. Ma non si tratta soltanto di «perdere» un bambino fantasmatico o un figlio possibile, ma di restare a braccia vuote dopo un percorso a ostacoli che ha promesso come premio di tanti sforzi la realizzazione di un progetto annunciato e a lungo, pervicacemente perseguito. Un progetto che molte volte la donna ha dolcemente imposto al proprio partner, spesso recalcitrante ad affrontare la medicalizzazione della propria sessualità.

Di fronte al fallimento dell'impresa, l'incapacità del proprio corpo si fa palese, quasi imbarazzante, soprattutto in confronto al successo di altre pazienti con le quali si è condiviso l'iter procreativo, al medico curante che si è prodigato, ai parenti e agli amici, fiduciosi che tutto si sarebbe comunque risolto per il meglio.

La donna è sempre sola in questi frangenti perché nessuno è in grado di sintonizzarsi con il suo dolore: in fondo non è successo niente, come si suol dire «non è morto nessuno». Anche il suo partner soffre, ma in un altro modo, «più umano», direbbe Freud.

Utilizzando la distinzione, proposta da Eugenio Borgna, tra «depressione vitale» e «depressione psichica», si può ipotizzare infatti che il fallimento della fecondazione artificiale provochi una più o meno intensa «depressione vitale», un lutto radicato negli strati più profondi della psiche, dove sensibilità ed emozioni emergono oscuramente dal corpo. In essi «sentiamo la nostra vita stessa, la sua ascesa, il suo venir meno, la sua sanità, la sua malattia». Questo originario «percepirsi» viene poi elaborato dalla mente, dalle sue rappresentazioni, si inscrive in una storia, si fa relazione, diviene «depressione psichica», questa sì condividibile con il proprio partner e superabile insieme.[5]

Chi è la madre?

La sentenza *Homo vagans mater semper certa* è un assioma del diritto romano al quale ancora ci atteniamo quando, privilegiando l'attestazione dei sensi, colleghiamo indissolubilmente la maternità al parto. In confronto a un simile caposaldo, ci pare allora che la molteplicità di figure prodotte dalle biotecnologie (donatrice di ovuli, di embrioni, uterina e sociale) provochi un disordine senza precedenti. In realtà, a ben guardare, quella materna non è mai stata una funzione unitaria. Accanto alla madre ufficiale sono da sempre comparse altre presenze.

Nel mito di Edipo le madri sono due, quella naturale di Tebe e quella adottiva di Corinto; abbiamo visto come

Abramo si trovi al centro di un conflitto tra le madri dei suoi figli, mentre re Salomone deve compiere una scelta incresciosa tra le due contendenti di uno stesso bambino.

Quella della nutrice che si prende cura del neonato e che lo segue discreta per tutta la vita è una realtà antica come la nostra cultura, e per nulla marginale visto che nell'*Odissea* spetta a lei riconoscere nell'ignoto viandante, il re di Itaca. Nelle favole le madri sono spesso due: morta quella buona, il suo posto viene preso dalla matrigna, oppure alla fata si contrappone la strega. Ma anche in epoca moderna, nonostante la valorizzazione della famiglia nucleare, il baliatico, spesso protratto per anni, è una pratica consueta in tutti i ceti sociali.

Dei nostri bambini, quanti sono allevati dalla nonna, affidati a una baby sitter o consegnati per tutto il giorno a un nido? La madre si qualifica forse per la sua presenza notturna? Di fronte a tale evidenza vi è la comprensibile tentazione di dirimere la questione riconoscendo nella figura accudente la vera madre. Ma le cose non sono così facili perché i bambini stessi, anche piccolissimi, privilegiano di solito la madre naturale, anche se la sua presenza è limitata nel tempo. Vi è un «cordone psichico», connesso per vie misteriose a quello ombelicale, che non possiamo misconoscere.

Pensiamo poi alla disperata tenacia con la quale molti figli adottivi, pur riconoscenti verso la madre che li ha allevati, cercano in ogni modo di ricongiungere la loro storia a quella di colei che semplicemente li ha messi al mondo. Ma accade anche il contrario, che i bambini stabiliscano un attaccamento privilegiato con la donna che li accudisce temporaneamente, con la madre affidataria o semplicemente con una figura di riferimento, come la suora, la dottoressa o la maestra. Una simile varietà di comportamenti ci porta ad asserire che è madre colei che il bambino indica come tale. Essere «madre per scelta» andrebbe perciò inteso in senso attivo ma anche passivo: colei che sceglie ma anche che è scelta. La maternità è infatti un'attribuzione relazionale.

Non vi è madre senza figlio né figlio senza madre. Se puntiamo lo sguardo non sulle singole posizioni ma sulla relazione, forse sarà possibile orientarsi tra le varie figure.

Vi è comunque nell'immaginario uno scenario fisso, nel quale i posti sono già assegnati, si tratta di occuparli senza affollare il palcoscenico oltre misura.

Il luogo delle origini, che la psicoanalisi identifica con la scena primaria (padre-madre e figlio) svolge una funzione strutturante sulla nostra identità, per cui la deflagrazione del processo procreativo e delle sue figure produce effetti inconsci che vanno riconosciuti e affidati al lavoro del pensiero intenzionale.

Se si stabilisce un legame di familiarità anche con la madre donatrice o portante, si moltiplica la figura materna con effetti probabilmente conflittuali, ma se si lascia vacante il suo posto, si provoca un cono d'ombra sull'identità del figlio.

Può darsi che il ragazzo generato da più funzioni materne, durante l'adolescenza, quando elabora il «romanzo familiare», la narrazione immaginaria delle sue origini, sia indotto a porre soltanto se stesso come punto di inizio, misconoscendo il rapporto che ciascuno, nascendo, allaccia con altri.

La sua personalità, costruita come un clone dell'Io, sarà allora fondamentalmente individualista, narcisista e megalomaniaca perché, non iscrivendosi in una trama edipica, non si sottopone al divieto dell'incesto e quindi al riconoscimento del limite.

La molteplicità di figure dell'origine non può essere lasciata al silenzio e all'omertà ma deve essere significata, riconosciuta, anche se non necessariamente conosciuta, e inscritta, per non costituire un fattore di turbamento, all'interno di una cultura delle relazioni allargate e della solidarietà biologica.

Questo è possibile se prioritariamente i genitori, accettando la ferita narcisistica della sterilità, ammettono la loro insufficienza generativa e la conseguente richiesta dell'aiuto degli altri. Il lavoro psichico di umanizzare un evento tecnico deve essere compiuto in primo luogo nella mente dei genitori, per essere poi condiviso dai figli.

La parcellizzazione del processo generativo procede nel senso di indebolire l'esclusività delle imago parentali, di limitare il loro potere, di aprire la famiglia alla comunità, all'intrecciarsi di scambi corporei semplicemente «umani».

In questa prospettiva, la figura della donna sola, che chiede di procreare tramite inseminazione di un donatore anonimo, senza contrarre alcun vincolo di reciprocità con una figura paterna, solleva però non poche perplessità.

È vero che sempre più donne allevano i figli da sole e se la cavano piuttosto bene. Ma finora un padre, benché poco presente o latitante, comunque c'è o c'è stato: la posizione paterna è segnata.

Da questo punto di vista, estendere l'adozione alla donna singola non suscita particolari problemi perché comunque il figlio avrà già alle spalle una vicenda genitoriale che ha congiunto, anche se precariamente, un uomo e una donna, potenzialmente un padre e una madre.

Vi è invece il pericolo, forse minoritario ma non per questo irrilevante, che la richiesta di fecondazione anonima, proveniente da una donna sola, magari socialmente isolata, sia alimentata dalle fantasie infantili di partenogenesi, che essa cerchi di realizzare, evitando ogni coniugalità, l'autarchico «bambino della notte». Sappiamo che, per la sua logica onnipotente, l'inconscio fa obiezione al rapporto sessuale, preferisce bastare a se stesso, perseguire il principio di piacere che tende all'espressione immediata e incondizionata del desiderio. Se questa diviene la motivazione prevalente della maternità, sarà poi difficile che la donna accetti il distacco progressivo del figlio, la sua acquisizione di autonomia e di indipendenza.

Si può obiettare che la fecondazione indotta offre alla donna l'assistenza medica a un agire procreativo che potrebbe comunque portare a termine privatamente, facendosi fecondare da un estraneo. Ma in un certo senso anche il rapporto sessuale più impersonale richiede la congiunzione di due corpi e pertanto un seppur aurorale riconoscimento di autoinsufficienza e di reciprocità.

È però vero che è sempre possibile simbolizzare la tecnica: riconoscere il posto del padre pur lasciandolo vacante, umanizzare con la parola un gesto, come «l'iniezione di paternità», di per sé puramente fisiologico. Ma vale anche in questo caso la necessità di cambiare il contesto, di produrre una socialità nuova che non escluda la famiglia ma non si limiti alla famiglia.

Vi è invece la tendenza a considerare la famiglia, nella forma attuale, un dogma indiscutibile.

È vero che sinora non conosciamo un modo migliore per vivere insieme e crescere i nostri figli, ma la realtà non preclude l'esistenza di alternative.

Quando Gesù chiede a poveri pescatori di seguirlo nella predicazione e di diventare suoi apostoli non esita a strapparli alle loro famiglie, a indurli a spezzare i rapporti di parentela in favore di altri ben più vasti legami. E le comunità monacali hanno costituito per secoli un esempio di convivenza ideale.

Perché mai dovremmo ora arroccarci nell'esistente anziché accettare la sfida dei tempi e costruire una moralità nuova, fondata sulla libertà congiunta alla responsabilità individuale e collettiva?

Lo scopo è quello di raggiungere uno stadio di civiltà in cui il limite non sia imposto dal di fuori, come misura costrittiva, ma scaturisca da un riconoscimento interno, dalla consapevolezza profonda che volere tutto, incondizionatamente, ha in sé una valenza mortifera.

Vi è altrimenti il rischio che il figlio desiderato divenga il figlio del desiderio. Si ha spesso questa impressione quando le donne chiedono di diventare madri dopo che il ciclo della fecondità fisiologica è da tempo concluso, oppure di essere fecondate dal seme di un partner ormai deceduto.

Qualche tempo fa ha destato scalpore la vicenda di una madre che, avendo perso in un incidente stradale il suo unico figlio, ha chiesto e ottenuto, benché ultrasessantenne, di partorirne un altro tramite fecondazione indotta. Sembrava che volesse in tal modo riparare una perdita, colmare un lutto altrimenti insuperabile, ma che cosa pensare quando, dopo alcuni anni, ha chiesto un'ulteriore fecondazione tecnicamente assistita? Non trapela forse, nella sua insistenza, un sintomo di quella «coazione a ripetere» nella quale riconosciamo il precipitare del desiderio inconscio allo stato puro, non filtrato dalla ragione?

Lo stesso sospetto è alimentato da un caso accaduto nell'ottobre del 1997, quando la stampa ha riportato la clamorosa notizia che una madre gestante ha partorito due bambini, un maschio e una femmina, figli di due coppie diverse. La donna, che ha trentasette anni, un marito e due figli propri, dichiara di aver agito per alleviare le sofferenze delle due coppie sterili. È iscritta a una associazione per la donazione di organi e considera la disponibilità del suo utero una forma di donazione. Ma riconosce di aver provato, dopo il parto, una sofferenza depressiva che ha richiesto l'intervento di una psicoterapeuta. Si lamenta che le due famiglie da lei beneficate non abbiano dimostrato nei suoi confronti alcuna gratitudine e, cosa ancor più preoccupante, si dichiara disponibile a iniziare una nuova gravidanza per altri committenti.

Alla indubbia generosità sociale si intreccia pericolosamente una «bulimia» uterina che ci deve far pensare ancora una volta alla infiltrazione che l'inconscio opera in queste vicende, inserendovi l'onnipotenza del suo illimitato desiderio.

A queste considerazioni, che si basano su fatti sporadici, su casi limitati, si oppongono dichiarazioni di principio, come quella che rivendica per le donne la stessa possibilità di prolungare la fecondità per tutta la vita, come già accade agli uomini. Non possiamo però dimenticare che l'interesse del bambino richiede che i genitori possano accompagnarlo lungo il percorso di crescita evolvendosi con lui, crescendo a loro volta. E che le posizioni genitoriali, per quanto reciproche, non sono paritetiche. La maternità esige un impegno, del corpo e della psiche, ben più coinvolgente e prolungato rispetto alla paternità. Gli stessi motivi che legittimano l'autodeterminazione delle donne e l'autorità di un pensiero femminile in ordine alla procreazione comportano anche particolari responsabilità nella gestione del nostro desiderio di generare.

Responsabilità particolarmente gravi quando la donna vuole essere artificialmente fecondata con il seme o l'embrione di un bambino di cui uno o entrambi i genitori biologici siano ormai deceduti.

Programmare una vita che abbia già inscritta nella sua narrazione una condizione di «orfanità» è un gesto di prevaricazione nei confronti del più debole che il senso morale, prima ancora che le norme sociali, dovrebbe respingere.

Credo che la misura di questi desideri si trovi alla congiunzione con gli interessi del figlio, con il suo diritto di avere di fronte a sé una vita sufficientemente buona. Nessuno potrà mai garantire la felicità di chi nasce, ma la possibilità di uno sviluppo aperto alla realizzazione delle sue potenzialità è una condizione che, per quanto possibile, gli dobbiamo.

XIV

Oscurità dell'origine ed etica della verità

> Un sano sviluppo mentale dipende dalla verità come l'organismo vivente dal cibo.
> Se la verità manca o è incompleta, la personaltà si deteriora.
> WILFRED A. BION

Un nuovo tipo umano: il figlio della scienza

Abbiamo considerato sinora i problemi psicologici indotti dalla fecondazione artificiale omologa o eterologa sulle donne che vi si sottopongono e, indirettamente, sui loro partner.

Ma è rimasto appena accennato un elemento essenziale: l'interesse del bambino.

Sinora abbiamo in proposito ben pochi studi epidemiologici convalidati, né saranno facilmente disponibili a breve termine analisi più approfondite in quanto molti casi restano celati dal segreto di famiglia.

Sappiamo però che i bambini nati da tecniche procreative sono, come tutti i figli troppo attesi, iperprotetti e iperstimolati.

Una vasta ricerca, coordinata dalla psicologa Golombok, della City University di Londra, si è appena svolta in quattro Paesi europei, Inghilterra, Italia, Spagna e Olanda. In Italia l'indagine è stata coordinata da Pier Giorgio Crosignani, direttore della I Clinica ostetrica e ginecologica dell'Università di Milano e condotta dalla psicologa Maria Teresa Giavazzi. Nel complesso sono stati esaminati, tramite questionario, 462 bambini dai 4 agli 8 anni, maschi e femmine, e si sono confrontati i dati ottenuti dal gruppo di bambini generati con inseminazione artificiale, omologa ed eterologa, con quelli dei bambini adottivi e naturali.

Dalla sintesi dei risultati emerge questa fotografia della «famiglia della scienza»: tra i coniugi vi è lo stesso rapporto solidale che contraddistingue i genitori adottivi; la madre, dotata di un buon equilibrio emotivo, è molto affettuosa e interattiva con il figlio; il padre risulta particolarmente coinvolto nella sua educazione. Non vi sono differenze circa l'inserimento del piccolo nel nucleo familiare, la sicurezza in se stesso, i risultati scolastici e i rapporti con i compagni.

I dati sono molto confortanti, benché si debba tener conto che rispondono alle inchieste solo le famiglie più serene, dove vigono buoni rapporti coniugali e parentali, mentre quelle problematiche si sottraggono a ogni valutazione. Inoltre il periodo di latenza (dai 5 ai 10 anni) è particolarmente protetto dai conflitti emotivi. Sarà più interessante conoscere i dati relativi all'adolescenza, quando l'indagine sarà ripetuta sui bambini di 8-11 anni.

Inoltre l'esperienza degli psicoanalisti ci avverte che la «perturbazione delle origini» può rivelarsi anche nelle generazioni successive, apparentemente molto lontane nel tempo dall'evento traumatico, ma connesse tra di loro da motivazioni inconsce non elaborate e pertanto dominate da un'oscura coazione a ripetere.

Ma, più che insistere sulle possibili patologie, è il caso di analizzare l'esperienza psicologica di questi «nuovi figli», nati da una separazione della funzione paterna.

Per certi versi la duplicazione delle figure parentali appartiene all'esperienza di tutti, quando, durante l'infanzia o la pubertà, i ragazzi vagheggiano di essere figli di genitori molto più ricchi, potenti e prestigiosi di quanto non siano quelli reali. Freud, pur sottolineando come la costruzione di un articolato «romanzo di famiglia» sia tipica del nevrotico, ce ne mostra però anche la funzione maturativa in quanto esso serve per ridimensionare il padre e la madre, un tempo ritenuti perfetti e onnipotenti, e per spostare il conflitto edipico dalla realtà alla fantasia.[1]

Affrontiamo però il caso particolare di un figlio cui sia stato rivelato che la sua nascita è stata resa possibile da un ignoto donatore di seme.

Dislocandosi su più figure, la rivalità edipica si fa più blanda mentre l'aggressività non ha bisogno di affrontare un conflitto corpo a corpo, perché l'inadeguatezza genetica del padre ha già ridimensionato il suo potere. Il figlio tenderà quindi a pretendere con più sicurezza di sostituirlo accanto alla madre, a temere meno la minaccia di castrazione, dato che nella logica dell'inconscio l'infertilità è equiparata all'impotenza. Anche i ragazzi che vivono in nuclei familiari divisi e successivamente ricomposti hanno una gamma di figure paterne, ma la realtà le rende limitate e contingenti, mentre il genitore sconosciuto è suscettibile di innumerevoli sostituzioni fantastiche.

Poiché la donazione di ovuli è ancora agli inizi, non si conoscono a fondo gli effetti di una madre sconosciuta sullo sviluppo dei figli ma probabilmente essi sono meno incisivi rispetto al padre vicariato, perché la gravidanza e il parto servono comunque a recuperare il potere materno e il legame di corpo col generato.

Questi problemi, sicuramente difficili, vengono di solito evitati nascondendo al figlio la sua vera origine, crescendolo come se nulla fosse, come se avesse al pari degli altri due genitori che sono al tempo stesso naturali e sociali.

Si crea con ciò un pesante «segreto di famiglia» – di cui di solito sono a conoscenza soltanto i parenti più stretti – che provoca, a catena, una serie di menzogne.

Dobbiamo avere il coraggio di dirgli che è avvenuto qualche cosa, all'incrocio di più desideri, che ha provocato la sua nascita, sulla quale non tutto si può sapere. Ma la verità resta tale, anche se parziale.[2]

Poiché questa ammissione rimette in causa la dolorosa

ferita narcisistica della infertilità parentale, si preferisce di solito sostituirla con il silenzio oppure con una narrazione reticente, ambigua, contraddittoria e imbarazzata che provoca nel figlio un'ansia inconsapevole, ma non per questo meno penosa.

Il costo dell'omertà

Il silenzio sulla filiazione indotta intende eludere i fantasmi mobilitati dall'evocazione del donatore, dalla inserzione di un terzo nella coppia parentale, con le conseguenze psichiche che questo comporta. La negazione assoluta, che nega il dono stesso, richiede però che il figlio riceva una menzogna rispetto alla conoscenza della propria origine che contrasta con la rilevanza che la nostra cultura attribuisce all'autobiografia nella costruzione dell'identità personale.

Il mito di Edipo, e in particolare la sua trascrizione scenica a opera di Sofocle, dimostra che la città non può essere salva finché il passato non viene ricostruito. La peste che affligge Tebe è effetto del misconoscimento che la governa e non vi sarà alcuna possibilità di guarigione finché Edipo non ammetterà la sua vera origine. Non è casuale che uno dei più gravi sintomi con cui la malattia si manifesta sia la sterilità dei grembi femminili, l'impossibilità di generare nuovi cittadini. Il testo teatrale esprime così una connessione tra procreazione e ordine genealogico che non può essere sottovalutata se è vero, come ritiene Freud, che l'Edipo costituisce l'espressione più universale della nostra struttura inconscia e della nostra organizzazione sociale.

Tornando a noi, vi è un numero sempre più elevato di figli che viene sistematicamente ingannato perché nessuno dice la verità, nessuno ammette che la loro nascita è stata frutto di una inseminazione artificiale, soprattutto quando vi sia coinvolto un donatore anonimo. In questi casi il silenzio non copre soltanto l'esistenza di una persona ma cancella anche il gesto e il dono. Si instaura così un patto di omertà che annulla un capitolo rilevante della storia della famiglia, imponendo ai suoi membri di dimenticare e preferibilmente rimuovere esperienze ad alto indice di emotività.

In questi casi si ritiene preferibile tacere per risparmiare al figlio un'inutile frustrazione. Ma quanto gioca in questa scelta l'amor proprio dei genitori? Il silenzio non sarà innanzitutto un tentativo di preservare intatta la loro immagine narcisistica, di negare la sterilità e la conseguente dipendenza da un altro? Un altro, il donatore, che si insinua come un'ombra all'interno della coppia minandone la zona più vulnerabile, il nucleo di intimità condivisa? Mantenendo il segreto ci si illude di fare come se niente fosse accaduto, come se tutto si fosse svolto «naturalmente», vale a dire necessariamente. Gioca, in questo riserbo, la convinzione spontanea che tutto ciò che è naturale sia bene e tutto ciò che è artificiale sia male, sebbene nessuno sia più in grado di tracciare un discrimine tra le due sfere.

Ma anche se i genitori riuscissero per sempre a mantenere segreta al figlio la modalità della sua fecondazione, non potrebbero comunque celare di custodire un segreto. Nella famiglia, gli scambi gestuali, verbali, emozionali, sono così intensi e ravvicinati che basta una pausa inattesa, un'omissione, un lapsus, un tono inconsueto per suscitare il sospetto e la paura. L'inquietante, il perturbante (*Unheimlich*), insegna Freud, consiste nell'inserzione dell'estraneità nel cuore stesso della familiarità (*Heimlich*).[3] Soltanto se lo sfondo familiare rimane sufficientemente rassicurante il figlio può staccarsene senza provare eccessiva angoscia.

Se sospetta invece l'esistenza di un non detto intorno alla propria nascita, il ragazzo perde la normale fiducia di appartenere a pieno titolo al suo nucleo familiare. Reagisce pertanto all'angoscia in due modi: impedendosi ogni investigazione in proposito, con il risultato di inaridire la curiosità e la fantasia, oppure enfatizzando le alternative, con la conseguenza di sentirsi estraneo al suo ambiente. Si ha comunque una distorsione nel rapporto con le figure di riferimento che diviene un motivo di turbamento nella relazione con sé.

Per divenire adulto ogni figlio si sottrae progressivamente al ruolo e al destino che la famiglia ha scelto per lui e, a costo di sembrare ingrato e ribelle, si fa protagonista della propria biografia, storico della propria vita. L'acquisizione della soggettività si avvale della funzione di un Io narrante che utilizza tutto il materiale che l'archivio familiare gli propone: documenti, ricordi, fantasie, immagini, gesti, parole e silenzi, verità e bugie. Essi sono al tempo stesso espressi e inespressi, espliciti e impliciti, familiari e individuali, pubblici e privati. Il soggetto inscrive la propria parola in un coro di voci che gli preesistono, espresse dalle persone che ha conosciuto e da quelle che, ormai scomparse, giungono a lui attraverso la memoria delle generazioni.

Tutto ciò che ha ricevuto viene poi elaborato in un mito personale, che subisce successive formulazioni via via che muta il senso di sé e il proprio progetto di vita.

Ma la trasformazione di un sapere possibile in uno impossibile, indotta dal segreto, produce effetti negativi sulle componenti di dominio e di piacere che reggono la pulsione di vedere, la spinta epistemofilica. La voglia di conoscere e la capacità di apprendimento possono venire inibite dalla tacita ingiunzione a non indagare sulla propria nascita. Le psicoterapie insegnano che mantenere certi segreti familiari «vergognosi» può provocare una gamma di conseguenze patologiche.

Nella nostra società la soggettivazione passa attraverso l'attribuzione del «nome del padre», che inserisce il bambino nell'ordine genealogico della famiglia elevandolo alla condizione di erede della proprietà e del cognome. Il gesto presume di ratificare un evento biologico, di rendere visibile e pubblico quanto vi è di più intimo e privato, l'atto sessuale. La trascrizione del nuovo nato nel registro civile prevede il diritto a due genitori tanto che, se la donna lo richiede, scatta l'accertamento cromosomico della paternità, al quale il presunto genitore non si può sottrarre senza riconoscersi indirettamente responsabile della generazione che gli viene attribuita. Inoltre, nelle situazioni di abbandono, si apre subito la prospettiva dell'adozione e genitori sociali subentrano a quelli biologici. In questi casi, però, non vi è menzogna perché si garantisce al bambino il diritto di conoscere, almeno parzialmente, la verità della sua origine, vale a dire il fatto di essere stato adottato. Mentre, per i nati dal contributo di ignoto donatore, tutto resta celato da una falsa dichiarazione dell'atto di nascita.

Solo per loro è possibile occultare completamente lo scarto che separa il genitore «naturale» da quello «ufficiale», il genitore dal padre. Tuttavia si tratta di un segreto vulnerabile. Sono sempre più frequenti le diagnosi e le terapie che richiedono una ricostruzione del DNA familiare. I drammi che nascono da una rivelazione di «non filiazione» quando, ad esempio, un trapianto d'organi richieda di individuare il donatore tra i consanguinei, non sono soltanto episodi da teleromanzo ma anche accadimenti reali. Poiché la mappa genetica è destinata ben presto a integrare la carta di identità, avremo un'attestazione sicura della consanguineità che può in ogni momento smascherare una falsa generazione.

Se consideriamo traumatica, come l'esperienza psicoanalitica sembra comprovare, la cancellazione dell'origine e la sua sostituzione con una menzogna, non rimangono che due soluzioni: rivelare al generato l'esistenza di una figura di donatore, fornendogli la possibilità, a tempo debito, di entrare in contatto con lui, oppure comunicargli che la sua fecondazione è avvenuta tecnicamente ma che è impossibile risalire dal materiale generativo alla persona che lo ha fornito. A questo proposito vi sono, nei diversi Paesi, soluzioni legislative molto differenti e spesso contraddittorie. Ma intendo limitarmi qui a considerazioni psicologiche individuali e sociali.

Nel primo caso si offre la possibilità di stabilire rapporti parentali nuovi, di aprire la famiglia a persone che possono essere molto lontane dalla sua storia e dalla sua cultura.

L'inserzione del diverso, e la conseguente rottura dei vincoli istituzionalizzati, dei rapporti consuetudinari, possono arricchire gli scambi sociali e costituire un antidoto alla solitudine e all'abbandono, come sostiene Delaisi de Parseval. La proposta tende a trasformare il donatore di seme in un genitore, ma le sue motivazioni sono in realtà assai diverse, tanto che l'introduzione di una norma di legge che esclude l'anonimato ha provocato, in Svezia, una fortissima riduzione delle donazioni di seme. Come osserva Rodotà, «in un ambiente nel quale maternità e paternità sono sempre più strettamente legate alla nozione di volontà e responsabilità, non sembra possibile stabilire un legame sia pure di semplice conoscenza, senza conseguenze personali e patrimoniali, tra figli e donatori».[4] La conoscenza personale del donatore costringe la famiglia sociale a sentirsi un nucleo provvisorio e non può evitare al genitore biologicamente sostituito di avvertire l'altro, il suo doppio, come una minaccia alla propria stessa identità. La sicurezza del proprio ruolo è un fattore troppo essenziale dei rapporti edipici per non essere debitamente tutelata.

La seconda ipotesi, che consiste nel rivelare la donazione ma non il donatore, assomiglia, per certi versi, all'adozione, dove si riconosce l'esistenza di figure genitoriali, destinate però a rimanere sconosciute.

In questi casi la verità è solo parziale, ma permette di recuperare una pagina importante (la frustrazione della sterilità e il suo superamento attraverso il ricorso alle tecnologie biomediche) della storia della famiglia e della biografia del figlio. L'inconscio transindividuale, con il suo corredo di emozioni, sarebbe così recuperato alla condivisione e alla trasmissione. Certo la rivelazione del dono non apporta un sapere esaustivo sulla propria generazione, ma non è tanto necessario conoscere tutto quanto evitare il non detto e i conseguenti «ricordi di copertura». In questo modo il figlio è messo al riparo da angosciose rivelazioni, dato che comunque sa di non sapere.

Anzi, così come avviene nelle adozioni, non vi sarebbe alcuna rivelazione perché da sempre la coppia sterile dovrebbe ammettere le contingenze che hanno reso possibile il suo desiderio di generare. Come sostiene Rodotà:

> Già da oggi il diritto del figlio di ricercare il padre o la madre naturali incontra un limite nel fatto che tale riconoscimento non è ammesso quando può derivarne un contrasto con lo stato di figlio legittimo precedentemente acquisito. E in un rapporto artificialmente costruito, qual è quello di adozione, viene troncato ogni legame dell'adottato con la sua famiglia di origine, vietandosi ogni informazione e ogni indicazione sui documenti del rapporto di adozione.[5]

Mentre l'anonimato tutela gli interessi del nucleo familiare, la conoscenza delle proprie origini risponde piuttosto ai bisogni del figlio.

Poiché il contrasto è insuperabile, una possibilità consiste nel ricercare «il male minore»: nel rivelare l'esistenza del dono di materiale generativo, lasciando sconosciuto il donatore, cioè nel dire il come ma non il chi. La conoscenza delle circostanze esatte della propria nascita consente di rendere veritiera l'organizzazione simbolica della famiglia, di assegnare a ciascuno il proprio posto nella mappa delle posizioni reciproche, di ammettere che, oltre al padre, vi è un genitore destinato a restare sconosciuto. Ciò non vieta che le produzioni fantasmatiche perturbino, con la loro potenza emotiva, i rapporti familiari, ma distribuisce il sapere e il non-sapere in parti uguali, evitando che vi sia una «vittima designata» del misconoscimento, un complotto operato da un gruppo di complici (parenti, personale medico, consulenti familiari) ai suoi «danni». In sintesi, rende inutile la menzogna e quasi impossibile una successiva rivelazione traumatica della verità.

Ma, come ho accennato a proposito della tragedia di Edipo, il problema della verità in ordine alla generazione non riguarda soltanto le famiglie che hanno fatto ricorso alla donazione eterologa di gameti. Oltre alla sfera dei diritti privati, esso coinvolge l'ordine stesso della società, i suoi moduli di identificazione e di trasmissione del nome.

Il vantaggio della verità

La dimensione pubblica della questione si rende evidente in una vicenda che coinvolge attualmente un Paese geograficamente lontano ma culturalmente a noi assai vicino come l'Argentina. Per certi aspetti, i fatti che intendo evocare sono molto più tragici di quelli sinora esaminati, ma, come tutte le situazioni al limite, ci mostrano la radicalità e la complessità delle variabili in gioco.

> Gli accadimenti che prenderemo come punto di riferimento sono quelli che avvennero in Argentina tra gli anni 1976-1983, nel periodo, cioè, in cui il terrorismo di Stato provocò la sparizione di circa 30.000 persone, tra le quali 400 bambini piccoli che furono sequestrati insieme ai loro genitori e altri che nacquero in prigionia. Questi bambini ... furono registrati come propri o illegalmente adottati dagli stessi rapitori o da famiglie complici di questi. Il messaggio loro trasmesso fu basato sulla cancellazione dell'assassinio dei loro genitori, e ciò diede luogo a un processo di alienazione, prodotto dalla violenza di Stato.[6]

Per reagire a un simile intollerabile sopruso, dal 1977 si è costituita l'Associazione Nonne de la Plaza de Mayo, con lo scopo di ricercare, individuare e recuperare i nipoti spariti. Con l'avvento della democrazia, nel 1983, il progetto, denominato «restituzione», ha ottenuto l'appoggio di un'équipe interdisciplinare di psicologi, avvocati, pediatri, genetisti. Sono state utilizzate tecniche molto avanzate di individuazione genetica (come le analisi di istocompatibilità) che consentono di provare, con una probabilità del 99,9%, che un bambino appartiene a una determinata famiglia. A partire dal 1983 l'intervento della giustizia ha consentito di dare al «ritorno» di questi bambini un fondamento legale. Dal punto di vista giuridico, l'atto della restituzione consiste nella convocazione, davanti al tribunale preposto a questa funzione, dei sequestratori, del bambino e della sua vera famiglia. Il giudice rivela al minore – che può esserne già al corrente – la verità della sua situazione: che le persone che egli credeva i suoi genitori non lo sono, che la sua vera famiglia, che lo ha cercato sin dal momento della sua scomparsa, è presente in tribunale e che, a partire da quel momento, egli andrà a vivere con questa.[7]

Poiché parte dell'opinione pubblica si è espressa contro l'opportunità di questi provvedimenti, si è acceso un dibattito tuttora in corso.

Il lavoro di comprensione, di sostegno e di consiglio, svolto in questi casi da un gruppo di psicoanalisti argentini è stato presentato e discusso al 36° Congresso psicoanalitico internazionale, svoltosi a Roma nel luglio del 1989. Essi sono consapevoli dei costi psichici che il progetto di restituzione comporta sia per il bambino sia per le famiglie coinvolte; tuttavia, ritengono che il ristabilimento della verità provochi benefici irrinunciabili per il singolo e per la comunità.

Le argomentazioni apportate a sostegno di quest'ardua tesi sono molte. Alcune riflettono la specifica situazione argentina, come la violenza perpetuata (direttamente o indirettamente) dagli usurpatori sui genitori del bambino (torturati e uccisi) e sul piccolo stesso (rapito e sequestrato). Ma altre possono essere estese ai casi di compravendita e traffico illegale di bambini e, con le debite differenze, alla procreazione medicalmente indotta.

La prima di queste argomentazioni si richiama al legame emozionale della relazione madre-bambino che fa dello scambio intrauterino il nucleo sul quale sarà identificata l'identità individuale. Una funzione che trova una prima conferma nel contatto madre-figlio subito dopo il parto. Ciò ha indotto i ricercatori a postulare una identificazione pre-primaria che viene a mettere in discussione una pratica, per altro più volte condannata, come la gestazione per committenza o «utero a nolo».

Ma rispetto al tema che ci sta a cuore, quello dell'anonimato del donatore di materiale generativo, le riflessioni più interessanti riguardano la necessità di pervenire alla verità della propria origine per la «normalità» del bambino, del nucleo familiare e della società. I bambini restituiti devono affrontare una improvvisa destrutturazione del loro mondo, vivere una intensa esperienza di abbandono e di lutto, ma «quando questi bambini sono restituiti alle loro famiglie, osserviamo nel quadro drammatico della situazione, una straordinaria intensificazione dell'impulso a sapere ... L'incontro con la sua "vera" storia sostituisce il mito costruito per questo bambino con un mito strutturante, più vicino alla realtà storica».[8]

Gli effetti di armonizzazione prodotti dal recupero della verità valgono per la memoria individuale e per la memoria sociale, destrutturata nella sua rete intersoggettiva dal silenzio e dalla menzogna.

In ogni caso il problema dell'origine, ben lungi dal coinvolgere soltanto alcuni rapporti familiari, ha assunto ormai una dimensione storica.

Di fronte ad esso la bioetica non può ridursi a una legittimazione dell'esistente e neppure a invocare un potere di tutela, che persegua prudentemente la fuga dal dolore e la realizzazione del desiderio. Le questioni in gioco hanno una tale rilevanza antropologica da impegnarci in una ridefinizione complessiva dell'identità individuale e dei suoi costitutivi legami sociali.

Stefano Rodotà ci avverte da tempo che la legislazione in materia di bioetica non può anticipare l'acquisizione di una responsabilità condivisa e di un'etica diffusa. I luoghi di riflessione e di confronto non mancano, è piuttosto la fiducia nel dialogo che fa difetto alla nostra società, rispetto ad altre culturalmente più omogenee e più preparate (come quelle protestanti) a una gestione privata, non immediatamente istituzionale, del conflitto morale.

La cura della sterilità attraverso le tecniche di procreazione assistita

Intervista di Marina Mengarelli a Carlo Flamigni

CARLO FLAMIGNI

Professore ordinario di Ginecologia e ostetricia presso l'Università degli Studi di Bologna, direttore dell'Istituto di Clinica ostetrica e ginecologica «P. Sfameni» dell'Università degli Studi di Bologna.

È autore di più di ottocento pubblicazioni scientifiche e di numerose monografie. Si occupa da sempre di problemi legati alla fisiopatologia della riproduzione, alla fertilità, alla sterilità, argomenti dei quali è considerato uno dei maggiori esperti italiani. Collabora attivamente con numerose riviste scientifiche internazionali.

È stato presidente della Società italiana di fertilità e sterilità e membro del Comitato Nazionale di Bioetica. È presidente del Consiglio comunale di Bologna.

MARINA MENGARELLI

Sociologa, nel corso della sua attività professionale ha ottenuto incarichi di insegnamento universitari e ha partecipato come responsabile e come co-responsabile a progetti di ricerca universitari e non, sulle procreazioni assistite e sulla bioetica.

È autrice di una delle prime indagini empiriche svolte in Italia sull'argomento.

Si occupa di impatto sociale delle tecnologie riproduttive, di sociologia della salute, di bioetica.

La cura della sterilità che si realizza attraverso le tecniche di procreazione assistita rappresenta una possibilità terapeutica relativamente nuova che andrebbe esplorata solo dopo aver esaurito senza successo le opzioni tradizionali.

In questo settore della salute (sempre che si sia d'accordo nel considerare la sterilità una malattia vera e propria) è, però, particolarmente difficile muoversi.

È difficile conoscere e comprendere.

È difficile decidere.

MARINA MENGARELLI: *Non le dico niente di nuovo se affermo che essere seduti da questa parte del tavolo, e non dalla sua, mette «quelli che non sanno» in una posizione di grande fragilità.*

Questa è la norma nella relazione tra paziente e medico, ma nel caso dei pazienti ipofertili o sterili la situazione è ancora più delicata.

Forse è vero che spesso costoro le chiedono troppo, che vorrebbero che lei decidesse per loro, che vorrebbero, ed è impossibile, risparmiarsi l'ansia e la sofferenza dell'assumere decisioni, ma sono certa che lei sa bene quali strane strade prenda a volte il desiderio quando è incoercibile, quando sembra ineluttabilmente coincidere con ciò che ti è dovuto dalla vita.

CARLO FLAMIGNI: Non riesco neppure a immaginare come una coppia possa decidere cosa «fare» senza prima aver tentato l'impossibile per «sapere». Questo vuol dire sedersi a un tavolino con il medico e farsi spiegare tutto, esigendo discorsi semplici, accettando il dato che la medicina è empirica, grossolana e fallace e i suoi stregoni debbono forzatamente costellare i propri discorsi di «forse», «è possibile», «percentualmente», e così via. Provo a rigirare la questione e a illustrare, prima che mi venga richiesto, quello che faccio io.

Spiego anzitutto il risultato degli esami, li considero criticamente e cerco di arrivare a una diagnosi. Dico, cioè, ai miei pazienti: questo esame, che ha questa credibilità, indica questa possibile causa per la vostra sterilità. Ciò vuol dire che esistono (o non esistono) possibilità di gravidanza spontanea; che le terapie che si possono proporre sono la A (quella che mi piace di più, e spiego il perché), la B e la C (che mi piacciono meno, e ne dico le ragioni). Ogni terapia ha vantaggi e svantaggi, rischi e benefici; può essere ripetuta un certo numero di volte, ogni volta con una certa probabilità di successo; conviene farla in centri che abbiano queste esperienze e attrezzature. Alcune terapie hanno implicazioni morali, o religiose, che debbono essere indicate (solo indicate). Infine, dico quello che so sui bambini che potrebbero nascere a seguito di queste terapie, sulla loro salute e sulla loro normalità. Poi mi fermo e aspetto le domande.

Ci sono invece alcune cose delle quali non parlo mai: ad esempio, non suggerisco mai la possibilità di ricorrere a donazioni di seme, di ovociti o di embrioni, perché non ritengo che debba essere il medico a parlare per primo di tali tecniche. E non parlo mai delle esperienze che molte di queste coppie hanno già avuto, perché non lo ritengo corretto.

C'è un aspetto in particolare, nelle tecniche di procreazione assistita, che disorienta: non si capisce mai bene cosa vuol dire tasso di successo. Vuol dire bambini tra le braccia o numeri in una statistica?

E i centri sono tutti uguali? Come scegliere? Come leggere i risultati? Di cosa fidarsi? Quali parole ascoltare e a quali credere?

Le coppie per lo più vogliono chiarimenti sulle probabilità di successo, perché a tutte sembrano troppo basse quelle che io indico. A dire il vero, c'è scarsa informazione sulla nostra fertilità spontanea, altrimenti non ci sarebbero queste reazioni; del resto, neppure i medici hanno idee chiare sulla percentuale di gravidanze. La maggior parte dei ginecologi, ad esempio, ritiene che indurre l'ovulazione con un farmaco che si chiama clomifene consenta il 40% di gravidanze: è vero, ma è una cifra calcolata su 6 cicli di trattamento. Così molte delle discussioni sulla liceità delle fecondazioni assistite che si fanno tra i medici considerano percentuali di successo medie (ed è sbagliato, perché è indispensabile calcolarle per differenti classi di età) riferite a un solo ciclo, ma poi fanno riferimenti agli insuccessi come se non potessero più rientrare nel gioco delle probabilità, cosa assolutamente falsa. Più ancora, molti specialisti modificano le casistiche per farle apparire migliori: ci sono piccoli trucchi, come quello di calcolare le «gravidanze chimiche»* tra i successi, che servono a questo scopo in modo egregio.

C'è una percentuale di successi per ogni terapia e tutti i centri sono tenuti a dichiarare la propria. Questa percentuale deve essere calcolata tenendo conto del numero di gravidanze «vere» (accertate ecograficamente) e del numero totale di donne o di coppie che vengono accettate nel protocollo terapeutico. Ogni centro deve rendere disponibili i propri dati relativi al numero di aborti, di iperstimolazioni, di gravidanze extrauterine e di gravidanze multiple. In assenza di un registro nazionale (che si farà, non so però quando) esistono pubblicazioni che riportano i dati di centri molto noti, con i quali si possono fare confronti, così da evitare chi ha risultati troppo brutti e da dubitare di chi ne ha di troppo belli. D'altra parte, non c'è dubbio che almeno alcuni medici mentano. Ricordo

* Gravidanze fantasma, che danno solo una breve sequela ormonale positiva, che subito scompare.

un'inchiesta di una giornalista canadese che lo dimostrava con molta chiarezza: era persino riportata la storia di un ospedale che, avendo dato per telefono percentuali di successo per la FIVET (fertilizzazione in vitro e trasferimento degli embrioni) simili a quelle dei centri più qualificati e avendo poi dovuto ammettere di non aver ancora iniziato a lavorare nel settore, si era giustificato dicendo: «Non ci sono ragioni per pensare che, quando finalmente inizieremo, otterremo risultati peggiori degli altri»!

Personalmente, continuo a pensare che si dovrebbe chiedere consiglio al proprio medico o al proprio ginecologo di fiducia e che l'ultimo medico dal quale si dovrebbe andare è quello visto in televisione.

Il settore delle tecniche di procreazione assistita è complicato, senza dubbio per la relativa novità e per la complessità tecnica. Trattamenti semplici, trattamenti complessi, GIFT, FIVET, ICSI, POFT: come può una persona normale, mediamente informata, districarsi in questo mare di sigle? E, per cominciare, quali sono i trattamenti semplici?

Effettivamente c'è una discreta confusione sulle varie terapie possibili per i diversi casi di sterilità, così che vorrei cercare di mettere un po' di ordine in questo argomento, chiedendo comprensione a chi legge per aver scelto di essere molto schematico.

Lasciando naturalmente da parte le terapie farmacologiche, utili solo per trattare i casi di anovulatorietà, i trattamenti semplici si basano prevalentemente su due interventi: il primo, meccanico, consiste in una inseminazione (cioè nell'introduzione di seme, generalmente preparato) vaginale, cervicale, intrauterina o endoperitoneale; il secondo, farmacologico, si basa sull'induzione di una ovulazione multipla. È chiaro che i due interventi possono essere eseguiti indipendentemente o possono essere associati.

La inseminazione semplice (eseguita cioè senza stimolazione ovarica) trova la sua indicazione fondamentale nelle sterilità cervicali, cioè quando sia dimostrata un'alterata formazione di muco. E, naturalmente, anche nei casi di vaginismo, di impotenza *coeundi* e, con seme «preparato» (cioè utilizzando solo gli spermatozoi più attivi), in alcuni casi di ipofertilità maschile. L'inseminazione semplice serve a poco e le percentuali di gravidanza sono molto basse.

Assai diverso è indurre una ovulazione multipla: in questi casi le terapie, quasi sempre eseguite con gonadotropine o con associazioni di farmaci, sono fondamentalmente rivolte a iperstimolare le ovaia, e i confini tra questa iperstimolazione (che dovrebbe essere per definizione priva di sintomi) e la sindrome dovuta a stimolazione eccessiva sono spesso appena visibili. L'iperstimolazione deve essere controllata con dosaggi ormonali quotidiani e con quotidiane ecografie. Al momento dell'ovulazione vera e propria, anch'essa indotta da farmaci, il medico può scegliere tra i diversi tipi di inseminazione e il rapporto mirato (il che vuol semplicemente dire che alla coppia viene indicato il momento migliore per avere un rapporto). La scelta si basa soprattutto sulla valutazione della qualità del seme perché, se essa è normale, i risultati sono, comunque si decida, gli stessi. Queste terapie sono indicate in molti casi: le ipofertilità idiopatiche, ad esempio, così come le modeste alterazioni seminali e i problemi minori di sterilità tubarica.

A dire il vero non ho mai capito perché tali tecniche abbiano successo, e sono propenso a ritenere che con esse si affretti un risultato che comunque sarebbe spontaneamente occorso. I miei collaboratori mi dicono però che non è così e i risultati (non straordinari, ma costanti: 15% di gravidanze per ciclo di trattamento nelle sterilità idiopatiche) danno loro ragione.

Va comunque osservato che il rischio maggiore di queste tecniche consiste nella possibilità di indurre sindromi da iperstimolazione ovarica e gravidanze multiple.

E ora ci parli delle fecondazioni assistite complesse.

Le fecondazioni assistite complesse si basano fondamentalmente su due tecniche: la prima (FIVET: fertilizzazione in vitro e trasferimento degli embrioni) comporta l'incontro dei gameti fuori dal corpo della donna; la seconda (GIFT: inserimento dei gameti nelle tube) consiste nell'inserire ovociti e spermatozoi all'interno di una o di entrambe le tube, per via laparoscopica o per via isteroscopica. Esistono poi numerose varianti della fertilizzazione in vitro, che descriverò brevemente. Inoltre, essa consente la produzione di pre-embrioni che possono essere conservati, donati, esaminati in vario modo, tutte cose «tecnicamente fattibili». Anche di questo avrò occasione di discutere brevemente.

Quale che sia la tecnica di fecondazione assistita complessa che si è convenuto di utilizzare, essa prevede un primo procedimento – la stimolazione ovarica – che è uguale per tutte.

La ragione per cui è necessario iperstimolare l'ovaio è da mettere in rapporto con le scarse probabilità di successo implicite nell'utilizzazione di un solo ovocita.

Proviamo a considerare quello che avviene in fisiologia: una ragazza di 25-30 anni, fertile, che cerca figli, ha poco più del 30% di probabilità che da un suo ovocita fecondato inizi una gravidanza destinata a raggiungere il termine. Le fecondazioni in vitro, che costringono a manipolare i gameti (ovociti e spermatozoi), a usare reagenti, a far crescere i pre-embrioni* in terreni di cultura, comportano probabilità minori (per le stesse donne, circa il 12% per embrione). Così, se si vogliono raggiungere risultati accettabili, è necessario aumentare il numero di pre-embrioni prodotti: non più uno, ma 3,4 o più ancora. Formare molti

* Si intende per fase pre-embrionale quel periodo di tempo che va dal concepimento, cioè dall'unione tra ovocito e spermatozoi, alla fine dell'impianto in utero (circa al 14° giorno). Da questo momento si può parlare di embrione.

embrioni non vuol dire trasferirli tutti, perché questo comporterebbe, sì, un aumento delle gravidanze, ma anche un maggior numero di gravidanze multiple, cosa che deve invece essere assolutamente evitata. Bisogna poi tener conto del fatto che non tutte le uova si lasciano fecondare, e che alcune vanno perdute.

Infine è avvertita da ognuno la necessità di ridurre il numero di trattamenti ai quali le donne si debbono sottoporre, per evitare sofferenze di vario genere e rischi per la salute. Ecco perché si sceglie di produrre il maggior numero possibile di pre-embrioni e di conservare (per congelamento) gli embrioni sovrannumerari.

Che cos'è la stimolazione ovarica?

Oggi le iperstimolazioni ovariche si eseguono quasi sempre così: si somministra un farmaco (un analogo del GnRH, l'ormone ipotalamico che stimola la produzione di gonadotropine ipofisarie) che prima svuota l'ipofisi di tutto l'LH (ormone luteinizzante) e di tutto l'FSH (ormone follicolostimolante) che contiene, e poi le impedisce di funzionare, eliminando così qualsiasi stimolo (e qualsiasi possibilità di stimolo) nell'ovaio; quindi, a silenzio ipofisario conquistato, si inizia la stimolazione con gonadotropine (si usa FSH, talora con aggiunte piccole quote di LH) certi che non ci saranno interferenze con la terapia. I protocolli di cura sono diversi, ed è impossibile dire quali siano i migliori, poiché si tratta pur sempre di cure empiriche i cui risultati dipendono in larghissima misura dall'esperienza degli operatori.

La prima fase di stimolo con le gonadotropine non ha bisogno di particolari controlli, che diventano invece indispensabili dopo alcuni giorni e consistono nella misurazione degli estrogeni nel sangue e nel controllo ecografico dello sviluppo dei follicoli ovarici. Questo periodo di verifiche più severe dura in media una decina di giorni: in quasi tutti i centri si esegue, al mattino, un prelievo del sangue per il dosaggio degli estrogeni e un'ecografia pelvica (con una sonda inserita in vagina) per il controllo dello sviluppo dei follicoli. Al pomeriggio, sulla base del dosaggio degli estrogeni, un esame che viene eseguito in poche ore, la paziente riceve una telefonata che le dice sia quante fiale di ormoni deve usare sia se è necessario il controllo del mattino dopo o se si può saltare un giorno.

È evidente che il medico adatta lo stimolo alla risposta ovarica, tenendo conto dello schema prescelto. Quando ritiene conclusa la stimolazione, la sua telefonata informa la paziente sul momento in cui deve farsi l'iniezione di HCG, l'ormone simile all'LH che conclude il trattamento. Da questo momento i tempi debbono essere rispettati con scrupolo, perché l'HCG deve essere somministrato 34-36 ore prima del prelievo degli ovociti, e debbono naturalmente tener conto della disponibilità della sala operatoria e della lista di interventi che vanno eseguiti.

Che cos'è l'iperstimolazione ovarica? Da cosa dipende? Cosa comporta?

La complicazione più temibile delle fecondazioni assistite (o almeno di quelle che comportano una iperstimolazione ovarica) è comunque la sindrome dovuta nella maggior parte dei casi a una stimolazione eccessiva: cosa non sempre imputabile al medico, perché molto spesso il confine tra stimolazione utile e stimolazione esagerata è invisibile. Esistono poi casi (le ovaia micropolicistiche) nei quali la causa della complicazione risiede nell'eccessiva sensibilità ovarica alle gonadotropine.

I medici considerano tre livelli di iperstimolazione. Nel primo, il problema è soprattutto ormonale e non ci sono, o quasi, segni clinici. Il secondo livello, quello dell'iperstimolazione moderata, è caratterizzato da un notevole aumento di volume delle ovaia, da versamenti ascitici addominali, da nausea, vomito e diarrea. Il terzo, che è il grado più severo, comporta un peggioramento dell'ascite, la comparsa di idrotorace, di emoconcentrazione, disturbi elettrolitici, grave diminuzione dell'attività funzionale del seme, alterazioni della coagulazione, rischi di tromboembolia. Nei casi più gravi, per fortuna molto rari, è la vita stessa ad essere minacciata.

Le iperstimolazioni sono in lieve diminuzione, ma sono ancora piuttosto frequenti (3-4% di iperstimolazioni moderate; 0,8-1% di severe); è invece molto migliorata l'assistenza medica, così che la prognosi di questi quadri è quasi sempre favorevole.

Quali sono le ragioni per le quali una coppia sceglie di fare una GIFT *e un'altra preferisce tentare una* FIVET*?*

La GIFT (*gametes intra-fallopian transfer*, o trasferimento intra-tubarico dei gameti) è stata proposta soprattutto per cercare di far accettare almeno una tecnica di fecondazione assistita al Magistero cattolico. La cosa è in effetti riuscita, visto che la GIFT non è stata rimossa né censurata né condannata (purché siano rispettate alcune regole veramente buffe: raccolta del seme in un preservativo forato usato in un normale rapporto sessuale; inserimento delle uova e degli spermatozoi nello stesso catetere, ma virginalmente separato da una bolla d'aria che funge da chaperon). Si tratta comunque di una tecnica che ha indicazioni precise e ristrette (sterilità da cause ignote; problemi non gravi di sterilità tubarica; modeste diminuzioni della fertilità maschile, endometriosi) e che sta via via perdendo il favore dei medici sia per la sua maggiore invasività (richiede l'esecuzione di una laparoscopia o, in alternativa, di una isteroscopia), sia perché non è più evidente la sua maggior efficacia (maggior numero di gravidanze per ciclo) nei confronti della FIVET. Oggi soltanto l'Università Cattolia di Roma si limita a offrire la sola GIFT ai suoi pazienti sterili; gli altri ospedali cattolici eseguono anche la FIVET, sia pure con la sola opzione del «caso semplice», eseguito con qualche ambigua variante.

Immagino che ci siano rischi anche collegati con una certa dose di invasività delle tecniche. È così?

Sia che si esegua una FIVET sia che si scelga una GIFT, c'è un momento invasivo: nel primo caso il prelievo degli ovociti, nel secondo l'esecuzione della celioscopia.

Il prelievo degli ovociti, anche se eseguito da mani molto esperte, può causare qualche complicazione. Ricordo un'emorragia ovarica, che rischiava un intervento chirurgico, e la rottura di una cisti endometriosica, che addirittura richiese l'asportazione dell'ovaio. A una mia amica/paziente è rimasto un dolore pelvico che ricompare fastidioso e tenace durante l'ovulazione. Insomma è raro, ma non è impossibile, che l'ago, entrando in addome, faccia qualche danno.

Quanto alla laparoscopia (eseguita per introdurre ovociti e spermatozoi nelle tube nella GIFT), si tratta pur sempre di un intervento chirurgico, minore fin che si vuole, ma con le sue possibili complicazioni. Io non sono molto bravo a fare laparoscopie, ma i miei collaboratori sono tra i migliori in assoluto. Malgrado ciò ricordo con dispiacere (con molto dispiacere) una decina di casi nei quali differenti complicazioni (nessuna, per fortuna, grave, ma tutte per lo meno seccanti) mi hanno procurato una serie di guai: da un terribile mal di testa, all'aggressione di una madre infuriata. Una decina di casi su circa 15.000 laparoscopie dovrebbe dare un'idea del rischio che quest'intervento comporta.

Il prelievo degli ovociti, che concerne la FIVET, è una fase che può essere anche dolorosa. Mi risulta che le tecniche siano state soggette a cambiamenti, dalla fine degli anni Settanta a oggi. È così?

Nei primi tempi, il prelievo degli ovociti veniva eseguito per via laparoscopica: questa tecnica viene oggi riservata a casi particolarissimi, essendo stata completamente sostituita dal prelievo ecoguidato.

In pratica, la donna viene sottoposta ad anestesia generale o a una profonda analgesia; il medico, sempre controllando la posizione delle ovaia e dei follicoli con l'ecografo, inserisce attraverso i fornici vaginali un lungo e sottile ago, che viene fatto penetrare nei follicoli, dai quali viene asportato tutto il contenuto liquido. Le provette che contengono questo liquido vengono consegnate al biologo, che le attende in un laboratorio attiguo alla sala operatoria, e che inizia a cercare, al microscopio, l'ovocita. Intanto, e per più volte, il medico «lava» le pareti del follicolo con una soluzione fisiologica, riempiendo nuove provette che vengono successivamente sottoposte al controllo da parte del biologo. In questo modo vengono trovati e classificati (a seconda della maturità) tutti gli ovociti che il medico è riuscito a estrarre. L'abilità del medico consiste nel portare a termine l'intera operazione evitando di traumatizzare l'ovaio; l'abilità del biologo sta nella capacità di identificare e classificare gli ovociti con la maggiore rapidità possibile. Ma si tratta di un lavoro di équipe, nel quale conta soprattutto l'abitudine del gruppo a lavorare insieme.

Ci sono dei casi nei quali il medico non riesce a estrarre ovociti dai follicoli, benché ci siano tutte le premesse (ecografiche e ormonali) per un risultato positivo. Si tratta quasi sempre di un problema di cattivo trattamento: è infatti possibile un fallimento ogni qual volta si interviene troppo prematuramente, quando i follicoli non sono ancora maturi e gli ovociti non si lasciano staccare dalle loro pareti.

Dunque questi trattamenti della sterilità sono spesso dolorosi o per lo meno fastidiosi per la donna, ed è lei, il suo corpo, oltre che i suoi pensieri e le sue emozioni, le sue ansie e paure, che sono in gioco. Ma anche la situazione dei compagni e mariti può non essere così facile. Cosa si chiede a lui?

Se tutto è andato bene, se il biologo ha trovato gli ovociti e se questi sono di buona qualità, è il momento di chiamare in causa l'uomo.

E qui bisogna di nuovo costruire delle categorie che tengano conto della qualità del seme, della possibilità di trovare spermatozoi nell'eiaculato e della tecnica che è stata prescelta.

Cominciamo col parlare degli uomini che hanno un seme normale o con alterazioni comunque compatibili con le fecondazioni assistite semplici. Il loro seme (nella maggior parte dei casi si chiede una sola eiaculazione; solo raramente se ne pretendono due) viene sottoposto a un vero e proprio trattamento, che consiste nel passaggio attraverso gradienti (i gradienti di Percoll) in modo da selezionare gli spermatozoi più mobili e attivi. Per una GIFT si deve poter contare su circa 400.000 nemaspermi mobili per salpinge; per la FIVET, su un numero compreso tra 100.000 e 200.000 per ogni ovocita (ma in passato abbiamo avuto ottimi risultati anche con numeri molto più bassi). Nel caso in cui il numero di spermatozoi mobili sia insufficiente o ai limiti di quello che è considerato il numero sufficiente, conviene ricorrere alla tecnica di microiniezione, la ICSI, della quale dirò più avanti.

Ma ci sono uomini, ne ho accennato in precedenza, che non hanno spermatozoi nel liquido seminale, talora per problemi riguardanti i dotti deferenti, talora perché la produzione di spermatozoi è così piccola che in pratica non ne vengono mai portati all'esterno. Se il problema riguarda i deferenti, è molto probabile che ci sia un accumulo di spermatozoi negli epididimi: in questo caso, il medico esegue il prelievo sia dei gameti femminili sia, più o meno nello stesso momento, di quelli maschili, con varie tecniche, la più invasiva delle quali comporta un piccolo intervento chirurgico eseguito in anestesia locale (MESA).

La possibilità di utilizzare le tecniche di microiniezione ha però enormemente modificato l'approccio alla sterilità maschile, perché oggi è sufficiente disporre di un piccolissimo numero di spermatozoi (vitali) per avere un successo riproduttivo. Poiché è possibile introdurre direttamente uno spermatozoo in ciascun ovocita, al medico basta ottenere solo quel piccolo numero di spermatozoi indispensabile per microiniettare gli ovociti che ha a disposizione. Per farlo, dispone di una tecnica molto semplice, che consiste o nell'aspirare direttamente un po' di liquido seminale dagli epididimi, o nell'aspirare da diversi punti dei testicoli alcuni frammenti di tessuto, nei quali il biologo cercherà e isolerà gli spermatozoi.

In effetti la tecnica è rivoluzionaria: sono stati trovati nemaspermi (spermatozoi) utili in azoospermici (cioè con assenza assoluta di spermatozoi nell'eiaculato) con FSH elevato (segnale, questo, di una sofferenza testicolare severa) e persino in pazienti con sindrome di Klinefelter, che dovrebbero essere completamente sterili per definizione.

Sempre riguardo ai problemi relativi alla qualità del seme, è vero che si possono ottenere fecondazioni anche se non ci sono affatto spermatozoi?

In effetti, ricercatori francesi hanno scoperto che, in assenza completa di spermatozoi, è possibile ottenere fecondazioni (e gravidanze, nonché, per quanto è possibile dire al momento, bambini normali) utilizzando gli spermatidi, che sono precursori diretti degli spermatozoi (e che, come loro, hanno un patrimonio genetico aploide, 23 x o 23 y, ma sono privi di mobilità spontanea). È raro che si debba far ricorso agli spermatidi, che sono sensibili alle gonadotropine e tendono a trasformarsi in spermatozoi sotto stimolo FSH; inoltre, se ci sono spermatidi, è molto probabile che ci siano anche spermatozoi, da qualche parte, nel testicolo. Comunque, fino a oggi sono nati pochissimi bambini con questo tipo di fecondazione, e la tecnica, che è veramente sperimentale, preoccupa non poco i medici. Ma è bene ricordare che spesso essi hanno accolto con paura le novità presentate via via dalle fecondazioni assistite, e più volte hanno fatto previsioni catastrofiche, tutte (previsioni e paure) rivelatesi sinora – per fortuna – infondate.

Come ci si deve regolare rispetto al numero di embrioni da produrre?

Ora che il biologo ha a disposizione sia ovociti che spermatozoi, bisogna dirgli che cosa deve fare, secondo i criteri che ho cercato di illustrare in precedenza: produrre molti embrioni? Solo quelli necessari per un trasferimento? Ma quanti sono quelli necessari per un trasferimento? E che problemi presenta il congelamento? E cosa significa congelare gli ovociti?

Tutto è molto semplice e diretto quando si debbono applicare le norme del caso semplice, sia che siano imposte da una legge, sia che siano dettate da specifiche scelte morali o religiose: si possono fecondare solo le uova corrispondenti per numero agli embrioni che potranno essere trasferiti, così che se si è deciso di trasferire tre embrioni, si tenterà di fecondare tre uova, eventualmente congelando quelle soprannumerarie.

Se si è liberi di scegliere e non ci sono norme vincolanti, si cercherà di produrre un numero di embrioni utile, complessivamente per tre tentativi: non di più per non accumulare embrioni congelati, fonte costante di problemi e di guai. Basterà ricordare che con la FIVET si riesce a fecondare tra l'80 e il 90% degli ovociti, mentre la ICSI ha una percentuale di successi generalmente inferiore al 70%.

Mi viene in mente, a questo punto, che chi legge potrebbe chiedermi perché mai si dovrebbe scegliere la ICSI, visto che ha una minima percentuale di fertilizzazione. Il fatto è che, nella maggior parte dei casi, la ICSI non si sceglie, ma si fa per forza (se gli spermatozoi sono pochissimi; se i precedenti tentativi di FIVET sono falliti per mancanza di fecondazioni).

E riguardo alla microiniezione di spermatozoi direttamente dentro l'ovocita?

Il primo a tentare l'iniezione diretta di uno spermatozoo in un ovocita è stato un certo Ng, che ottenne una prima gravidanza inserendo uno spermatozoo subito sotto la membrana pellucida di un uovo, una tecnica indicata con la sigla SUZI. I risultati ottenuti con questa tecnica sono sempre stati più che modesti; per qualche strana ragione però i medici evitavano di introdurre più profondamente lo spermatozoo, cioè di inserirlo nell'ooplasma, forse perché timorosi di creare qualche tipo di sofferenza nell'uovo e poi nell'embrione. Come spesso accade in medicina, la prima sperimentazione di una ICSI (che prevede appunto l'inserimento dello spermatozoo profondamente nell'interno dell'ovocita) fu casuale: un ricercatore italiano, di nome Palermo, che lavorava allora in un laboratorio belga, si accorse di aver commesso questo errore, ma si assunse la responsabilità di trasferire l'embrione che si era formato. La tecnica ha avuto un successo straordinario, tanto che alcuni laboratori hanno abbandonato del tutto la FIV per la microiniezione, preferendo una complessiva diminuzione della percentuale di ovociti fecondati ai casi, rari ma molto impressionanti, di fallimenti FIVET per mancanza totale di fecondazioni. C'è stato, nei primi tempi, qualche timore riguardante la normalità dei bambini che nascevano con l'aiuto di questa tecnica, timore attualmente sopito, tranne che per quanto concerne la possibilità di un aumento, sul quale ancora si discute, di anomalie dei cromosomi sessuali.

È questa, comunque, la novità di gran lunga più importante da quando sono state messe a punto le prime tecniche di fecondazione assistita. Le sue indicazioni si sono ampliate e comprendono, oltre ai casi di severa ipofertilità maschile, anche quelli nei quali sono stati registrati fallimenti in precedenti tentativi di fertilizzazione in vitro.

È il momento di trasferire gli embrioni nell'utero, come?

Per quanto riguarda le modalità di trasferimento in utero, non vi è dubbio che quella di gran lunga più utilizzata è la transcervicale, che si esegue, nella grande maggioranza dei casi, molto facilmente e senza traumi. Gli embrioni vengono aspirati in un sottile catetere, che viene inserito nella cavità uterina attraverso il canale cervicale: in questo modo gli embrioni possono essere direttamente depositati sull'endometrio. Tutta l'operazione avviene in breve tempo, senza dolore (non è necessaria un'anestesia) e la paziente può lasciare subito l'ambulatorio. Il fatto che venga trattenuta per qualche minuto e che le venga eventualmente consigliata l'immobilità, sempre per un breve periodo di tempo, non ha a che fare con un bisogno reale, ma solo con la necessità di placare il sentimento d'ansia di molte donne, talora così preoccupate da considerare prove di scarsa sensibilità umana e di inadeguata preparazione clinica gli atteggiamenti un po' troppo disinvolti dei medici, in un momento di così straordinario valore.

Cosa c'è di vero dietro le accuse, di cui ho sentito parlare e di cui ho letto, che riguardono lo spreco degli embrioni?

È vero, questa è una delle accuse che sono state mosse con maggiore frequenza alle fertilizzazioni in vitro: in effetti, se si considerano il numero di embrioni prodotti con tale tecnica e il numero di bambini che nascono a partire da questi embrioni non si può non essere d'accordo, pur ricordando sempre che la natura stessa non è da poco per quanto riguarda lo «spreco» di embrioni. Dal 1978 a oggi, lentamente, progressivamente, la tecnica è però migliorata e lo spreco sussiste ancora, ma è molto ridimensionato. Questo significa che, sempre molto lentamente, il numero di pre-embrioni trasferiti per ogni ciclo è calato, in modo da poter garantire le stesse probabilità di successo, diminuendo notevolmente il numero di gravidanze multiple.

Uno dei rischi collegati con le fecondazioni assistite sono appunto le gravidanze multiple. È davvero un problema così preoccupante?

Temo che, a chi non è proprio del mestiere, l'idea di una gravidanza multipla ispiri sentimenti di tenerezza: tanti bei musini che si affacciano dalla stessa culla, tante gote rubiconde da accarezzare... In effetti, si tratta di tutt'altro.

Le gravidanze multiple, con qualche eccezione parziale per quelle gemellari, sono una fucina di guai: più aborti, più parti prematuri, maggiori complicazioni per la madre; più cesarei, un mucchio di bambini e non tutti normali. Già le gravidanze trigemine comportano molte preoccupazioni per la salute dei bambini, generalmente molto piccoli alla nascita e pertanto bisognosi di cure intensive e continue (non sempre, purtroppo, con esito favorevole) ed è fondamentale che questi gemelli abbiano accesso a servizi di terapia intensiva. Ne deriva che la gravidanza multipla deve essere considerata una complicazione temibile e si deve far di tutto per evitarla.

Perché allora ci sono ancora tante gravidanze multiple? Ebbene, anzitutto perché in larga misura sono causate da terapie farmacologiche di induzione dell'ovulazione, eseguite molto spesso da medici superficiali o incompetenti (o, più raramente, sfortunati). In secondo luogo i centri di sterilità meno provveduti, con laboratori scadenti e biologi impreparati, tendono ad avere percentuali di gravidanza «per embrione trasferito» molto basse; allora, per aumentare almeno un po' il numero dei successi, trasferiscono tutti gli embrioni prodotti, fino a toccare cifre incredibili. Può così accadere che, casualmente, un gruppo di embrioni abbia caratteristiche biologiche particolarmente e uniformemente buone: ed ecco la gravidanza multipla, ecco i sei fratellini festeggiati da tutti i giornali (ai quali consiglio di fare qualche controllo a distanza di tempo, per verificare quante lesioni cerebrali si siano manifestate, quanti difetti degli organi di senso e così via). È vero che esiste la possibilità di ridurre il numero di embrioni, con un intervento ecoguidato che consente di sacrificare alcuni di loro perché gli altri possano sopravvivere, ma si tratta di un intervento non privo di rischi e le cui risonanze affettive dovrebbero poter essere evitate a tutti i costi.

Un'altra questione delicata e fondamentale insieme è quella che riguarda il numero di embrioni da trasferire; ma esiste una regola aurea che ne fissi il numero ideale?

A mio parere deve essere considerata una regola fondamentale quella di trasferire un numero di embrioni sufficiente a garantire accettabili probabilità di gravidanza, ma non così elevato da comportare rischi di gravidanza multipla. Questa regola diviene facile da applicare soprattutto se è possibile congelare gli embrioni sovrannumerari. Credo che valga la pena riassumere l'esperienza di uno dei miei ricercatori che ha trasferito, a donne di età inferiore ai 36 anni, due embrioni, congelando gli altri. La percentuale di gravidanze è stata inizialmente bassa (24%, contro il 36% ottenuto trasferendo tre embrioni); trasferiti tutti gli embrioni congelati, però, il numero complessivo di gravidanze era identico nei due gruppi (quello delle donne che ricevevano 2 e quello delle donne che ricevevano 3 embrioni) e si avvicinava al 60%. La differenza fondamentale riguardava proprio le gravidanze multiple, perché nel primo gruppo non c'erano trigemine, che comparivano nel secondo gruppo con una percentuale vicina al 5% (con addirittura la sorpresa di una gravidanza quadrigemina).

Dunque, se debbo trarre qualche conclusione dalle nostre esperienze, raccomando di non trasferire mai più di tre (ma possibilmente due) embrioni alle donne che hanno meno di 36 anni e un massimo di quattro alle donne meno giovani.

Ancora una domanda sul congelamento degli embrioni. Per quanto tempo possono essere conservati senza che se ne modifichi la qualità?

La tecnica, come molte altre impiegate nella cura della sterilità, è stata messa a punto dai veterinari, i quali non hanno fatto altro che riproporre i vecchi metodi di conservazione dei gameti maschili, che sono in uso da molti decenni e che consentono agli spermatozoi di sopravvivere in azoto liquido, a bassissima temperatura. La prima gravidanza da embrioni congelati è stata ottenuta in Australia nel 1983 da A. Trounson. La notizia suscitò un mare di polemiche e di fosche previsioni, tutte smentite (come la maggior parte degli annunzi di morte che sistematicamente si levano al cielo ogni qual volta viene annunciata una nuova conquista scientifica in questo settore). In effetti, con tale sistema sono nati ormai moltissimi bambini, e non c'è nessun segnale di aumento del tasso di malconformazioni. Molte cose, però, debbono ancora essere chiarite a proposito di questi congelamenti: non si conosce, ad esempio, il tempo massimo di sopravvivenza degli embrioni e si sa solo che esiste, dopo qualche anno, una progressiva diminuzione delle probabilità di sviluppo. Nella letteratura c'è qualche dato su embrioni scongelati dopo 10 anni e dai quali sono stati ottenuti bambini sani, ma mancano informazioni scientifiche più sistematiche, laddove sarebbe molto utile sapere dopo quanti anni di congelamento tutti gli embrioni abbiano perso completamente la propria vitalità.

Il problema dell'uso degli embrioni che non vengono utilizzati per il trasferimento è molto delicato sul piano etico; in molti testi se ne parla ricorrendo al termine «spare embrios», cioè gli embrioni che restano.

È certo che una volta raggiunto il risultato, un bambino, il rapporto che lega la coppia agli embrioni rimasti in laboratorio può mutare.

Un problema per la coppia. Un problema indirettamente anche per il centro. Come vede questa situazione?

In effetti, il guaio del congelamento degli embrioni sta nel fatto che molti di essi non vengono più richiesti dalle coppie alle quali appartengono, soprattutto se il primo ciclo di trattamento ha avuto successo. Ci si chiede quindi che fare di questi pre-embrioni «abbandonati»: le opzioni, del resto, non sono numerose e la scelta può cadere solo sulla donazione a coppie sterili, sulla distruzione, o sull'utilizzazione per ricerche scientifiche.

Sull'accumulo di pre-embrioni congelati nei laboratori,

d'altra parte, c'è molto da discutere. Anzitutto è importante ricordare che si tratta, appunto, di pre-embrioni e non di embrioni, e che questo, per molti scienziati e per molti filosofi, comporta una differente valutazione morale. In secondo luogo, il numero di pre-embrioni abbandonati dipende non poco dalla «politica» del centro, dalla capacità dei medici di coinvolgere psicologicamente le coppie nei confronti del destino dei loro embrioni e dalla scelta di protocolli che evitino di cercare successi a tutti i costi e che si preoccupino invece di «umanizzare» l'intero percorso terapeutico. In ogni caso, la nostra scelta attuale (vi ricordo che, mentre scrivo, lavoriamo ancora in assenza di norme) è quella di produrre embrioni soprannumerari utili per un massimo di due trasferimenti, e di conservare i congelati «ad libitum» anche nei casi in cui le coppie non sembrino interessate al loro destino (non si sa mai, potrebbero cambiare idea).

In questi ultimi mesi si legge di sviluppi importanti nella ricerca che riguarderebbero la possibilità di congelare gli ovociti, superando quindi completamente tutte le perplessità, i dubbi, le preoccupazioni che molte persone nutrono rispetto al congelamento degli embrioni. Cosa c'è di vero?

E ci sono altri motivi perché possa essere importante farlo?

Congelare spermatozoi è facile; è facile congelare spermatidi; è abbastanza facile congelare embrioni; è molto difficile congelare ovociti. Vediamo perché.

Ipersemplificando il problema, si può dire che congelare cellule è tanto più facile quanto più le cellule sono piccole e quanto minore è il loro contenuto di acqua: gli spermatozoi sono molto piccoli e contengono pochissima acqua; gli ovociti sono molto grandi (sono le cellule più voluminose del corpo umano) e contengono moltissima acqua. Per questa ragione processi come il congelamento e lo scongelamento possono danneggiare molte delle ultrastrutture dell'ooplasma e modificare la struttura della membrana pellucida, la membrana che sta all'interno dell'uovo. Così, nella letteratura medica si troveranno pochissimi riferimenti a congelamenti degli ovociti eseguiti con successo, ai quali cioè abbia fatto seguito una gravidanza, riferimenti oltretutto non sempre sufficientemente documentati.

Ma che ragione c'è per congelare ovociti? Le ragioni sono almeno due. La prima riguarda tutte quelle donne (un numero, tra l'altro, in costante aumento) che sono costrette a subire trattamenti farmacologici (le terapie mediche dei tumori) o fisici (terapie radianti) perché affette da malattie tumorali. Se queste donne non hanno ancora avuto figli o se, comunque, desiderano mantenere una speranza di maternità (per fioca che possa essere), l'unica possibilità consiste nel conservare alcuni dei loro ovociti, congelandoli; del resto, congelare spermatozoi assicura una speranza di fertilità agli uomini che si trovino nelle stesse condizioni. La seconda ragione sta nel fatto che il congelamento degli embrioni è considerato immorale da molti, condannato da alcune religioni e persino bandito dalle leggi di alcuni paesi. A parte la possibilità che anche in Italia una legge sulla fecondazione assistita proibisca il congelamento degli embrioni, ci sono molte coppie, non solo cattoliche, che attribuiscono al pre-embrione le prerogative e i diritti della persona umana e che non accettano di congelarlo, mentre non trovano nulla da dire nei riguardi degli ovociti, che sono soltanto cellule, alle quali non è dovuto alcun rispetto. Poter congelare gli ovociti soprannumerari rappresenta inoltre una via per diminuire il numero di stimolazioni ovariche che debbono essere mediamente eseguite sulle donne che cercano gravidanze con le fecondazioni assistite.

Il grande numero di fallimenti in questo campo (credo che quasi tutti i centri maggiori di sterilità abbiano provato a congelare ovociti, abbandonando l'impresa dopo averne verificato le difficoltà) non ha sgomentato una delle mie collaboratrici migliori, Eleonora Porcu, una ragazza oltretutto dotata di forti convincimenti religiosi alla quale non è mai «andata giù» l'abitudine del nostro Servizio di congelare i pre-embrioni soprannumerari. Così Eleonora, alcuni anni fa, mi ha proposto di iniziare una sperimentazione clinica: se a lei premevano le ragioni etiche, io ero molto stimolato da quelle cliniche e sociali e così, con un moderato contributo del CNR e uno più o meno simile della nostra Regione, abbiamo cominciato. Eleonora ha avuto l'idea di associare il congelamento con la microiniezione degli spermatozoi, per superare il problema delle anomalie della membrana pellucida. La prima gravidanza si è felicemente conclusa da poco, liberandoci da molte paure e da molti sgomenti (è nata una bambina bellissima e perfettamente sana, che si chiama Elena). Abbiamo provato ancora, e oggi ci sono quattro gravidanze in evoluzione regolare (una, tra l'altro, gemellare), mentre due si sono concluse con un aborto. Credo che si tratti di una via che può essere percorsa e ci aspettiamo che altri ci seguano su questo cammino.

Oltretutto, abbiamo già avuto richieste di congelamento da parte di ragazze che stavano per iniziare una terapia antiblastica.

Si è quindi conclusa la prima parte dei trattamenti, gli embrioni sono stati trasferiti nella madre, la boa è stata oltrepassata, tutto quello che doveva essere fatto è stato fatto, si tratta ora «solo» di aspettare.

Si deve lasciare che il tempo passi, tornando alla vita di sempre, rientrando nella normale normalità, zitti e fermi, smettendo di pensare. E poi?

Se tutto è andato bene – gli embrioni sono stati trasferiti; la GIFT si è conclusa senza complicazioni; non ci sono segni di iperstimolazione ovarica – il buon senso vorrebbe che tutti se ne andassero per i fatti propri (il medico, al proprio ospedale; la coppia, alla propria attività) in attesa del «verdetto».

Secondo il buon senso (e l'esperienza clinica) non c'è praticamente niente che si possa fare in questo periodo (una dozzina di giorni dal trasferimento dei gameti o degli embrioni) per migliorare le probabilità di gravidanza. Ma se c'è una voce che in questo periodo non viene assolutamente ascoltata, questa è la voce del buon senso: cosa del resto ben comprensibile, se si pensa all'investimento affettivo che c'è dietro ogni ciclo di trattamento.

Si comincia allora con la terapia d'appoggio, basata sulla somministrazione di ormoni (soprattutto progesterone) e antispastici, che viene consigliata e prescritta da tutti i medici, malgrado esistano prove della sua inutilità. È quindi una terapia «consolatoria», prescritta perché le pazienti se l'aspettano e sarebbero molto sospettose se il medico se ne dimenticasse (e le accuse di imprudenza, imperizia, cinismo fioccano se poi le cose non vanno bene). Le cure di appoggio non hanno effetti collaterali sfavorevoli, perciò non mi sento di contrariarle.

Il secondo problema riguarda il tipo di vita che una donna è in grado di condurre, dopo aver concluso il ciclo di trattamenti. La paura maggiore (e più assurda) è quella di perdere gli embrioni, che potrebbero scivolare giù dall'utero, soprattutto se si resta a lungo in piedi o si fanno sforzi di qualche tipo (particolarmente temuto è il ponzare della defecazione). Infine, questo è il periodo in cui le donne interrogano il proprio corpo, alla ricerca di segnali precoci di successo o di fallimento, una lettura molto difficile che è causa di una fitta rete di telefonate al medico.

In effetti, queste due settimane dovrebbero essere vissute come un periodo di vita sospesa, nella consapevolezza che non esistono terapie utili, comportamenti convenienti, messaggi cifrati. Ma mi rendo conto di quanto sia inutile fare sfoggio di saggezza in queste circostanze, e mi fermo qui.

È il momento di cominciare a eseguire alcuni test?

Dopo una dozzina di giorni, si può fare il primo test di gravidanza, dosando la βHCG (che è, appunto, l'ormone della gravidanza) nel sangue. Si fa il prelievo al mattino e si ottiene la risposta al pomeriggio.

Se la risposta è negativa è inutile pensare a errori del laboratorio, o a un'analisi troppo precoce: è negativa, e basta. Se la risposta è positiva, non è ancora – assolutamente – il momento di festeggiare. Due settimane prima è stata fatta un'iniezione di HCG per indurre l'ovulazione e tracce di quest'ormone potrebbero essere ancora in circolo, a determinare una falsa positività; inoltre, ci sono medici che scelgono come terapia d'appoggio nella fase luteale proprio l'HCG, il che naturalmente aumenta la probabilità di errore.

Così, per poter dire che c'è una gravidanza in atto, bisogna aspettare il secondo dosaggio, da eseguire dopo un paio di giorni, che dovrà oltretutto mostrare che le concentrazioni dell'ormone stanno crescendo.

Mi viene in mente a questo proposito che tali false positività sono state usate dai centri meno qualificati per illudere le pazienti («ci siamo andati così vicini, cara signora, così vicini...») a suon di diagnosi di «gravidanza chimica».

Se anche il secondo dosaggio è positivo ed è in aumento, è veramente iniziata una gravidanza. Ma la contentezza deve essere ancora frenata, perché le probabilità di abortire in questo momento sono elevate (circa il 20%) e c'è persino la possibilità (2-3%) di un impianto extrauterino. Diventa evidentemente importante la prima ecografia, che verrà eseguita dopo circa 20 giorni, e che consentirà di vedere il battito cardiaco dell'embrione e di capire quanti embrioni si sono impiantati e dove l'impianto è avvenuto.

Cosa è la diagnosi genetica pre-impianto?

Si sta sviluppando, con l'inevitabile lentezza dovuta alla complessità tecnica del problema, la diagnosi genetica pre-impianto, che può essere eseguita prelevando una cellula embrionale ed eseguendo su di essa gli accertamenti genetici opportuni: questo consente di trasferire solo gli embrioni risultati normali.

L'indagine viene eseguita sia su embrioni più giovani, allo stadio di 6-8 cellule, sia su blastocisti: si preferiscono embrioni più giovani perché le cellule trofoectodermiche della blastocisti potrebbero presentare differenze nel patrimonio genetico rispetto alla massa cellulare interna, come quelle che vengono rilevate sotto forma di mosaicismo placentare combinato quando si fanno indagini prenatali sui villi coriali. Oggi si usano due tecniche d'indagine: l'ibridazione in situ in fluorescenza o FISH per la diagnosi di anomalie cromosomiche o per diagnosi di sesso; la *polymerase chain reaction* o PCR per diagnosi di malattie recessive anatomiche o legate al cromosoma x e per diagnosi di sesso. La diagnosi di sesso è il caso più semplice di diagnosi pre-impianto, perché, nelle malattie recessive legate al cromosoma x in cui risultano malati solo i maschi, consente di trasferire solo le femmine (sane, o al massimo portatrici sane della malattia). I progressi più recenti riguardano la diagnosi di specifiche mutazioni a carico di un singolo gene: fibrosi cistica, β talassemie, sindrome di Lesch-Nyhon, malattia di Tay Sachs, distrofia muscolare di Duchenne, adrenoleucodistrofia.

La gravidanza, una volta iniziata, è come tutte le altre, a parte il fatto che così non è per chi la vive? Si devono temere rischi diversi, si devono avere differenti paure? Personalmente credo che bastino quelle che ci sono da quando si comincia a capire di essere diversi, anche se forse solo un po', ma diversi.

In teoria, ma solo in teoria, non ci dovrebbero essere differenze tra le gravidanze insorte dopo una fecondazione assistita e quelle iniziate spontaneamente: tutto ciò, è naturale, non tenendo conto della maggior frequenza di gravidanze multiple. In effetti, le cose non stanno così.

Anzitutto, se la gravidanza è iniziata con una fecondazione assistita, nella casa della coppia entra, ospite sgradito ma prepotente, il fantasma della normalità del bambino. Questo vuol dire, naturalmente, che indifferente alle casistiche mediche la maggior parte delle pazienti chiederà controlli specifici (amniocentesi, prelievi dei villi, profili ecografici fetali).

In secondo luogo, e sto parlando ancora della maggioranza dei casi, diventerà sempre più evidente il fatto che la coppia non considera questa gravidanza come un comune e banale evento biologico: l'importanza delle prove superate, delle delusioni subite, delle sofferenze patite, la complessità delle tecniche, quel tanto di magico che le fecondazioni assistite sembrano comunque portare con sé, fanno sì che per nove mesi tutto si carichi di tensioni e di significati particolari. Ne deriva che se una donna gravida va dal medico otto volte durante la gravidanza, queste donne ci vanno venti volte; e prendono più farmaci, hanno più dolori, stanno più a letto, soffrono di nausea, piangono più spesso di quanto non accada alle altre donne.

Se questo è il risvolto psicologico, informazioni altrettanto sgradevoli provengono dall'ambito ostetrico.

Queste gravidanze sono più frequentemente complicate da parti prematuri, dalla nascita di bimbi di peso inadeguato, da tossiemie, ipertensioni, diabete gestazionale e placenta previa. Perché accada tutto questo non si sa, anche se qualcuno pensa che il problema riguardi più globalmente le donne ipofertili, non solo quelle che fanno fecondazioni assistite. Le conclusioni sono comunque sfavorevoli sia per quanto riguarda il parto (35% di tagli cesarei) sia per quanto concerne la mortalità perinatale, che raggiunge valori 3 o 4 volte superiori all'attesa.

Ci sono situazioni nelle quali l'unica possibilità di sperare di poter attuare un progetto procreativo passa attraverso una strada, per alcuni controversa, che è quella delle donazioni.

So che è un argomento delicato, rispetto al quale ci sono posizioni molto diverse. Che cosa ne pensa?

Ci sono circostanze nelle quali una coppia non può avere figli per un problema di sterilità vera, per il quale non esistono cure: il problema può riguardare lui, o lei, o entrambi; la soluzione (se non teniamo conto dell'adozione, una scelta di grande rilievo morale, ma che non riguarda la medicina) la si può trovare in una donazione di seme, rispettivamente di ovociti o di embrioni.

Queste donazioni non possono essere trattate insieme, perché propongono problemi etici, psicologici e persino giuridici differenti.

La richiesta di donazione di seme è stata fatta, in passato, da un grande numero di coppie. Le indicazioni più frequenti erano la azoospermia (cioè l'assenza assoluta di spermatozoi nell'eiaculato), le dispermie più severe (nelle quali la produzione di seme è del tutto inadeguata per quanto riguarda il numero di spermatozoi, la loro motilità o la loro morfologia) e i casi in cui gli uomini erano portatori di gravi malattie genetiche. Nel tempo, molte di queste indicazioni sono scomparse e le nuove tecniche di fecondazione assistita hanno fatto diminuire grandemente il numero delle richieste. Ma esistono ancora uomini nei quali l'incapacità di produrre spermatozoi è vera e totale; le fecondazioni assistite sono costose e spesso comportano attese lunghissime, talora anche incompatibili con l'età della coppia; e la paura di avere figli malconformati o ammalati spinge molti uomini e molte coppie alla scelta di una donazione di seme. Ne deriva che la richiesta di inseminazioni eterologhe, pur essendosi molto ridotta, è ancora consistente.

Uno dei problemi in discussione, quando si parla di donazione, è quello che riguarda il donatore, la sua identità le sue relazioni con le persone che aiuta; i diritti, i doveri che sono in gioco, le tutele che occorre predisporre, le preoccupazioni che bisogna avere. Problemi insuperabili?

Quando si cominciò a ragionare per la prima volta di donazioni di seme, il primo problema che i medici si posero fu quello del donatore. Come avrebbe dovuto essere la figura ideale? Subito si delinearono due tendenze. La prima prendeva spunto dalla vita reale, nella quale le coppie si formano casualmente per incontri fortuiti, e certamente non si consegnano reciprocamente certificati di buona salute. Seguiamo questo esempio, si dissero allora alcuni medici, e accettiamo i donatori volontari senza alcun controllo, preoccupandoci semmai delle loro motivazioni, non della loro salute.

Per carità, obiettavano altri, come è possibile perdere una così straordinaria occasione per migliorare almeno un po' le condizioni di salute (e, perché no, anche l'intelligenza e la bellezza) della nostra popolazione! Cerchiamo di scegliere, meticolosamente e puntigliosamente, i donatori migliori, dove migliori indica qualità come la salute, l'intelligenza, la bellezza, frugando con attenzione anche nelle loro famiglie, selezionando le qualità più utili alla nostra società: ne deriverà un dono incalcolabile per la coppia, un bambino praticamente privo di difetti.

Queste due posizioni, era del resto inevitabile che accadesse, non riuscirono a reggere alle critiche: prevalse rapidamente una via intermedia, pragmatica, piena di buon senso, che regge tra l'altro ancora oggi, e che dice: scegliamo i donatori tra persone normali, motivate da un sentimento di solidarietà, e preoccupandoci soprattutto della loro salute, per evitare di inseminare la donna con un liquido ammalato, portatore di infezioni; quanto ai problemi genetici, evitiamo le malattie a carattere dominante e quelle a più ampia diffusione, tenendo presente il fatto che un certo numero di malattie congenite non sono evitabili e che nascono continuamente bambini ammalati da coppie apparentemente normali.

Questi sono i criteri che hanno ispirato la nascita delle banche del seme, ormai diffuse un po' dovunque (in Italia si raccolgono in un'associazione che si chiama CECOS). Le banche del seme conservano seme congelato proveniente da donatori che sono stati accuratamente controllati sia per quanto riguarda alcune malattie genetiche (si escludono anemia mediterranea, favismo, emofilia, diabete), sia per quanto concerne le principali malattie infettive (AIDS, epatiti virali, sifilide, infezioni da gonococco, clamidia, herpes uroplasma, trichomonas, candida, gardnerella).

Il seme viene utilizzato dopo che sono passati 6 mesi dal momento della raccolta e dopo che il donatore ha ripetuto alcuni esami, per evitare «finestre» di negatività sierologica. La coppia, la quale deve eseguire una serie di esami preconcezionali, sceglie il donatore (che non conosce né conoscerà mai) tenendo conto di alcune caratteristiche fisiche elementari (colore degli occhi e dei capelli, peso, altezza, gruppo ed Rh). La tecnica di inseminazione è molto semplice: si calcola il momento dell'ovulazione, tenendo conto della durata media dei cicli e cercando nelle urine il picco dell'LH con un sistema di dosaggio semiquantitativo. Controllata la presenza del follicolo dominante, si scongela un campione di seme e lo si versa in un cappuccio cervicale, che viene poi posto a contatto con l'orifizio esterno del canale cervicale. La probabilità di gravidanza non è elevata (10% per ciclo o poco più), anche perché il congelamento del seme gli fa perdere efficacia: in genere, il 75% delle gravidanze si verificano nei primi 6 cicli. Il CECOS, che segue un protocollo di regole morali molto rigide, non utilizza più i donatori quando, con il loro seme, sono state ottenute cinque gravidanze in differenti famiglie.

Non sempre le donazioni di seme si fanno in modo così semplice, in cicli naturali. seme di donatore può essere utilizzato in tutte le tecniche di fecondazione assistita, se esiste anche un problema di ipofertilità femminile o se sono state eseguite senza successo molte (chi dice 6 e chi dice 9) inseminazioni semplici.

Se una donna non può portare nel proprio corpo una gravidanza, oggi ha la possibilità di ricorrere all'aiuto esterno di un'altra donna; la chiamano donazione di ovociti o di embrioni.

Non ho le idee chiare a questo proposito. Da un lato mi pare che in questo modo la funzione di madre sia sminuita, d'altro lato anche nel caso dell'adozione accade la stessa cosa e forse in questa situazione ci può invece essere in più la possibilità che gli spermatozoi siano quelli del marito. Cosa c'è in fondo di così sbagliato? Eppure...

Nel 1984 Lutjen, un ricercatore australiano, annunciò che per la prima volta una donna aveva partorito un bambino concepito con un ovocita donato da un'altra donna. Da allora a oggi il numero di ovodonazioni è stato in continuo aumento; di più ancora, si è assistito a una sempre maggiore richiesta di ovociti, mentre contemporaneamente diminuiva la richiesta di spermatozoi.

Come ho già scritto, l'indicazione classica della ovodonazione riguarda le donne che hanno completamente esaurito il proprio patrimonio follicolare (sono cioè in menopausa), quelle che non hanno mai posseduto un patrimonio follicolare (le varie forme di disgenesia gonadica) e quelle che non vogliono (per ragioni genetiche) o non possono (per ragioni meccaniche o per aver tentato inutilmente molte volte) disporre del proprio patrimonio follicolare. Ma chi dovrebbero essere le donatrici?

Possiamo immaginarne tre categorie. La prima comprende le donatrici volontarie conosciute, quelle che decidono di dare ovociti a una persona cui sono vicine (e della quale conoscono le sofferenze) come atto di solidarietà, d'amicizia o d'amore. È il caso della sorella minore, o dell'amica più cara. Questa donazione sembrerebbe, a prima vista, logica e accettabile: un atto oblativo tra persone che si amano. Invece, per esperienza personale, è l'origine di una serie infinita di guai, perché – malgrado la migliore buona volontà – sembra che risulti impossibile per la donatrice star lontano dal bambino nato dal suo ovocita, da quel pezzetto di sé che è andato a crescere altrove. Tutte le esperienze in proposito dicono la stessa cosa: la donatrice si fa viva nella famiglia del bambino sempre più spesso, si immischia, critica, consiglia, toglie autorità alla madre sociale. Un disastro. C'è un solo modo per utilizzare una donatrice conosciuta evitando questi guai, ed è il modo usato in alcuni paesi europei nei quali si sente particolarmente la carenza di donatrici: come per il dono di sangue, la donatrice offre le sue uova al centro di sterilità, ma ignora la loro destinazione; la sua donazione sarà comunque indirettamente utile anche all'amica o sorella, cui andranno ovociti donati da una donna che si è offerta come donatrice in modo analogo. Poiché questo è molto difficile da organizzare, io sconsiglio alle donne di accettare ovociti da persone conosciute: oltretutto si caricherebbero di un enorme debito di gratitudine nei loro confronti, un dono tanto maggiore se si pensa che la donatrice in questi casi viene sottoposta a un trattamento analogo ai cicli di fecondazione assistita (seccature e rischi inclusi).

Il secondo tipo di donazione è quello al quale si fa ricorso più frequentemente in Italia: si chiede alle donne che sono in trattamento per una fecondazione assistita la disponibilità delle uova sovrannumerarie che verranno eventualmente prelevate dalle ovaia. La reazione delle donne a questa richiesta è molto varia e non sempre risponde a regole precise (non si deve dimenticare che è necessario anche il consenso del marito). Molto generose nei primi tempi, le donne lo sono diventate progressivamente meno, via via che le tecniche hanno consentito di utilizzare anche ovociti che precedentemente sarebbero stati gettati; su molte hanno avuto peso negativo le polemiche sulle nonne-madri e le critiche morali e religiose rivolte a tutte le fecondazioni assistite.

Oggi la risposta è chiaramente insufficiente rispetto alla domanda ed è oltretutto molto variegata: sono più generose le donne meno giovani (ma si tenga conto che l'età massima delle donatrici non può superare i 35 anni); ed esiste anche una variabilità regionale (la palma della generosità dovrebbe essere assegnata alle donne venete).

Il fatto che il consenso alla donazione debba essere dato molto per tempo è dovuto alla necessità di eseguire, su queste donne, tutti gli accertamenti necessari per assicurare alle coppie che eventualmente ne riceveranno le uova che si tratta di persone sane, non portatrici di anomalie genetiche e non affette da malattie infettive, nello stesso modo e con lo stesso protocollo d'esami descritto per le donazioni di seme.

Il terzo modello di donazione non ha in effetti assolutamente niente a che fare con una donazione, perché è quello che prevede l'acquisto di ovociti da donne appositamente reclutate.

La vendita di ovociti non gode certamente di buona stampa, ed è giusto che sia così. È bene però sapere che esiste un commercio mascherato di questi gameti, che è attivo in almeno un paio di centri italiani (in genere, non so perché, queste cose accadono a Roma o a Napoli) e che si basa sullo scambio: ti faccio una fertilizzazione in vitro con lo sconto, e tu in cambio... Credo che questa sia una delle tante cose sulle quali è necessario fare un po' di ordine.

Tecnicamente, un'ovodonazione non è altro che una fertilizzazione in vitro. La coppia si sottopone al protocollo d'esami consueto e poi, se lei è in menopausa, si inizia una terapia sostitutiva che è rivolta a creare condizioni endouterine adatte ad accogliere un embrione. Alcuni centri preferiscono controllare la risposta endometriale a questi stimoli, altri la danno per scontata.

Si tratta, a questo punto, di ragionare con molta serenità sulla donatrice: la coppia deve accettare la regola del segreto, che è reciproca, e deve conoscere solo alcune caratteristiche fisiche che, così come il gruppo e l'Rh, debbono essere compatibili con la donazione. Ci sono centri che richiedono in ogni caso un colloquio con uno psicologo, altri che lo consigliano, altri che non lo ritengono né utile né necessario.

L'attesa, da questo momento, è abbastanza lunga, di quattro o più mesi, perché la disponibilità di ovociti, come ho detto, è scarsa. Quando gli ovociti si rendono disponibili, viene avvertito il marito al quale viene richiesto un campione di seme. Si cerca di fecondare sempre un massimo di tre ovociti e la maggior parte dei centri trasferisce due embrioni, specie se si tratta di donne non più giovanissime. Se la gravidanza inizia, il che accade in circa il 30% dei casi, la terapia sostitutiva viene mantenuta per alcune settimane, poi viene sospesa, anche nelle donne in menopausa, perché la gravidanza si automantiene.

L'ovodonazione ha confermato un sospetto che molti di noi avevano, e che cioè l'esito della gravidanza dipende quasi esclusivamente dalla bontà dell'embrione (e quindi dell'ovocita da cui questo proviene) e assai poco dalla qualità dell'utero.

È per questa ragione che la percentuale di gravidanze è abbastanza costante (30-35%), quale che sia l'età della ricevente, e quali che siano le condizioni del suo utero; ed è per la stessa ragione che le probabilità di abortire non sono elevate (8-9% in media).

Un'altra situazione controversa riguarda la possibilità che una donna può avere oggi, anche se ha già raggiunto la menopausa, di ricevere una donazione di ovociti e poi di portare avanti una gravidanza che sul piano genetico è parzialmente sua, perché gli spermatozoi sono del marito. Essere madre in un'età abbastanza avanzata è una circostanza difficile da valutare, nella quale si sommano aspetti che sembrano criticabili – allevare un figlio in una fase della vita nella quale si hanno meno forze ed energie, e un'attesa di vita ridotta – e altri non del tutto negativi – si possiedono migliori strumenti relazionali e le motivazioni sono senza dubbio fortissime. Non so, però, se, anche in questo caso, sia così facile mettere in fila gli aspetti positivi e quelli negativi e tirarne delle conseguenze medie, uguali per tutte le situazioni. Non è così?

Gran parte delle critiche alle fecondazioni assistite sono state provocate dalle prime donazioni di ovociti fatte a donne «non più giovani». Temo, in effetti, di essere in qualche modo responsabile del primo di questi scandali, la storia di una ultrasessantenne che ebbe un figlio dopo un'ovodonazione eseguita da noi. In effetti, la signora mi aveva consultato, e io avevo rifiutato di trattarla, per un problema non relativo alla morale, ma al fatto che mi spaventava l'idea dei rischi di una gravidanza in una donna di quell'età. Ma la suddetta signora si mise una parrucca, si tolse quindici anni, andò dai miei collaboratori... e ora ha un figlio di cinque o sei anni.

In effetti, per quanto riguarda le ovodonazioni eseguite a pazienti post-menopausali (cioè in pratica, ultracinquantenni) esiste una forte preoccupazione circa i danni che una gravidanza potrebbe causare in una donna di quell'età. Non ho dati recentissimi, ma 10 anni or sono, in Inghilterra, le donne morte a causa della gravidanza o del parto sono state pari al 5,3 per 100.000 gravidanze tra i 20 i 24 anni e a 53 per 100.000 gravidanze sopra i 40 anni; si può immaginare che sopra i 50 anni si debba registrare una mortalità del 2 per mille. Inoltre, tutte le malattie dovute alla gravidanza (il diabete, ad esempio, e l'ipertensione) aumentano con l'età. Ora, è vero che le donne che richiedono un'ovodonazione sono sollecitate da un forte desiderio di maternità che fa considerare questo rischio più accettabile, ed è vero che prima di un'ovodonazione vengono sottoposte a esami rigorosissimi; ma è anche vero che i medici non sono ancora in grado di fornire loro tutte le informazioni necessarie sui rischi che si preparano a correre. D'accordo che ciascuno di noi ha il diritto di mettere a repentaglio la propria vita e la propria salute per le cose che gli premono particolarmente; ma va detto che parte di questi costi vengono assunti dalla società, in termini di spese per assistere le gravidanze a rischio e di spese per assistere i bambini orfani o figli di madri malate e incapaci di allevarli. In ultima analisi, si tratta di un problema ancora controverso, sul quale non siamo riusciti a organizzare una discussione seria e serena.

Si possono, anche, ricevere donazioni di embrioni, circostanza che si configura come una sorta di adozione prenatale vera e pro-

pria, più complessa dell'adozione, così come la conosciamo ma con un innegabile vantaggio sul piano dell'instaurarsi della relazione materna, perché si aggiunge la gravidanza. Come la valuta?

Le donazioni di embrioni trovano indicazione nei casi in cui sia lui che lei siano sterili o nel caso in cui quello dei due che sterile non è scelga di non avere privilegi nei confronti del bambino che nascerà. C'è un termine con il quale viene indicata la donazione di embrioni: quello di «adozione prenatale», che sarà brutto, farà arricciare il naso a molti, ma dà chiaramente un'idea dei problemi in campo. Tutti sappiamo bene quali e quante difficoltà esistono per le coppie che decidono di adottare un figlio, tutti conosciamo il numero straordinario di controlli ai quali debbono sottoporsi per poter essere considerati degni e capaci di allevare un bambino; e tutti sappiamo bene che per molte coppie l'adozione è preclusa, perché non sono sposate, o perché sono troppo anziane.

Ebbene, in assenza completa di leggi, è ancor oggi possibile che queste coppie si dimentichino dei controlli, si scordino dell'età, se ne infischino del giudizio degli psicologi e vadano direttamente ad adottare un embrione.

La donazione di embrioni può essere fatta in due diversi modi: una coppia sterile può chiedere che venga eseguita, in vitro, la fecondazione di un ovocita donato con spermatozoi anch'essi donati. Il vantaggio di questa doppia donazione sta nel fatto che la coppia può influire sulla scelta dei donatori, sui quali esistono normalmente le massime garanzie possibili.

La seconda possibilità, per una coppia sterile, è quella di richiedere un embrione abbandonato. Ciò può accadere se, dopo aver congelato degli embrioni, i genitori decidono di non utilizzarli più e di affidarli al centro perché vengano dati a una coppia sterile. In questo caso, il centro può chiedere alla coppia di eseguire alcuni accertamenti (sulle malattie infettive, ad esempio) assumendosene i costi.

La possibilità di accontentare i richiedenti circa alcune delle caratteristiche genotipiche (altezza, peso, colore degli occhi e dei capelli) in questi casi è quasi inesistente. Nel nostro istituto esiste una seconda possibilità di utilizzare embrioni congelati proponendo, alle ragazze che chiedono un intervento farmacologico post-coitale (la cosiddetta «pillola del giorno dopo») di sottoporsi a un piccolissimo intervento (si tratta, in pratica, di eseguire un lavaggio della cavità uterina, in modo da prelevare l'embrione prima dell'impianto e congelarlo). Alcune ragazze accettano questa soluzione, proponendosi di tornare in avvenire per riprendere l'embrione; altre lo fanno per darlo in «adozione prenatale» a una coppia sterile. In questi casi può accadere che il centro non riesca a eseguire controlli utili sulla salute della donatrice.

Un particolare di un certo peso: le donazioni di embrioni «abbandonati» non costano una lira alle coppie che li ricevono; chiedere che si produca un embrione con gameti di donatori ha chiaramente i costi tecnici per la fertilizzazione in vitro.

Riguardo alla donazione che è nota con il termine di «maternità surrogata» i pareri sono particolarmente duri. Perché e cosa è esattamente questa procedura?

Quasi tutti i paesi che hanno legiferato sulle fecondazioni assistite hanno deciso di escludere (e di condannare, spesso con giudizi severi) ogni sorta di maternità surrogata. Poiché su questa particolare maternità (alla quale generalmente ci si riferisce con il termine un po' volgare di «affitto d'utero») c'è qualche confusione, cercherò di spiegare di cosa effettivamente si tratti.

Che a una donna si possa chiedere di fare un figlio per un'altra donna – o per un'altra coppia – è storia antica. Immagino che molti ricordino la Bibbia («Sarai disse ad Abram: il Signore mi ha impedito di aver prole; unisciti alla mia schiava: forse da lei potrò avere figli»), e comunque esistono, su questo argomento, leggende e fantasie di molti generi. Sarebbe bene, in primo luogo, distinguere queste particolari «donazioni d'utero» secondo il carattere oblativo o contrattuale che le ispira. Ci sono stati infatti alcuni casi (la minoranza) di donazioni d'utero che si sono svolte tra donne appartenenti alla stessa famiglia, senza alcuna finalità che non fosse solidaristica e affettiva. Questi casi meritano a mio avviso di essere considerati separatamente. Molti anni or sono, quando io ero un medico giovane e di fecondazioni assistite non si parlava proprio, c'era una organizzazione americana che procurava ragazze di bell'aspetto e di buona salute alle coppie nelle quali la moglie era inesorabilmente sterile. La ragazza andava a visitare la coppia, si intratteneva in lieti conversari con il marito, il tempo sufficiente per iniziare una gravidanza. Tornava poi a casa sua, dopo aver preso accordi con la coppia sulle migliori modalità legali di adottare il bambino. Tutto questo a costi ragguardevoli.

Le cose non sono granché cambiate, dopo l'avvento delle fecondazioni assistite, tranne che per il fatto che l'intero rapporto è stato «sterilizzato» e non ci sono più incontri ravvicinati né lieti conversari. Esistono ancora queste associazioni (chissà, forse sono sempre le stesse) che offrono, alle coppie sterili, le seguenti soluzioni:

– donne che intervengono in caso di assoluta sterilità femminile: vengono inseminate con il seme del marito e portano avanti la gravidanza fino al termine, dopo di che consegnano alla coppia un bambino del quale sono madri genetiche;

– donne che intervengono nei casi in cui esista una sterilità femminile parziale (presenza delle ovaia, assenza dell'utero o presenza di utero incapace di portare avanti una gravidanza; oppure, apparato genitale normale in una donna affetta da una malattia incompatibile con una gravidanza); in questi casi, i medici producono embrioni con i gameti della coppia e poi li introducono nell'utero «affittato». Dopo il parto, la donna consegnerà ai genitori un bambino che le è completamente estraneo dal punto di vista genetico.

Il codice deontologico ha introdotto una novità nel rapporto tra medico e paziente, che dovrebbe rappresentare un meccanismo a tutela del paziente: è la sottoscrizione di un documento di consenso informato, con il quale si attesta di essere stati dettagliatamente informati dal medico. Sembra essere uno strumento di «democrazia sanitaria» attraverso il quale si sancisce il passaggio di conoscenze e si viene messi in condizione di controllare l'operato del professionista. È proprio così?

Io capisco bene che le finalità per le quali si è introdotto il principio del consenso informato mirano a ridurre la discrezionalità dell'operato del medico e quindi indirizzano a tutelare il paziente, ma, ciò premesso, non sono così convinto che lo strumento indicato sia sufficiente.

Temo, piuttosto, che esso possa configurarsi come un incitamento alla deresponsabilizzazione del medico, il quale, ottenuta la firma del paziente, ha fatto felice il suo assicuratore o il suo legale, ma forse non ha reso davvero un buon servizio al paziente.

Credo ancora che niente sia più efficace di un colloquio approfondito, nel corso del quale do spiegazioni e informazioni sui dati e sulle prospettive delle terapie che espongo.

La firma su un modulo, che oggi viene chiesta, non deve essere usata per scaricare le proprie responsabilità di decisore medico. Resta il fatto che il deteriorarsi del clima nelle relazioni tra pazienti e medici, sempre più indiscriminatamente prossimo al ricorso all'azione legale, non sollecita il medico in questo senso, ma piuttosto solleva un altro tema che è quello che riguarda i paradigmi ai quali si ispira la medicina, un argomento che avrebbe bisogno di maggior spazio e tempo per essere discusso.

Note

I La congiura del silenzio

[1] A. Rich, *Nato di donna*, 1976, trad. it. Milano, Garzanti, 1977, p. 7.

La tesi è ripresa più recentemente da V. Held in *Etica femminista*, Milano, Feltrinelli, 1997, p. 27.

[2] G. Pietropolli Charmet, «L'invidia del padre», in *L'invidia. Aspetti sociali e culturali*, a cura di G. Pietropolli Charmet e M. Cecconi, Milano, Scheiwiller, 1990, p. 139.

[3] F. Basaglia Ongaro, *Una voce. Riflessioni sulla donna* (1978), Milano, Il Saggiatore, 1982, p. 9.

[4] Euripide, *Hippolito*, vv. 616-648. Si veda anche E. Cantarella, *L'ambiguo malanno. Condizione e immagine della donna nell'antichità greca e romana*, Roma, Editori Riuniti, 1981.

[5] Euripide, *Medea*, vv. 230-251.

[6] *Frammenti orfici*, 70, 84.

[7] Platone, *Repubblica*, 395 d-e.

[8] *Genesi*, 3, 16.

[9] Aristotele, *La riproduzione degli animali. De generatione animalium*, a cura di D. Lanza, in *Opere biologiche*, UTET, Torino 1971, 73, a.

[10] S. Freud, *Il motivo della scelta degli scrigni* (1913), in *Opere*, trad. it. a cura di Cesare Musatti e Renata Colorni, Torino, Boringhieri, 1967-1993 (d'ora in poi indicate come OSF).

[11] M.D. Grmek, *Le malattie all'alba della civiltà occidentale*, Bologna, Il Mulino, 1983.

[12] Cfr. S. Vegetti Finzi, M. Catenazzi, a cura di, *Psicoanalisi ed educazione sessuale*, Roma-Bari, Laterza, 1994.

[13] G. Galzio, *La buia preghiera*, Udine, Camponotto, 1996.

II L'altra scena del parto

[1] Plutarco, *Vita di Licurgo*, 27; 3. Vedi anche G. Fiume, a cura di, *Madri. storia di un ruolo sociale*, Venezia, Marsilio, 1995.

[2] C. Arcidiacono, «Oltre il tabù del dolore: la fatica e il piacere di esistere e far nascere», in AA.VV., *Le culture del parto*, Milano, Feltrinelli, 1985, p. 29.

[3] C. Sereni, *Casalinghitudine*, Torino, Einaudi, 1987, p. 45.

III I tempi della maternità

[1] S. Freud, *Una difficoltà della psicoanalisi* (1916), OSF, VIII, p. 661.
[2] S. Freud, *Introduzione al narcisismo* (1914), OSF, VII, p. 448.
[3] *Ibid.*, p. 461.
[4] D.W. Winnicott, *Gioco e realtà*, Roma, Armando, 1979.
[5] D.W. Winnicott, *Dal luogo delle origini* (1986), trad. it. Milano, Cortina, 1990, pp. 125-130.
[6] J.L. Borges, Prologo a *Finimondo*, anticipazione apparsa sul «Corriere della Sera», 20 settembre 1997.
[7] A. Cavarero, *Nonostante Platone. Figure femminili nella filosofia antica*, Roma, Editori Riuniti, 1990, p. 26.
[8] M. Sgalambro, *Del pensare breve*, Milano, Adelphi, 1991, p. 89.

IV Per un'etica del limite

[1] L. Andreas-Salomé, *Il tipo femmina*, Milano, Mimesis, 1992, pp. 43-44. Si segnala l'interessante saggio introduttivo di T. Villani «Della felicità possibile».
[2] Si rinvia in proposito a: «Paradossi della maternità e costruzione di un'etica femminile», in G. Buzzatti, A. Salvo, *Corpo a corpo. Madre e figlia nella psicoanalisi*, Roma-Bari, Laterza, 1995, pp. 147-190.

V Dalla sofferenza all'esperienza

[1] Nel Cinquecento la media delle nascite era, in ogni classe sociale, di dieci figli. Tenuto conto dei casi di sterilità molto frequenti per infermità ginecologiche pregresse, la media sale a quindici figli per ogni donna fertile. Tra le famiglie regnanti europee nel XVII e XVIII secolo, una morte su quattro tra le donne in età fertile avveniva durante il parto.
[2] Aristotele, *Politica*, I, 5-9.
[3] Platone, *Timeo*, 91.
[4] Si rinvia in proposito a S. Vegetti Finzi, «Freud e il Signore assoluto», in *Il sogno dell'interpretazione*, a cura di M. Conci e F. Marchioro, Bolzano, Media 2000, 1996, pp. 97-115.
[5] S. Freud, *Psicologia delle masse e analisi dell'Io* (1921), OSF, IX, p. 295.

VI Maternità e identità femminile

[1] S. Freud, *Analisi terminabile e interminabile* (1937), OSF, XI, p. 512.
[2] S. Freud, *Il motivo della scelta degli scrigni* (1913), OSF, VII, p. 218.

VII L'aborto, uno scacco del pensiero

[1] In *Il teatro*, trad. it. Torino, Einaudi, 1961, p. 486.
[2] R. Dworkin, *Il dominio della vita. Aborto, eutanasia e libertà individuale*, Milano, Edizioni di Comunità, 1994, p. 82.

VIII Il bambino che manca all'appello materno

[1] In *Il teatro*, trad. it. Torino, Einaudi, 1961, p. 384.

[2] Ph. Ariès, *Padri e figli nell'Europa medievale e moderna*, trad. it. Bari, Laterza, 1968.

[3] S. Freud, *Le origini della psicoanalisi. Lettere a Wilhelm Fliess, 1887-1902*, trad. it. Torino, Boringhieri, 1968, p. 101.

[4] S. Freud, *Lettere, 1873-1939*, trad. it. Torino, Boringhieri, 1983, p. 302.

[5] J. Lacan, *Libro XX, Ancora, 1972-1973*, trad. it. Torino, Einaudi, 1983.

[6] U. Auhagen-Stephanos, *La maternità negata*, trad. it. Torino, Bollati-Boringhieri, 1993, p. 8.

IX Tecnologie della fecondazione umana: perché ora?

[1] Cfr. N. Frontali, a cura di, *La cicogna tecnologica*, Roma, Edizioni Associate, 1992, pp. 59-60.

[2] J. Testart, *La procréation médicalisée*, Paris, Flammarion, 1993, p. 14.

[3] Testo del Manifesto di bioetica laica, pubblicato da «Il Sole 24 Ore», 9 giugno 1996, p. 27.

[4] C. Foresta, *Sterilità maschile e femminile: aspetti medici e analisi delle cause* in I. Rauti e P. Siliprandi, a cura di, *Questioni di bioetica. La sterilità e la procreazione medicalmente assistita*, Presidenza del Consiglio dei Ministri, Commissione nazionale per la parità e le pari opportunità tra uomo e donna, Roma, Dipartimento per l'Informazione e l'Editoria, 1997, p. 23.

[5] I. Rauti, «Premessa», in *Questioni di bioetica. La sterilità e la procreazione medicalmente assistita*, cit., p. 13.

[6] S. Vegetti Finzi, M. Catenazzi, a cura di, *Psicoanalisi dell'educazione sessuale*, cit.

[7] S. Rodotà, intervista rilasciata a D. Pasti per il quotidiano «la Repubblica», 5 febbraio 1997.

[8] E. Fox Keller, *In sintonia con l'organismo. La vita e l'opera di Barbara McClintock*, Milano, La Salamandra, 1987.

X *Nuovi cammini di Edipo*

[1] S. Freud, OSF, III, p. 244.

[2] S. Vegetti Finzi, M. Catenazzi, *Psicoanalisi ed educazione sessuale*, Roma-Bari, Laterza, 1994.

[3] S. Vegetti Finzi, *Il bambino della notte*, Milano, Mondadori, 1990.

XI Ingegneria genetica e utopia sociale

[1] G. Milano, *Come lo vuole, signora? Bruno, biondo o...*, in «Panorama», 20 febbraio 1997.

[2] M. Horkheimer, *Studi sull'autorità e la famiglia* (1936), trad. it. Torino, UTET, 1974, p. 47.

[3] S. Freud, *Introduzione alla psicoanalisi (Nuova serie di lezioni)* (1932), OSF, XI, p. 179.

XII Scenari dell'immaginario

[1] S. Freud (1906), OSF, IV.

XIII Biotecnologie tra desiderio e responsabilità

[1] Si veda, in proposito, A.M. de Vilaine et al., *Maternité en mouvement*, Grenoble, Presses Universitaires, 1986; G. Corea, *The Mother Machine*, New York, Harper & Row, 1985.

[2] E. Chelo « I metodi di concepimento assistito», in N. Frontali (a cura di), *La cicogna tecnologica*, cit., pp. 80-82.

[3] S. Vegetti Finzi, «Désir de savoir et obscurité de l'origine» in *Le magasin des enfants*, Collectif dirigé par J. Testar, F. Biurin, Paris, 1990.

[4] Genesi, 16, 4; 21, 1-21.

[5] E. Borgna, *Malinconia*, Milano, Feltrinelli, 1992.

XIV Oscurità dell'origine ed etica della verità

[1] S. Freud, *Il romanzo familiare dei nevrotici* (1908), OSF , V.

[2] S. Vegetti Finzi, «Oscurità dell'origine e bioetica della verità», in S. Rodotà, a cura di, *Questioni di bioetica*, Roma-Bari, Laterza, 1993, pp. 182-197.

[3] S. Freud, *Il perturbante* (1919), OSF, IX, pp. 81-87.

[4] S. Rodotà, «Per un nuovo statuto del corpo umano», in A. Di Meo, C. Mancina, a cura di, *Bioetica*, cit., p. 53.

[5] *Ibid*.

[6] E.T. Bianchedi, M. Bianchedi, J. Braun, M.L. Pelento, J. Puget, «Bambini sequestrati in Argentina: metodologia di restituzione alle famiglie di origine. Alcune riflessioni circa la loro identità», in *La doppia famiglia. Discontinuità affettive e rotture traumatiche*, Milano, Franco Angeli, 1992, p. 335.

[7] *Ibid*., p. 336.

[8] *Ibid*., p. 352.

Riferimenti bibliografici

Lo sfondo storico-culturale

Testi

Aristotele, *La riproduzione degli animali. De generatione animalium*
Aristotele, *Politica*
Bacone Francesco, *Nuova Atlantide*
Campanella Tommaso, *La città del sole*
Euripide, *Hippolito*
Euripide, *Medea*
Genesi
Platone, *Repubblica, Timeo, Teeteto, Simposio*
Plutarco, *Vita di Licurgo*
Rousseau Jean-Jacques, *Emilio*

Saggi

AA.VV., *Le culture del parto*, Milano, Feltrinelli, 1985

Adelman J., *Suffocating Mothers, Fantasies of Maternal Origin in Shakespeare's Plays, Hamlet to the Tempest*, New York, London, Routledge, 1992

Bachofen J.J., *Il matriarcato* (1861), Torino, Einaudi, 1988, 2 voll.

Badinter E., *L'amore in più. Storia dell'amore materno*, Milano, Longanesi, 1981

Basaglia Ongaro F., *Una voce. Riflessioni sulla donna*, Milano, Il Saggiatore, 1982

Bassin D., Honey M., Mahrer Kaplan M.M., *Representations of Motherhood*, New Haven e London, Yale University Press, 1994

Berger A., *Maternità trasgressiva e letteratura*, Napoli, Liguori, 1993

Bettelheim B., *I figli del sogno*, Milano, Mondadori, 1969

Bock G., Nobili G., *Il corpo delle donne*, Ancona-Bologna, Transeuropa, 1988

Campese S., Manuli P., Sissa G., *Madre materia. Sociologia e biologia della donna greca*, Torino, Boringhieri, 1983
Cantarella E., a cura di, *Il potere femminile*, Milano, Mondadori, 1992
–, *L'ambiguo malanno. Condizione e immagine della donna nell'antichità greco-romana*, Roma, Editori Riuniti, 1981
–, *Tacita Muta. La donna nella città antica*, Roma, Editori Riuniti, 1985
Cavarero A., *Nonostante Platone. Figure femminili nella filosofia antica*, Roma, Editori Riuniti, 1990
–, *Corpo in figure*, Milano, Feltrinelli, 1995
Cosmacini G., *La qualità del tuo medico. Per una filosofia della medicina*, Roma-Bari, Laterza, 1995
D'Amelia, M., a cura di, *Storia della maternità*, Roma-Bari, Laterza, 1997
Duby G., Perrot M., direzione di, *Storia delle donne. Il Novecento*, a cura di F. Thébaud, Roma-Bari, Laterza, 1992
Du Bois P., *Il corpo come metafora*, Bari, Laterza, 1990
Filippini N.M., *La nascita straordinaria. Tra madre e figlio la rivoluzione del taglio cesareo (secc. XVIII-XIX)*, Milano, Franco Angeli, 1996
Fiume G., *Madri. Storia di un ruolo sociale*, Venezia, Marsilio, 1995
Foucault M., *Storia della sessualità*: «La volontà di sapere» (1976); «L'uso dei piaceri» (1984); «La cura di sé», Milano, Feltrinelli, 1978, 1984, 1985.
Galimberti U., *Il corpo*, Milano, Feltrinelli, 1987
Giani Gallino T., *Le Grandi Madri*, Milano, Feltrinelli, 1990
Ginsburg F.D., Rapp R., *Conceiving the New World Order, The Global Politics of Reproduction*, University of California Press, 1995
Grmek M., *Le malattie all'alba della civiltà occidentale*, Bologna, Il Mulino, 1983
Horkheimer M., *Studi sull'autorità e la famiglia* (1936), Torino, Utet, 1974
Irigaray L., *Speculum. L'altra donna* (1974), Milano, Feltrinelli, 1975
Jaspers K., *Il medico nell'età della tecnica* (1986), con un saggio introduttivo di U. Galimberti, Milano, Cortina, 1991
Kerényi C., *Gli dei e gli eroi della Grecia (1951)*, 2 voll., Milano, Il Saggiatore, 1963
Lévi- Strauss C., *Le strutture elementari della parentela* (1947), Milano, Feltrinelli, 1972
–, *Razza e storia e altri studi di antropologia*, Torino, Einaudi, 1976
Maiullari F., a cura di, *Mito, psiche, clinica*, Cormano, CH, Alice, 1996
Marcuzzo M.C., Rossi Doria A., *La ricerca delle donne*, Torino, Rosenberg & Sellier, 1987
Martignoni G., a cura di, *Il sacro e la dipendenza*, Cormano, CH, Alice, 1995

Mead M., *Maschio e femmina* (1949), Milano, Il Saggiatore, 1962
Mosse G., *Sessualità e nazionalismo*, Bari, Laterza, 1984
Orwell G., *1984* (1949), Milano, Mondadori, 1989
Pancino C., *La fantasia attraversa il corpo: ipotesi sulle voglie materne* (manoscritto)
–, *Il bambino e l'acqua sporca. Storia dell'assistenza al parto dalle mammane alle ostetriche (secoli XVI-XIX)*, Milano, Franco Angeli, 1984
–, *Voglie materne. Storia di una credenza*, Bologna, CLUEB, 1996
Perlini T., *Spunti per un'autoriflessione critica all'interno delle scienze umane* in « Psicoterapia e scienze umane», XX, 3, 1986
Pizzini F., a cura di, *Sulla scena del parto: luoghi, figure, pratiche*, Milano, Franco Angeli, 1981
Preta P., a cura di, *La narrazione delle origini*, Roma-Bari, Laterza, 1991
Sereni C., *Casalinghitudine*, Torino, Einaudi, 1987
Shorter E., *Storia del corpo femminile* (1982), Milano, Feltrinelli, 1984
Sissa G., *La verginità in Grecia*, Laterza, Roma-Bari 1992
Vegetti Finzi S., a cura di, *Storia delle passioni*, Roma-Bari, Laterza 1995
Vegetti M., *Il coltello e lo stilo. Le origini della scienza occidentale*, Milano, Il Saggiatore, 1996
–, *L'etica degli antichi*, Roma-Bari, Laterza, 1996

Psicologia e psicoanalisi della maternità

Testi

AA.VV., *Le donne e la psicoanalisi*, a cura di Baker Miller J., (1974), Torino, Boringhieri, 1976
Andreas-Salomé L., *La materia erotica* (1914-1922), Roma, Edizioni delle donne, 1977
–, *Il tipo femmina* (1914), Milano, Mimesis, 1992
Bonaparte M., *De la sexualité de la femme*, Paris, PUF, 1951
Bowlby J., *La carenza di cure materne*, Roma, Armando, 1986
–, *Costruzione e rottura dei legami affettivi*, Milano, Cortina, 1982
–, *Una base sicura*, Milano, Cortina, 1989
Deutsch H., *Psicologia della donna*, vol. I, *L'adolescente* (1944); vol. II, *Psicologia della donna adulta e madre* (1945), 2 voll., Torino, Boringhieri, 1977
Dolto F., *Il desiderio femminile* (1987), Milano, Mondadori, 1994
Ferenczi S., *Thalassa. Psicoanalisi delle origini della vita sessuale* (1923), Roma, Astrolabio, 1965

–, *Il parassita come simbolo della gravidanza*, in *Opere*, vol. II, Milano, Cortina, 1990
Freud S., *Lettere, 1873-1939*, Torino, Boringhieri, 1983
–, *Le origini della psicoanalisi. Lettere a Wilhelm Fliess, 1887-1902*, Torino, Boringhieri, 1990
–, *L'interpretazione dei sogni* (1900), in *Opere*, Torino, Boringhieri, 1967-1993 (di seguito indicate con la sigla OSF), vol. III
–, *Tre saggi sulla teoria sessuale* (1905), OSF, vol. IV
–, *Il romanzo familiare dei nevrotici* (1908), OSF, vol.V
–, *Il motivo della scelta degli scrigni* (1913), OSF, vol. VII
–, *Introduzione al narcisismo* (1914), OSF, vol. VII
–, *Una difficoltà della psicoanalisi* (1916), OSF, vol. VIII
–, *Il perturbante* (1919), OSF, vol. IX
–, *Al di là del principio di piacere* (1920), OSF, vol. IX
–, *Psicologia delle masse e analisi dell'Io* (1921), OSF, vol. IX
–, *Inibizione, sintomo e angoscia* (1925), OSF, vol. X
–, *Il disagio della civiltà* (1929), OSF, vol. X
–, *Introduzione alla psicoanalisi. Nuova serie di lezioni* (1932), OSF, vol. XI
–, *Analisi terminabile e interminabile* (1937), OSF, vol. XI
Gaddini E., *Scritti dal 1953 al 1985*, Milano, Cortina, 1989
Hillman, J., «La madre cattiva», in *Trame perdute* (1983), Milano, Cortina, 1985
Horney K., *Psicologia femminile* (1967), Roma, Armando, 1973
Irigaray L., *Speculum. L'altra donna*, Milano, Feltrinelli, 1975
Jones E., «Psicologia del parto», in *Teorie del simbolismo. Scritti sulla sessualità femminile e altri saggi*, Roma, Astrolabio, 1972
–, *Vita e opere di Freud, 1856-1939* (1953), 3 voll., Milano, Il Saggiatore, 1995
Jung C.G., *Il matrimonio come relazione psicologica* (1925), in *Opere*, Torino, Boringhieri (di seguito indicate con la sigla OCGJ), vol. XVII
–, *Anima e terra (1927-1931)*, OCGJ, vol. X, tomo I
–, *Sull'archetipo, con particolare riguardo al concetto di Anima* (1936-1954), OCGJ, vol. IX
–, *Gli aspetti psicologici dell'archetipo della Madre* (1938-1954), OCGJ, vol. IX, tomo I
–, *Simboli della trasformazione* (1952), OCGJ, vol. V
Kohut H., *Narcisismo e analisi del sé*, Torino, Boringhieri, 1976
Lacan J., *Il seminario*, libro XX, *Ancora* (1972-3), Torino, Einaudi, 1983
Neumann E., *La psicologia del femminile* (1953), Roma, Astrolabio, 1975

–, *Storia delle origini della coscienza* (1949), Roma, Astrolabio, 1978
–, *La Grande Madre* (1956), Roma, Astrolabio, 1981
Rank O., *Il trauma della nascita e il suo significato psicoanalitico* (1924), Rimini, Guaraldi, 1972

Saggi

Acciaro M., *Gravidanza senza maternità, Roma*, Armando, 1985
Ammaniti M., *La gravidanza tra fantasia e realtà*, Il Pensiero Scientifico Editore, Roma 1992
Arcidiacono C., *Identità femminile e psicoanalisi . Da donna a donna: la ricerca del senso di sé*, Milano, Franco Angeli, 1994
–, *Identità, genere, differenza*, Milano, Franco Angeli, 1991
Balint A., *L'amore primario*, Milano, Cortina, 1991
Baruffi L., a cura di, *Il desiderio di maternità*, Torino, Boringhieri, 1979
Bleichmar E.D., *Il femminismo dell'isteria. I disturbi narcisistici della femminilità*, Milano, Cortina, 1985
Benjamin J., *Legami d'amore* (1988), Torino, Rosenberg & Sellier 1991
Borgna E., *Malinconia*, Milano, Feltrinelli, 1992
Brustia Rutto P., *Genitori. Una nascita psicologica*, Torino, Bollati Bo ringhieri, 1996
Buzzatti G. e altre, *Verso il luogo delle origini*, Milano, La Tartaruga, 1982
Buzzatti G., Salvo A., *Corpo a corpo. Madre e figlia nella psicoanalisi*, Roma-Bari, Laterza, 1995
Carbonetto M.G., Filangeri L., *Il dialogo nascosto. Interazione madre-bambino durante la gravidanza*, Milano, La Salamandra, 1984
Cavallo Boggi P., *Problematica della presenza materna*, Salerno, Libreria Internazionale Editrice, 1972
Chasseguet-Smirgel J., *La sessualità femminile* (1964), Roma-Bari, Laterza, 1990
Chodorow N., *La funzione materna* (1978), Milano, La Tartaruga, 1991
Codispoti Battacchi O., a cura di, *Psicologia della gravidanza*, «Età evolutiva», 13 ottobre 1982
Colombo G., Pizzini F., Regalia A., *Mettere al mondo. La produzione sociale del parto*, Milano, Franco Angeli, 1984
Fachinelli E., *Claustrofilia*, Milano, Adelphi, 1983
Ferraro F., Nunziante Cesaro A., *Lo spazio cavo e il corpo saturato*, Milano, Franco Angeli, 1989

Fornari F., *Il codice vivente: femminilità e maternità nei sogni delle madri in gravidanza*, Torino, Boringhieri, 1981
Frontori L., Riva Crugnola C., *Psicoanalisi in ospedale. Nascita e affetti nell'istituzione*, Milano, Cortina, 1985
Frydman R., *L'irresistibile desiderio di nascere*, Milano, Rizzoli, 1989
Gallo Barbisio C., a cura di, *Il bambino diviso*, Torino, Tirrenia Stampatori, 1994
Gallo Barbisio C., Leopardo P., Mazzetti S., *L'aggressività materna*, Torino, Bollati Boringhieri, 1993
Gianini Belotti E., *Non di sola madre*, Milano, Rizzoli, 1983
Grasso L., *Madri e figlie*, Firenze, Nuova Guaraldi, 1979
Greenacre Ph., *Trauma crescita personalità* (1950), Milano, Cortina, 1986
Imbasciati A., *Psicoanalisi e femminilità*, Milano, Franco Angeli, 1979
Kitzinger S., *Donne come madri* (1978), Milano, Bompiani, 1980
Klein M., *Invidia e gratitudine* (1957), Firenze, Martinelli, 1969
Lagorio S., Ravasi L., Vegetti Finzi S., *Se noi siamo la terra. Identità femminile e negazione della maternità*, Milano, Il Saggiatore, 1996
Langer M., *Maternità e sesso* (1951), Torino, Loescher, 1981
Lebovici S . *Il bambino, la madre e lo psicoanalista. Le interazioni precoci* (1983), Roma, Borla, 1988
Lemoine-Luccioni E., *Il taglio femminile*, Roma, Edizioni delle Donne, 1976
Leonardi P., a cura di, *Curare nella differenza. Psicoterapia del disagio femminile*, Milano, Franco Angeli, 1993
Marino S., Nunziante Cesaro A., *Soggetto femminile e scienze umane*, Bologna, Clueb, 1993
Masellis G., Bisi D., Picco P., *Per un evento più lieto*, Modena, Eta, 1988
Mc Dougall J., *Teatri del corpo*, Milano, Cortina, 1990
Melandri L., *L'infamia originaria*, Milano, L'erba voglio, 1977
Mitchell J., *Psicoanalisi e femminismo* (1974), Torino, Einaudi, 1976
Mitscherlich Nielsen M., *La donna non aggressiva* (1985), Milano, La Tartaruga, 1990
Montefoschi S., *Ruolo materno e identità femminile*, in DWF, 6/7, 1978
Nathanielsz P.W., *Un tempo per nascere. Le nuove conoscenze sulla vita prenatale*, Torino, Bollati Boringhieri, 1995
Nunziante Cesaro A., *Del genere sessuale*, Napoli, Guida, 1996
–, *L'enigma della femminilità*, Torino, Centro Scientifico Torinese, 1988
Oliver C., *I figli di Giocasta* (1980), Milano, Emme Edizioni, 1981
Panepucci A., *Psicoanalisi ed identità di genere*, Laterza, Roma-Bari, 1995

Pazzagli A., Benvenuti P., Rossi Monti M., *Maternità come crisi*, Roma, Il Pensiero Scientifico, 1981

Pietropolli Charmet G., «L'invidia del padre» in G. Pietropolli Charmet e M. Cecconi,a cura di, *L'invidia, aspetti sociali e culturali*, Milano, Scheiwiller, 1990

Prezza M., *Partorire oggi: dalla gravidanza al ritorno a casa*, Roma, Bulzoni, 1987

Ravasi Bellocchio L., *Di madre in figlia. Storia di un'analisi*, Milano, Cortina, 1987

Rich A., *Nato di donna* (1976), Milano, Garzanti, 1977

Romito Lanceri P., *La depressione dopo il parto*, Bologna, Il Mulino, 1992

Rossi R., *Oltre lo strato roccioso*, Milano, Franco Angeli, 1981

Ruddick S., *Il pensiero materno*, Como, Red, 1993

Salvo A., *Depressione e sentimenti*, Milano, Mondadori, 1994

–, *Perversioni al femmnile*, Milano, Mondadori, 1997

Saraval A., *La seduzione*, Milano, Cortina, 1989

Sbisà M., a cura di, *Come sapere il parto*, Torino, Rosenberg & Sellier, 1992

Schaffer R., *Maternità* (1977), Roma, Armando, 1980

Soifer R., *Psicodinamica della gravidanza, parto e puerperio*, Roma, Borla, 1985

Sossi F., *Mentre l'angoscia si fa guardare*, Milano, Guerini, 1995

Swigart J., *Il mito della cattiva madre. Le realtà emozionali della maternità*, Milano, Longanesi, 1992

Tubert S., *La sessualità femminile e la sua costruzione immaginaria*, Roma-Bari, Laterza, 1996

Vegetti Finzi S., *Il lungo cammino di Edipo*, in «Materiali filosofici», 2, 1975

–, *Un quesito freudiano: il bambino è nell'infanzia?*, in «aut aut», 191-2, settembre-dicembre 1982

–, *La maternità negata: alle origini dell'immaginario femminile*, in «Memoria», *Madri e non madri*, n. 7, settembre 1983

–, «Miti del femminile e immagini della natura», in AA.VV., *Studi freudiani*, Milano, Guerini, 1989

–, *Il bambino della notte. Divenire donna divenire madre*, Milano, Mondadori, 1990

–, *Il romanzo della famiglia*, Milano, Mondadori, 1992

–, a cura di, *Psicoanalisi al femminile*, Roma-Bari, Laterza, 1992

–, «Freud e il Signore assoluto» in M. Conci, F. Marchioro, a cura di, *Il sogno dell'interpretazione*, Bolzano, Media 2000, 1996, pp. 97-115 e in « aut aut», 280, luglio-agosto 1997

Vegetti Finzi S., Catenazzi M., a cura di, *Psicoanalisi ed educazione sessuale*, Roma-Bari, Laterza, 1994
Ventimiglia C., *Di padre in padre*, Milano, Franco Angeli, 1994
Winnicott D.W., *Dal luogo delle origini* (1986), Milano, Raffaello Cortina, 1990

Riviste e Atti

Accati L., Maher V., Pomata G., a cura di, *Parto e maternità: momenti dell'autobiografia femminile*, «Quaderni storici», n. 44, agosto 1980
CNR, *Atti del primo Seminario internazionale sul disagio psichico della donna*, a cura di E. Reale, V. Sardelli, Roma, 1988
«Il piccolo Hans», n. 20, ottobre-dicembre 1978
«Istar», Rivista Multidisciplinare sulla Nascita.
Istituto Ricerca Sessualità e Fecondità, «Educazione Prenatale», 4, 1994
«Memoria», Rivista di storia delle donne n. 7, *Madri e non madri*, 1981
«Nascere», Rassegna scientifica di Psicologia e Assistenza al parto e alla nascita.
«Psicoanalisi e Metodo», *La nascita alla vita psichica*, vol. 1, Roma, Borla, 1996
Donne del parto,«Quaderni dell'Associazione culturale Livia Laverani Donini», Anno V, n. 8-9, 1994
«Quaderni di donne e politica»: *Scienza, potere, coscienza del limite. Dopo Cernobyl: oltre l'estraneità*, Roma, settembre-ottobre 1986
Scuola Europea di Psicoanalisi, Gruppo italiano, *Madre Donna*, Roma, Gisep, 1994
«Stazione di posta» n. 48-50, *La madre origine della passione*, luglio-dicembre 1992
Supplemento alla rivista «Nascere», *I grandi temi della psicoprofilassi*, a cura di M. Farinet, 1995

Saggi sul bambino e l'infanzia

Ariès P.H., *Padri e figli nell'Europa medioevale e moderna*, Bari, Laterza, 1968
Becchi E., *I bambini nella storia*, Roma-Bari, Laterza, 1994
Becchi E., Julia D., a cura di, *Storia dell'infanzia*, 1, «Dall'antichità al seicento»; 2, «Dal settecento a oggi», Roma-Bari, Laterza, 1996
Bianchedi E.T., Bianchedi M., e altri, «Bambini sequestrati in Argentina: metodologia di restituzione alla famiglia di origine. Alcune riflessioni circa la loro identità» in A. Nunziante Cesaro e F.

Ferraro, a cura di, *La doppia famiglia. Discontinuità affettive e rotture traumatiche*, Milano, Franco Angeli, 1992
Brazelton T. B. e Cramer B.G., *Il primo legame*, Como, Frassinelli, 1991
Erikson E.H., *Infanzia e società* (1950), Roma, Armando, 1966
Klein M., *La psicoanalisi dei bambini* (1932), Firenze, Martinelli, 1970
Lebovici S., *Il neonato, la madre e lo psicoanalista. Le interazioni precoci*, Roma, Borla, 1988
Mahler M., Pine F., Bergman A., *La nascita psicologica del bambino*, Torino, Boringhieri, 1978
Nunziante Cesaro A., Ferraro F., a cura di, *La doppia famiglia. Discontinuità affettive e rotture traumatiche*, Milano, Franco Angeli, 1992
«Quaderni storici», *Bambini*, nuova serie 57, n. 3, dicembre 1984
Stern D., *Il mondo interpersonale del bambino*, Torino, Bollati Boringhieri, 1987
–, *Le prime relazioni sociali: il bambino e la madre*, Roma, Armando, 1979
Vegetti Finzi S., a cura di, *Il bambino nella psicoanalisi*, Bologna, Zanichelli, 1975
Vegetti Finzi S., Battistin A.M., *A piccoli passi*, Milano, Mondadori, 1994
–, *I bambini sono cambiati*, Milano, Mondadori, 1996
Winnicott D.W., *Gioco e realtà*, Roma, Armando, 1979

Saggi sulla sterilità e sull'aborto

Auhagen-Stephanos U., *La maternità negata. La paura inconscia di un figlio desiderato* (1991), Torino, Bollati Boringhieri, 1993
Carini R., Finzi I., *Aborto volontario ripetuto e desiderio di gravidanza*, Milano, Franco Angeli, 1987
Fallaci O., *Lettera a un bambino mai nato* (1981), Milano, Rizzoli, 1993
Francescato D., Arcidiacono C., Picarelli A.M., *Aborto ripetuto: recidive e non recidive a confronto*, in «Psicologia Dinamica», 2, maggio-agosto 1992
Gius E., Cavanna D., *Maternità negata. Ricerca su vissuti e atteggiamenti nell'interruzione di gravidanza*, Milano, Giuffrè, 1988
Kellerhals J., Pasini W., *Perché l'aborto?*, Milano, Mondadori, 1977
Maraini D., *Un clandestino a bordo. Le donne, la maternità negata, il corpo sognato*, Milano, Rizzoli, 1996
Pattis E., *Aborto Perdita e Rinnovamento. Un paradosso nella ricerca dell'identità femminile*, Como, Red, 1995

Quintavalla E., Raimondi E., a cura di, *Aborto, perché?*, Milano, Feltrinelli, 1989

Donne e scienza

Alicchio R., Pezzoli C., *Donne di scienza: esperienze e riflessioni*, Torino, Rosenberg & Sellier, 1988
Babini V., Minuz F., Tagliavini A., *La donna nelle scienze dell'uomo*, Milano, Franco Angeli, 1986
Donini E., *La nube e il limite, donne, scienza, percorsi nel tempo*, Torino, Rosenberg & Sellier, 1990
–, *Conversazioni con Evelyn Fox Keller, una scienziata anomala*, Milano, Elèuthera, 1991
Fox Keller E., *In sintonia con l'organismo. La vita e l'opera di Barbara Mc Klintock*, Milano, La Salamandra, 1987
Fox Keller, *Sul genere e la scienza* (1985), Milano, Garzanti, 1987
Fox Keller, *Vita, scienza e ciberscienza*, Milano, Garzanti, 1996
Ingross M., *La salute come costruzione mentale*, Milano, Franco Angeli, 1994
Merchant C., *La morte della natura*, Milano, Garzanti, 1988
Percovich L. (a cura di), *Alice attraverso il microscopio*, Milano, La salamandra, 1985
Rothschild J., *Donne tecnologia scienza*, Torino, Rosemberg & Sellier, 1986, introduzione di E. Donini
Sylons D., *L'evoluzione della sessualità umana* (1979), Roma, Armando, 1983

Saggi sulle nuove tecnologie procreative

Antinori S., *I miei figli impossibili*, Bologna, Carmenta, 1994
Berlendis A., *La cicogna del 2000*, Torino, Claudiana 1988
Bonnet C., *Les enfants du secret*, Paris, Odile Jacob, 1992
Braidotti R., *Madri, mostri e macchine*, a cura di Crispino A.M., Roma, Manifestolibri, 1996
Brugues J.L., *Fecondazione artificiale: una scelta etica?*, Torino, SEI, 1991
Chatel M.M., *Il disagio della procreazione* (1993), Milano, Il Saggiatore, 1995
Chelo E., *la fecondazione umana*, Roma, Newton Compton, 1994
Collectif dirigé par J. Testar, *Le magasin des enfants*, Paris, 1990
Corea G., *The Mother Machine*, New York, Harper & Row, 1985
Delaisi de Parseval G., *L'enfant a tout prix*, Paris, Seuil, 1983
De Vilaine A.M., *Maternité en mouvement*, Grenoble, Presses Universitaires, 1986

Duden B., *Il corpo della donna come luogo pubblico*, Torino, Bollati Boringhieri, 1994
Dulbecco R., con Chiaberge R., *Ingegneri della vita*, Milano, Sperling & Kupfer, 1988
Fiumanò M., a cura di, *L'immacolata fecondazione. Perché le donne dicono di sì alla scienza*, Milano, La Tartaruga, 1996
Flamigni C., *I laboratori della felicità*, Milano, Bompiani, 1994
Frontali N. (a cura di), *La cicogna tecnologica*, Roma, Edizioni Associate, 1992
Gavarini L. e al., *Maternité en mouvement*, Grenoble, Presses Universitaires, 1986
Marrama P., Carani C., Pasini W., Baldaro Verde I., *L'inseminazione della discordia*, Milano, Franco Angeli, 1987
Pace G.M., *Figli in provetta*, Laterza, Roma-Bari 1987
Pizzini F., Lombardi L., *Madre provetta*,.Milano, Franco Angeli, 1994
–, *Maternità in laboratorio*, Torino, Rosenberg & Sellier, 1992
Santosuosso A., *Il consenso informato*, Milano, Raffaello Cortina, 1996
Santosuosso F., *la fecondazione artificiale umana*, Milano, Giuffrè, 1986
Sbisà M., a cura dĩ, *ı figli della scienza*, Milano, Emme Edizioni, 1985
Sgreccia E., a cura di, *Il dono della vita*, Milano, Vita e Pensiero, 1987
Testart J., *L'uovo trasparente*, Milano, Bompiani, 1987
–, *La procreazione assistita* (1993), Milano, Il Saggiatore, 1996
Ventimiglia C., a cura di, *La famiglia moltiplicata. Riproduzione umana e tecnologia tra scienza e cultura*, Milano, Franco Angeli, 1988

Etica e bioetica

Angelini G., *Un figlio. Una benedizione, un compito*, Milano, Vita e Pensiero, 1992
Bartolommei S., *Etica e natura*, Roma-Bari, Laterza, 1995
Berlinguer G., Garaffa V., *La merce finale. Saggio sulla compravendita di parti del corpo umano, Milano*, Baldini & Castoldi, 1996
Berlinguer G., *Questioni di vita. Etica, scienza e salute*, Torino, Einaudi, 1991
Bocchetti A., *Cosa vuole una donna*, Milano, La Tartaruga, 1995
Boccia M.L., *L'Io in rivolta, Vissuto e pensiero di Carla Lonzi*, Milano, La Tartaruga, 1990
Bompiani A., *Bioetica dalla parte dei deboli*, Bologna, Dehoniane, 1994
Bompiani G., *L'attesa*, Milano, Feltrinelli, 1988
Braidotti R., *Dissonanze*, Milano, La Tartaruga,1994

–, *Soggetto nomade, femminismo e crisi della modernità*, Roma, Donzelli, 1994
–, *Madri, mostri e macchine*, a cura di A.M. Crispino, Roma, Manifesto Libri, 1996
Callari Galli M., a cura di, *Itinerari bioetici*, Firenze, La Nuova Italia, 1994
Calloni M., Franco V. e altre, *Il femminile tra potenza e potere*, Roma, Arlem, 1995
Caputo I., Lepri L., *Conversazioni di fine secolo*, Milano, La Tartaruga, 1995
Charlesworth M., *Bioetica in una società liberale*, Roma, Donzelli, 1996
Costa-Lascoux J., «La donna, la procreazione e la bioetica», in F. Thebaud, a cura di, *Storia delle donne. Il Novecento*, direzione di G. Duby e M. Perrot, Roma-Bari, Laterza, 1992
Curtoni E., *Nascita e dintorni*, Milano, Franco Angeli, 1990
Di Meo A., Mancina C., *Questioni di bioetica*, Roma-Bari, Laterza, 1993
Diotima, *Il pensiero della differenza sessuale* (1987); *Mettere al mondo il mondo* (1990); *Il cielo stellato dentro di noi* (1992), Milano, La Tartaruga
– *Oltre l'uguaglianza. Le radici femminili dell'autorità* (1995); *La sapienza di partire da sé* (1996), Napoli, Liguori
Dulbecco R., *Ingegneria della vita. Medicina e morale nell'era del* DNA, Milano, Sperling & Kupfer, 1988
Dworkin R., *Il dominio della vita, aborto, eutanasia e libertà individuale*, Milano, Edizioni di Comunità, 1994
Engelhart H.T. Jr., *Manuale di bioetica*, introduzione di U. Veronesi (1986), Milano, Il Saggiatore, 1991
Ferrando D., a cura di, *La procreazione artificiale tra etica e diritto*, Padova, Cedam, 1989
Ferranti G., Maffettone S., *Introduzione alla bioetica*, Napoli, Liguori, 1992
Flamigni C., *Figli dell'acqua, figli del fuoco. Racconti di medicina della riproduzione*, Bologna, Pendragon, 1996
–, *Storie di bambini piccolissimi*, Bologna, Giannino Stoppani, 1995
Franco V., *Etiche possibili*, Roma, Donzelli, 1996
Gagliardo G., *Maternale* (con una lettura di L. Irigaray), Roma, Edizioni delle Donne, 1978
Galimberti U., *Parole nomadi*, Milano, Feltrinelli, 1994
Gelli B., *Per un'etica della sessualità e dei sentimenti*, Roma, Editori Riuniti, 1992
Gilligan C., *Con voce di donna. Etica e formazione della personalità*, (1982), Milano, Feltrinelli, 1987
Held V., *Etica femminista* (1993), Milano, Feltrinelli, 1997

Héritier F., *Maschile e femminile. Il pensiero della differenza*, Roma-Bari, Laterza, 1997
Irigaray L., *Etica della differenza sessuale*, Milano, Feltrinelli, 1985
–, *Amo a te*, 1993; *Essere due*, 1994; *La democrazia comincia a due*, 1994, Torino, Bollati Boringhieri
Jedlowski P., *Il sapere dell'esperienza*, Milano, Il Saggiatore, 1994
Jonas H., *Il principio di responsabilità*, Torino, Einaudi, 1990
Küng H., *Progetto per un'etica mondiale*, Milano, Rizzoli, 1991
Libreria delle donne di Milano, *Non credere di avere dei diritti*, Torino, Rosenberg & Sellier, 1987
Mancina C., *Differenze nell'eticità*, Napoli, Guida, 1991
Melchiori P., *Crinali. le zone oscure del femminismo*, Milano, La Tartaruga 1995
Melchiorre V., a cura di, *Maschio-femmina. Nuovi padri e nuove madri*, Milano, San Paolo Ed., 1994
Milano G., *Bioetica dalla A alla Z*, Milano, Feltrinelli, 1997
Mitchell J., *Women. The Longest Revolution*, New York, Pantheon Books
Mori M., *La fecondazione artificiale. Una nuova forma di riproduzione umana*, Roma-Bari, Laterza, 1995
Muraro L., *L'ordine simbolico della madre*, Roma, Editori Riuniti, 1991
Nespor S., Santosuosso A., Satolli R., *Vita morte e miracoli. Medicina, genetica, diritto: conflitti e prospettive*, Milano, Feltrinelli, 1992
Rodotà S., *Tecnologie e diritti*, Bologna, Il Mulino, 1995
–, a cura di, *Questioni di bioetica*, Bari, Laterza, 1993
Sacerdoti G., Racalbuto A., *Tolleranza e intolleranza*, Torino, Bollati Boringhieri, 1995
Sgalambro M., *Del pensare breve*, Milano, Adelphi, 1991
Sgreccia E., *Manuale di Bioetica*, Milano, Edizioni Paoline, 1989
Singer P., *Etica pratica*, Napoli, Liguori, 1989
Spinsanti S., *La bioetica. Biografie per una disciplina*, Milano, Franco Angeli, 1995
Tettamanzi D., *Bioetica. Nuove sfide per l'uomo*, Casale Monferrato, PM, 1990
Tort M., *Le Désir froid*, Paris, La Découverte, 1992
Veca S., *Dell'incertezza*, Milano, Feltrinelli, 1997
Vegetti Finzi S., *Per la costruzione di un'identità femminile*, «Iride», VIII, 15, agosto 1995, pp. 283-294
–, *La violenza è dentro di me?*, in «IX Cattedra dei non credenti» promossa da Carlo Maria Martini, *Fedi e violenze*, Torino, Rosenberg & Sellier, 1997

Documenti e riviste

Actes du forum international sur les nouvelles technologies de la reproduction, Conseil du statut de la femme, Montréal, Québec, 29-31 ottobre 1987

Aree Politiche Femminili, Direzione Pds, *Il tempo della maternità*, Editori Riuniti, Roma 1993

Camera dei deputati, Gruppo Progressisti Federativo, *Il potere di generare. Il limite della Legge*, Agenzia Servizi Interparlamentari, Roma 8 maggio 1995

CECOS Italia, *Tecniche di fecondazione artificiale eterologa*, a cura di L. Gianaroli, Roma, 1992

Centro culturale Virginia Woolf di Roma, *L'ambiguo materno*, programma 1981- 2

Centro studi e documentazione sulla condizione femminile, *Fra tecnologia e desiderio un figlio*, Cagliari, La Tarantola, 1991

CISF, Quinto rapporto sulla famiglia in Italia, a cura di P. Donati, Milano, San Paolo Ed., 1997

CNR, *Atti del primo Seminario internazionale sul disagio psichico della donna*, a cura di Reale E., Sardelli V., Roma, 1988

Comitato Nazionale per la Bioetica: *La legislazione straniera sulla procreazione assistita, 18 Luglio 1992*

«Democrazia e diritto» n. 4-5, luglio-ottobre 1988

«Donne Parlamento Società», *Procreare verso il 2000*, n. 10, novembre 1987

«Dossier», Supplemento di «Istituto Gramsci Informazioni» n. 1, 1991

«Famiglia oggi», *Un figlio in grembo. Diritti e doveri della maternità*, VII, 1, 1994

«Il paese delle donne», Tavolo di donne sulla bioetica, a cura di P. Bartolomei e C. Papa, Roma, 1997

«Iride», Filosofia e discussione pubblica, *Evangelium vitae*, VII, 15, agosto 1995

Istituto Scientifico H. San Raffaele, *Una verità in dialogo. Storia, metodologia e pareri di un comitato di etica*, a cura di P. Cattorini, Milano, Europa Scienze Umane Editrice, 1994

Istituto superiore della Sanità, *Epidemiologia dell'infertilità e della riproduzione*, a cura di A. Spinelli, A. Spagnuolo, Roma, 1996

«Magistero», 236, *Evangelium vitae, Il valore e l'inviolabilità della vita umana*, Lettera Enciclica di Giovanni Paolo II, Milano, San Paolo Ed., 1995

–, 247, *Alle donne*, Lettera di Giovanni Paolo II, Milano, San Paolo Edizioni, 1996

Melusine, Associazione culturale per comunicare saperi ed espe-

rienze di donne, *L'etica necessaria. Eredità materna e passione politica*. Dialoghi di Melusine con L. Percovich, Milano, 1993
–, *Dee fuori dal tempio*. Dialoghi di Melusine con S. Vegetti Finzi, L. Ravasi Bellocchio, T. Villani, Milano, 1992
«MicroMega», *Per una bioetica laica*, febbraio 1997
«Politeia», *Quale base comune per la riflessione bioetica in Italia? Dibattito sul Manifesto di bioetica laica*, a cura di E. D'Orazi
Presidenza del Consiglio dei ministri, Comitato nazionale per la bioetica, *Bioetica con l'infanzia*, 22 gennaio 1994
–, Comitato nazionale per la bioetica, *La fecondazione assistita*, 17 febbraio 1995
–, Commissione nazionale per la parità e le pari opportunità tra uomo e donna, Dipartimento per l'Informazione e l'Editoria, Roma, 1997: *Questioni di bioetica. La sterilità e la procreazione medicalmente assistita* a cura di Rauti I., Siliprandi P. In appendice: Nota sui costi previsti nelle strutture pubbliche per la fecondazione artificiale; Testo del Documento del Comitato per la Bioetica «Identità e statuto dell'embrione umano» (1996); Testo del «Manifesto di bioetica laica» (1996); Testo della Convenzione del Consiglio d'Europa su «I diritti dell'uomo e la biomedicina» (1996)
«Quaderni della Fondazione S. Carlo», *L'etica nel pensiero contemporaneo*, n. 3-4, 1987
«Quaderni veneziani di psicoanalisi», n.° 2, maggio 1995
«Stazione di posta», Bimestrale di corrispondenze culturali, *La madre: origine della passione*, n. 48/50, luglio/dicembre 1992
Università degli Studi di Parma, Istituto di Sociologia, *La procreazione medicalmente assistita in Emilia Romagna. Indagine sulla domanda e sulla risposta dei servizi*, Rapporto di ricerca e allegati, 1989-1991

Riviste segnalate

«Bioetica», Rivista Interdisciplinare, Milano, Franco Angeli
«Lapis» (1987-1996), con indice generale
«Qualità Equità», Rivista del welfare futuro, Editrice Libertà, Roma
«Reti», Pratiche e saperi di donne (1987-1992)
«L'arco di Giano», Rivista di *medical humanities*
«Il paese delle donne», Roma
«Noi donne»

«Volere un figlio»
di Silvia Vegetti Finzi
Oscar saggi
Arnoldo Mondadori Editore

Questo volume è stato stampato
presso Mondadori Printing S.p.A.
Stabilimento NSM - Cles (TN)
Stampato in Italia - Printed in Italy